Processo
Trabalhista
Eficiente

Guilherme Guimarães Ludwig

Juiz do Trabalho no TRT da 5ª Região/BA, Coordenador Executivo da Escola da Associação dos Magistrados da Justiça do Trabalho da 5ª Região — Ematra 5, Ex-membro do Conselho Consultivo da Escola Judicial do Tribunal Regional do Trabalho da 5ª Região (2005-2011), Extensão universitária em Economia do Trabalho pelo Cesit/Unicamp, Mestre em Direito Público pela Universidade Federal da Bahia

Processo
Trabalhista
Eficiente

EDITORA LTDA.
© Todos os direitos reservados

Rua Jaguaribe, 571
CEP 01224-001
São Paulo, SP — Brasil
Fone (11) 2167-1101
www.ltr.com.br

LTr 4736.1
Outubro, 2012

Dados Internacionais de Catalogação na Publicação (CIP)
(Câmara Brasileira do Livro, SP, Brasil)

Ludwig, Guilherme Guimarães
   Processo trabalhista eficiente / Guilherme Guimarães Ludwig. — São Paulo : LTr, 2012.

   Bibliografia
   ISBN 978-85-361-2323-3

   1. Direito processual do trabalho 2. Direito processual do trabalho — Brasil I. Título.

12-12261   CDU-347.9:331(81)

Índice para catálogo sistemático:

1. Brasil : Processo trabalhista : Direito do trabalho 347.9:331(81)

AGRADECIMENTOS

Agradeço, primeiramente, a Deus e à minha família, especialmente a Andrea e a minha mãe, pelo incentivo e pela paciência...

Ao professor Celso Luiz Braga de Castro, meu primeiro professor de Direito (ainda no curso de Engenharia Elétrica em meados dos anos 1990), pela orientação, acompanhamento e discussão desta pesquisa no mestrado, bem assim por desenvolver em mim, a partir da origem na graduação em Direito, o interesse pelo direito administrativo e o viés questionador.

Ao professor Rodolfo Pamplona Filho, pelo exemplo da organização e da disciplina sempre desejáveis ao pesquisador e imprescindíveis ao magistrado pesquisador, principalmente não afastado das atividades judicantes. Sou grato ainda pelo fraterno apoio e pelas contribuições metodológicas apresentadas ao longo de todo o desenvolvimento deste trabalho. "Avôhai!"

Ao professor José Roberto Freire Pimenta, pelo paradigma de compromisso conjugado entre a atividade jurisdicional eficiente e o incessante aperfeiçoamento técnico. Proporciona-me (desde o início em Minas Gerais) inspiração para este perfil de atuação judicante, postura da qual derivaram em grande medida as inquietações motivadoras desta pesquisa.

Ao professor José Augusto Rodrigues Pinto, meu dileto mestre de Direito e Processo do Trabalho, por também me ensinar a "ruminar o Direito" — tarefa tão essencial ao pesquisador —, além do apoio na realização deste trabalho, que ora se concretiza em livro.

Ao professor Ricardo Maurício, pelo estímulo constante à pesquisa, pelas valorosas lições de teoria geral do direito e pelo edificante convívio acadêmico que remonta à época da honrosa coordenação do Centro de Estudos e Pesquisas Jurídicas.

Aos demais Docentes do Programa de Pós-Graduação em Direito, nas pessoas das Professoras Mônica Aguiar e Maria Auxiliadora, pelo convívio estimulante neste palco de férteis reflexões em prol da concretização dos direitos fundamentais. A Ramanita e aos servidores da Secretaria do Programa, em especial a Luiza e a Jovino, pela inestimável presteza e cooperação.

A todos os colegas de mestrado, nas pessoas de Cláudio Dias, Lília Mesquita e Lucas Oliveira, pela troca de ideias e pelo companheirismo "nos momentos bons e nos momentos maus".

A todos os amigos, em especial, a João Batista, parceiro de ideias e ideais, e a Carla Mariani, pelas conversas e sugestões.

Obrigado a todos!

A João Guilherme e Paulo Bento, meus filhos, com carinho.

Sumário

Apresentação — José Roberto Freire Pimenta 13

Prefácio — Celso Luiz Braga de Castro e Rodolfo Pamplona Filho 19

1. Introdução 23

2. Do Liberal ao Pós-Moderno 29
2.1. O paradigma da modernidade no estado liberal 29
2.2. A vinculação à legalidade e seus reflexos 33
2.3. Alguns traços do positivismo jurídico 36
2.4. Influxos do pós-positivismo jurídico 40
    2.4.1. Da legalidade à juridicidade 43
    2.4.2. Ascensão dos princípios no ordenamento jurídico 44
    2.4.3. Novo papel do juiz 47

3. Uma Releitura dos Princípios e de sua Força Normativa 50
3.1. Princípios em linhas gerais 50
3.2. Concepção sistêmica do direito 51
3.3. Princípios expressos e implícitos? 52
3.4. Clássicas funções e a força normativa 54
3.5. Concepção de princípio para Ronald Dworkin 56
3.6. Concepção de princípio para Robert Alexy 60
    3.6.1. Conflito de princípios e relação de precedência condicionada 61

3.6.2. Máxima da proporcionalidade 64

    3.6.2.1. Adequação e necessidade 65

    3.6.2.2. Proporcionalidade em sentido estrito 67

3.7. Crítica de Humberto Ávila 68

3.8. Proporcionalidade e ponderação no Supremo Tribunal Federal 72

3.9. Ponderação e racionalidade 74

4. Princípio da Eficiência Administrativa 79

4.1. Uma reflexão preliminar necessária 79

4.2. Antecedentes históricos e caráter constitucional implícito 81

4.3. Tônica da reforma do estado 83

4.4. Eficiência administrativa no direito estrangeiro 88

    4.4.1. Princípio da boa administração e a eficiência na Itália 88

    4.4.2. Boa administração na comunidade europeia 90

    4.4.3. Eficiência administrativa nas constituições de outros países 91

4.5. Elementos para conceituação do princípio da eficiência administrativa 93

4.6. Eficiência administrativa como postulado normativo aplicativo 99

4.7. Sindicabilidade da conduta eficiente 100

    4.7.1. Revisita à relação entre conceitos indeterminados e discricionariedade . 101

        4.7.1.1. Teoria da multivalência do suposto fático 101

        4.7.1.2. Teoria da univalência do suposto fático 104

    4.7.2. Controle sobre a eficiência administrativa 107

4.8. Eficiência como controle da discricionariedade administrativa 110

4.9. Eficiência administrativa e legalidade: uma dicotomia? 115

4.10. Princípio da eficiência no Supremo Tribunal Federal 118

5. A Aplicação do Princípio da Eficiência na Atividade Jurisdicional como Decorrência do Novo Papel do Poder Judiciário na Sociedade Brasileira . 121

5.1. Eficiência na atividade jurisdicional e acesso à justiça 121

    5.1.1. Acesso à justiça no pós-positivismo jurídico 125

    5.1.2. Eficiência para cumprir uma promessa-síntese das garantias no processo . 127

5.2. Redimensionamento do poder judiciário e efeitos colaterais 129
    5.2.1. Justiça federal 133
    5.2.2. Justiça do trabalho 136
    5.2.3. Justiça estadual 138
    5.2.4. Considerações gerais 139
5.3. Crise do poder judiciário e possíveis causas 140
    5.3.1. Cultura demandista e litigantes habituais 141
    5.3.2. Celeridade para quem? 143
    5.3.3. Complexidade crescente de teses e litígios 144
    5.3.4. Formação do juiz 147
5.4. Atividade jurisdicional eficiente 149
5.5. Discricionariedade judicial, processo justo e eficiência 153

6. Características do Atuar Eficiente na Decisão Judicial no Processo do Trabalho 160
6.1. Redução de "tempos mortos" no processo 161
6.2. Tutelas de urgência 165
6.3. Precedentes majoritários de argumentação 170
6.4. Coletivização de litígios 174
6.5. Eficácia de soluções extrajudiciais 178
6.6. Combate à má-fé processual 184
6.7. Efetividade na execução do julgado 189

Conclusões 197

Referências 207

APRESENTAÇÃO

Este livro do magistrado do trabalho Guilherme Guimarães Ludwig decorre de sua dissertação de mestrado apresentada ao Programa de Pós-graduação da Universidade Federal da Bahia, examinada por banca que tive a honra de integrar e que a aprovou por unanimidade, com distinção e louvor.

Conheci o autor em Minas Gerais quando, em 2002, integrei a banca da prova oral do concurso público que o aprovou para o cargo de Juiz do Trabalho Substituto do TRT da 3ª Região e no consequente curso de formação inicial daqueles novos magistrados, ministrado pela Escola Judicial daquele Tribunal, como um de seus organizadores e instrutores. Já então era possível identificar no colega sua preocupação permanente com o rigoroso e necessário aprofundamento teórico das questões controvertidas, mas sem nunca perder de vista as nuances e as especificidades de cada caso concreto e a necessidade de a prestação jurisdicional, sempre e acima de tudo, proporcionar o máximo de resultados práticos em favor da parte vitoriosa.

Havendo retornado a seu estado natal e ao convívio dos seus, conseguiu ele bem desincumbir-se do difícil desafio de combinar, simultaneamente, a intensa atuação como juiz do trabalho e a pesquisa acadêmica densa e rigorosa em mestrado de alto nível, amplamente reconhecido no cenário nacional. A presente obra é a melhor demonstração de que, ainda que com sacrifício pessoal e grande esforço intelectual, isso é perfeitamente possível.

Com rigor metodológico, riqueza bibliográfica e uma abordagem louvavelmente interdisciplinar (nos campos da teoria geral do direito, do direito administrativo e do direito processual), o autor utilizou sua rica experiência como magistrado do trabalho para, com uma linguagem precisa e refinada, enfrentar um dos maiores desafios enfrentados por aqueles que atuam no âmbito do Poder Judiciário brasileiro: como conciliar a explosão crescente e exponencial de demandas judiciais das últimas décadas e a inevitável limitação dos recursos físicos e humanos do aparato jurisdicional, de um lado, com a necessidade, de outro, de concretizar o direito fundamental de acesso à Justiça prometido pela Constituição Democrática de 1988 através de uma tutela jurisdicional célere e efetiva?

A contribuição mais original e significativa deste trabalho foi propor a aplicação, ao tema da efetividade da tutela jurisdicional (já tão explorado, nos últimos anos, nos campos do direito constitucional e do direito processual comum — civil e do trabalho), da rica construção teórica, originária do direito administrativo, do *princípio da eficiência administrativa*, positivado no texto da Constituição pela Emenda Constitucional n. 19/1998. Ao assim proceder, o autor adotou o ensinamento recorrente de Mauro Cappelletti de que a prestação jurisdicional, a cargo do Poder Judiciário, é, em última análise, um *serviço público essencial* que não se justifica e nem se legitima pela ótica exclusiva daqueles que o prestam, devendo ser proporcionado na melhor medida possível, em função dos recursos materiais e humanos disponíveis, em favor e sob a perspectiva dos seus consumidores — os jurisdicionados.

O autor, partindo de uma sólida perspectiva pós-positivista e do reconhecimento do novo papel do juiz num ambiente de prevalência dos princípios como normas jurídicas e de ampla utilização dos conceitos indeterminados e das normas de textura aberta no julgamento dos litígios, demonstra, de forma consistente, que o Estado-Juiz, tanto quanto os demais ramos do Estado brasileiro, deve, em sua atuação, *concretizar o princípio da eficiência administrativa*, prestando a jurisdição de modo a proporcionar ao jurisdicionado que tenha razão, em cada processo, a tutela de seu direito material em tempo razoável e de forma qualitativamente satisfatória (ou seja, da forma mais específica que seja praticamente possível).

Com lucidez, a presente obra demonstra que não se pode reduzir o enfrentamento da crise do Poder Judiciário brasileiro à sua dimensão meramente estatística e quantitativa — ela, ao contrário, examina de forma específica os problemas qualitativos e concretos que, além da reconhecida insuficiência dos recursos materiais e humanos destinados a este Poder da República, constituem as verdadeiras causas do congestionamento das varas e tribunais.

Assim, nela se abordam de forma objetiva: a) o interesse dos denominados *litigantes habituais* de que a prestação jurisdicional não seja célere, propondo-se a ampla aplicação dos dispositivos legais que autorizam as denominadas *tutelas de urgência*, a priorização da solução coletiva dos litígios de massa, a punição, de forma rigorosa e sistemática, da má-fé processual e a atribuição, através da firme atuação do juiz, da maior efetividade possível à execução dos julgados; b) a necessidade do constante aperfeiçoamento da formação dos magistrados (sob uma ótica principiológica e de concretização dos direitos fundamentais) e de reforçar o seu poder de atuação, através do uso crescente e generalizado dos conceitos indeterminados e das normas principiológicas; c) a utilidade da adoção de mecanismos extrajudiciais de composição dos conflitos (com o resguardo da igualdade material das partes convenentes); d) as vantagens da adesão, pelos magistrados em geral, aos precedentes majoritários de argumentação dos Tribunais superiores que se mostrem adequados às circunstâncias específicas do caso concreto sob apreciação.

Esta obra, como se vê, não se limita à análise teórica da crise do Poder Judiciário brasileiro e à compreensão de suas causas, tendo a virtude de propor soluções concretas e factíveis para o seu imediato enfrentamento. Representa uma valiosa contribuição de um operador do Direito do Trabalho para o equacionamento de um problema que transcende as fronteiras dessa disciplina e da própria esfera laboral e que faz justiça à magistratura e à comunidade acadêmica da Bahia e de todo o Brasil.

José Roberto Freire Pimenta
Ministro do Tribunal Superior do Trabalho. Doutor em Direito Constitucional. Professor Adjunto da Faculdade de Direito da PUC-MG, nas áreas de Mestrado e Doutorado.

"Algumas vezes olhando o espelho, pareceu-me entender a história. Devia ser assim que os reis se vestiam dos fatos e nus passavam a coroa aos filhos."

Affonso Romano de Sant'Anna

Prefácio

A obra a que se destina este prefácio é fruto da inquietude intelectual de seu autor, Guilherme Guimarães Ludwig, perante os desafios rotineiros que lhe tem sido apresentados em quase dez anos de atuação na magistratura trabalhista, especialmente no Estado da Bahia.

A crise do Poder Judiciário é principalmente uma crise do direito processual.

Muito se disse, na doutrina especializada, acerca da falta de efetividade na entrega da prestação jurisdicional. O tema do acesso a Justiça, em sua concepção contemporânea mais ampla, vem sendo enfrentado recorrentemente a partir das deficiências no resultado da atividade do aparato judicial.

Este livro abre uma nova perspectiva de estudo da matéria. Focaliza um instrumental teórico para habilitar os mecanismos processuais ao enfrentamento do problema da baixa efetividade, tornando-os idôneos ao alcance dos resultados constitucionalmente buscados de uma prestação de qualidade em tempo razoável. Para tanto, o autor se vale de uma constatação simples e precisa: o princípio da eficiência representa uma condicionante implícita e necessária do próprio Estado de Direito. Ao transferir para o Estado o monopólio da jurisdição, a sociedade não espera um Poder Judiciário descomprometido com a técnica processual que se apresente mais idônea à consecução dos objetivos de pleno acesso à Justiça.

A eficiência, como percebe o autor com perspicácia, alicerçado em forte base de teoria geral do direito e do direito administrativo, é um vetor de interpretação da norma processual, que compele o juiz a adotar a técnica mais adequada a permitir que o processo chegue a um resultado socialmente útil, especialmente no sentido da concretização de direitos fundamentais.

Ao adotar uma concepção que se observa marcadamente utilitarista, tem a cautela de preservar, nos sustentáculos de sua construção teórica, a unidade necessária entre o princípio da eficiência e a perspectiva de um processo justo, com a preservação de uma pauta mínima (e suficiente) de garantias constitucionais processuais.

Isso não significa que não possa eventualmente superar formas processuais que se apresentem manifestamente inadequadas aos resultados de efetividade. Como dito com extremo acerto na dissertação, "a certeza do cidadão quanto a uma resposta eficiente do aparato estatal também é materialização da segurança jurídica, tendo em vista o princípio da confiança na Administração, motivo pelo qual rigorosamente não há falar em dicotomia entre os valores da eficiência administrativa e da segurança jurídica".

O grande desafio dos tempos contemporâneos é o de encontrar um ponto possível de equilíbrio entre a segurança jurídica e a ideia de correção nas decisões judiciais, tarefa que torna cada vez mais complexa a atividade do operador do Direito. Neste diapasão, a presente obra inova o debate contemporâneo sobre a crise do Poder Judiciário, indicando uma alternativa consistente de enfrentamento e superação.

Celso Luiz Braga de Castro
Advogado. Mestre em Direito Econômico pela UFBA — Universidade Federal da Bahia — e Doutor pela UFPE — Universidade Federal de Pernambuco —. Professor Adjunto da Universidade Federal da Bahia. Coordenador da Faculdade de Direito entre 1999 e 2003. Diretor da Faculdade de Direito da Universidade Federal da Bahia e Presidente da Fundação Faculdade de Direito.

Rodolfo Pamplona Filho
Juiz Titular da 1ª Vara do Trabalho de Salvador/BA (Tribunal Regional do Trabalho da 5ª Região). Professor Adjunto da Graduação e Pós-Graduação em Direito (Mestrado e Doutorado) da Faculdade de Direito da UFBA — Universidade Federal da Bahia. Mestre e Doutor em Direito do Trabalho pela PUC/SP — Pontifícia Universidade Católica de São Paulo. Membro da Academia Nacional de Direito do Trabalho e da Academia de Letras Jurídicas da Bahia.

> "Há um desassossego no ar. Temos a sensação de estar na orla do tempo, entre um presente quase a terminar e um futuro que ainda não nasceu."
>
> *Boaventura de Souza Santos*

1. Introdução

Convive-se com um déficit de cidadania.

A afirmação poderia soar estranha, especialmente no panorama brasileiro, ao se considerar passados mais de vinte e três anos da promulgação da Constituição Federal de 1998, que prometia resgatar o primado dos princípios de um verdadeiro Estado Democrático de Direito.

O que se percebe, no entanto, é que não foi efetivamente cumprida grande parte daquelas promessas de direitos e garantias fundamentais, seja pelo descumprimento omissivo ou comissivo por parte do Poder Executivo, no que tange ao dever de aplicação de inúmeros dispositivos constitucionais, seja mesmo pela inércia do Poder Legislativo, deixando de regulamentar tantos outros. Quando as vias de recíproca conformação entre Constituição e sociedade encontram-se obstruídas, resta ao Poder Judiciário resgatar os valores cidadãos, tutelando a efetivação dos ditames constitucionais.

Ocorre que se o longo período de autoritarismo, ao suprimir a eficácia de garantias constitucionais e legais, atrofiou, por um lado, o amadurecimento natural de uma consciência de cidadania no indivíduo para composição dos conflitos entre particulares e com o Estado, também dificultou e inibiu, por outro, o seu acesso ao Poder Judiciário em busca da solução litigiosa. Em consequência, com a aguardada reabertura política do país e, em paralelo, com o advento da "Constituição cidadã", toda a demanda reprimida da sociedade em termos de solução de conflitos passou a ser canalizada para o processo judicial.

O ajuizamento de ações judiciais se multiplicou em escala gigantesca ao longo das duas últimas décadas, trazendo consigo uma demanda extremamente superior à capacidade de absorção pelo Poder Judiciário. Quando a tutela do direito material não consegue ser entregue em tempo razoável e de forma qualitativamente satisfatória, não é possível se pensar em processo de resultados. Trata-se inequivocamente de um exercício ineficiente da função jurisdicional.

Em sede doutrinária e depois legislativa, diversas foram as soluções propostas para superar a crise de efetividade que envolve o Poder Judiciário enquanto instituição. No âmbito do direito processual, é possível identificar, a título exemplificativo, o regime das tutelas de urgência, a súmula vinculante, a coletivização dos litígios coletivos, a busca por formas alternativas de composição dos conflitos, além de novos mecanismos de reforço e agilidade para a consecução da tutela executória. Em que pesem estes esforços, não se vê melhoria substancial para o problema em sua totalidade, sendo certo que o volume de processos em tramitação e o congestionamento nos diversos graus de jurisdição não apresentam nenhum alento.

Em verdade, de nada adianta o refinamento da técnica processual se o juiz, enquanto reitor do processo, não incorpora os valores destas mudanças na direção e no sentido a que estas se propõem a caminhar, quais sejam, os de um processo de concretos e efetivos resultados. Em termos metafóricos, é o mesmo que disputar uma corrida dirigindo uma Ferrari, mas pensando se tratar de um Fusca. Nada muda se o juiz não se encontra vinculado a interpretar e aplicar a norma processual a partir de parâmetros adequados a estas inovações, parâmetros de eficiência, tendo em vista a plena concretização do princípio de acesso à Justiça e dos direitos fundamentais.

Dentro dessa perspectiva, o presente estudo visou essencialmente investigar, como objetivo geral, se, no pós-positivismo jurídico e considerando a consequente força normativa conferida aos princípios, é possível vincular a atuação do Poder Judiciário à observância do princípio da eficiência administrativa nos próprios argumentos de fundamentação das decisões no âmbito jurisdicional.

Não se tratou do cumprimento de prazos legais para prolação de decisões jurisdicionais ou metas para tramitação e conclusão de processos judiciais, deveres estes de eficiência que sempre contaram com a fiscalização das Corregedorias e, recentemente, passaram a ter um acompanhamento organizado e sistemático em todo o Brasil a partir da criação do Conselho Nacional de Justiça em 2004.

Pelo contrário, o que se buscou foi saber se o juiz está ou não adstrito a considerar o princípio da eficiência administrativa como norte interpretativo de sua própria atuação, no exercício da prestação jurisdicional em si mesma. Foi considerar aqui o Poder Judiciário reflexivamente como objeto de suas próprias decisões, para saber se a argumentação utilizada deve (e como deve, sendo o caso) ser vetorizada pelo princípio em questão.

A abordagem teve caráter interdisciplinar no Direito, conjugando elementos basicamente de três eixos principais: teoria geral do direito, direito administrativo e direito processual. Partiu-se da premissa metodológica de que o conhecimento especializado em cada seara do Direito não é estanque, convivendo em uma relação harmônica de recíproca influência e dependência, tanto com os demais ramos, quanto também com as outras ciências, até porque "como todas as ciências nada mais são senão a sabedoria humana, que sempre permanece uma e a mesma, seja qual for a diferença dos assuntos aos quais é aplicada, [...] não é necessário impor aos espíritos nenhum limite"[1].

Como pressupostos, o estudo teve por objetivo específico, em primeiro lugar, pesquisar qual concepção teórica pode tratar ou evidenciar o atual papel dos princípios no ordenamento jurídico, quais as suas justificativas e qual a evolução de suas condicionantes históricas e científicas.

Como meta de caráter específico, em segundo, procurou avaliar, ainda no âmbito da teoria geral do direito, a atual conformação que a doutrina e a jurisprudência conferem aos princípios, bem assim se há falar em autêntica força normativa que lhes seja própria ou característica. Como lidar com os conflitos entre as espécies normativas e como controlar a racionalidade da solução possível.

Em terceiro, objetivou também delimitar o conceito do princípio da eficiência administrativa, o investigando em seus aspectos mais relevantes, tais como sua origem, sua vinculação ao Estado Democrático de Direito, o tratamento na doutrina administrativista e na jurisprudência, os elementos para sua conceituação, as possibilidades de controle e fiscalização, a relação conflituosa com a questão da legalidade, tudo de modo a averiguar a adequação possível à atividade típica do Poder Judiciário.

Por fim, em quarto, buscou detectar a possível interdependência existente entre o princípio da eficiência administrativa e o direito fundamental de ter acesso à Justiça. Vale dizer, em que medida, sob o ângulo da atuação do Poder Judiciário, estas espécies normativas podem conviver e se relacionar.

A realização do presente trabalho teve como base o método hipotético-dedutivo, a partir da eleição da proposição hipotética fundamental definida neste trabalho: no caso, a aplicação do princípio da eficiência na atividade jurisdicional como decorrência do novo papel do Poder Judiciário na sociedade brasileira.

O método de René Descartes foi fundamental para o desenvolvimento do trabalho, ao definir a proposta de trabalho consoante as seguintes diretrizes: primar pela clareza na pesquisa[2]; proceder à análise, dividindo o problema em tantas parcelas quantas possíveis e necessárias a alcançar a melhor solução[3]; ordenar o raciocínio, iniciando pelos objetos mais simples em direção aos mais complexos e compostos[4]; por fim, enumerar os elementos, de modo a ter a visão geral do trabalho[5]. Foi ainda adotada, em boa medida, a contribuição de Francis Bacon, no

---

(1) DESCARTES, René. *Regras para a orientação do espírito*. Traduzido por Maria Ermantina de Almeida Prado Galvão. São Paulo: Martins Fontes, 2007. p. 2. Tradução de Règles pour la direction de l'esprit.
(2) DESCARTES, René. *Op. cit.*, p. 11-17.
(3) *Ibidem*, p. 29-30.
(4) *Ibidem*, p. 31-36.
(5) *Ibidem*, p. 39-44.

sentido de identificação e superação dos obstáculos ("ídolos") à pesquisa, relacionados a dogmas e preconceitos[6], em cotejo com o método do racionalismo crítico de Karl Popper, pela constante submissão das teses formuladas ao longo do trabalho a consistentes refutações[7].

O procedimento instrumental adotado foi o estudo do material bibliográfico e de dados estatísticos constantes em *sites* de Tribunais superiores e do Conselho Nacional de Justiça.

No primeiro capítulo foram abordados, numa visão panorâmica, os elementos que contribuíram para o advento do pós-positivismo jurídico a partir do paradigma do Estado moderno. Partiu-se do pressuposto de que a correta compreensão da configuração atual dos princípios e do próprio papel do juiz reclamava a percepção dos seus principais condicionantes históricos e científicos.

Para tanto, foram exploradas inicialmente as condições em que o projeto do Estado liberal fora concebido e os principais interesses ali tutelados, com ênfase no dever de vinculação à legalidade pela Administração Pública. Identificado como projeto político da classe burguesa, foi ressaltado o papel da lei enquanto limitadora do Estado e garantidora das liberdades individuais, bem assim os seus efeitos restritivos sobre o exercício da função jurisdicional.

Em momento posterior, também foram apreciados traços do positivismo jurídico, vinculando-o ao imperativo de segurança jurídica que justificaria a aplicação do Direito a partir da exclusão dos elementos fático-valorativos. Neste particular, um destaque especial foi concedido à teoria de Hans Kelsen, enquanto representante mais proeminente desta escola.

A partir da crítica que desencadeara a crise do modelo do positivismo jurídico, foram identificados os influxos do pós-positivismo jurídico, calcados em um redimensionamento da função e da força normativa dos princípios no ordenamento jurídico, evoluindo da vinculação à legalidade ao conceito contemporâneo de juridicidade. Ao final, foram identificados os caracteres que apontavam para um novo papel do juiz dentro desta nova perspectiva da ciência do Direito.

No segundo capítulo foi realizada basicamente uma releitura dos princípios e de sua força normativa. Considerou-se, a tanto, que o pós-positivismo jurídico propiciara as condições necessárias a que os princípios passassem a desempenhar outro papel na interpretação e na aplicação do Direito.

Numa primeira abordagem foram tratadas noções básicas em torno dos princípios e o seu posicionamento dentro de uma concepção sistêmica do Direito.

---

(6) BACON, Francis. *Novum Organum*. Traduzido por José Aluysio Reis de Andrade. São Paulo: Nova Cultural, 1997. p. 40-41. Tradução de *Novum Organum*.
(7) POPPER, Karl. *A lógica das ciências sociais*. 3. ed. Traduzido por Estevão de Rezende Martins, Apio Cláudio Muniz Acquarone Filho e Vilma de Oliveira Moraes e Silva. Rio de Janeiro: Tempo Brasileiro, 2004. p. 16.

Também foi evidenciada a distinção entre princípios expressos e implícitos no ordenamento jurídico, bem assim a função integrativa que lhes era classicamente direcionada.

Avançando na perspectiva do pós-positivismo jurídico, foram identificadas as concepções de princípios em Ronald Dworkin e Robert Alexy, teorias estas reconhecidas como duas das mais relevantes contribuições da atualidade sobre o tema. Foram estudadas as formas de resolução dos conflitos de princípios e as condições para o estabelecimento de uma relação de precedência condicionada.

Foi discutida a crítica de Humberto Ávila. Avançou-se para uma investigação do posicionamento do Supremo Tribunal Federal em torno desta nova concepção de princípios. Encerrou-se com a discussão acerca de mecanismos de controle da racionalidade na utilização da técnica de ponderação.

O terceiro capítulo tratou do princípio da eficiência administrativa, a partir da concepção proposta de princípio no novo modelo da ciência do Direito. Inicialmente foi destacado o tratamento distinto que a matéria requer entre as abordagens das ciências da administração e do Direito. Foram observados os seus antecedentes no ordenamento jurídico brasileiro e a sua natureza constitucional implícita. Adiante, foram tratados os condicionantes políticos que vincularam a sua positivação em texto constitucional.

O estudo prosseguiu com a identificação da disciplina do princípio da eficiência administrativa no direito estrangeiro, destacando o desenvolvimento no direito italiano. Considerando a concepção do pós-positivismo jurídico e levando em conta ainda elementos decorrentes da contribuição da doutrina brasileira, foi proposto um conceito de princípio da eficiência administrativa, sendo ainda avaliadas as condições de fixação do dever de eficiência como postulado normativo aplicativo.

Para tratar da possibilidade de controle e de fiscalização do princípio da eficiência administrativa, tornou-se necessário analisar a existência ou não de conexão entre as noções de poder discricionário, liberdade e arbítrio. Foi revisitada ainda a relação entre conceitos indeterminados e discricionariedade, discorrendo-se sobre as teorias da multivalência e da univalência do suposto fático.

Foi observado como o princípio da eficiência administrativa tem sido tratado pelo Supremo Tribunal Federal na fundamentação de suas decisões. Por fim, foi pesquisado se existe uma dicotomia entre o princípio da eficiência administrativa e a vinculação à legalidade.

No quarto capítulo, foi apreciada a aplicação do princípio da eficiência na atividade jurisdicional como decorrência do novo papel do Poder Judiciário na sociedade brasileira. A abordagem se iniciou com a investigação em torno da conexão entre o princípio da eficiência administrativa aplicado nas decisões jurisdicionais e o princípio do acesso à Justiça, ambos inseridos no modelo do pós-

-positivismo jurídico. Foi discutido como a eficiência pode se prestar a fazer cumprir a promessa-síntese das garantias constitucionais no processo.

Em seguida, tratou-se da evolução da crise do Poder Judiciário, com a apresentação de dados estatísticos. Foram também observados os reflexos da cultura demandista sobre a entrega da prestação jurisdicional, a circunstância de que nem todos os jurisdicionados almejam a solução rápida do processo, a complexidade crescente de teses e litígios e a influência da formação do juiz.

Mais adiante, foi apresentada uma proposta de conceituação do princípio da eficiência aplicado nas decisões jurisdicionais, bem assim discutida a relação entre discricionariedade judicial, processo justo e eficiência.

Por fim, no quinto capítulo, ilustrou-se a aplicação do princípio da eficiência, no âmbito do processo do trabalho, por intermédio de exemplos, na redução de "tempos mortos" no processo, nas tutelas de urgência, com os precedentes majoritários de argumentação, na coletivização de litígios, na valorização da composição extrajudicial, no combate à má-fé processual e conferindo efetividade na execução dos julgados.

2. Do Liberal ao Pós-Moderno

2.1. O PARADIGMA DA MODERNIDADE NO ESTADO LIBERAL

O conceito de princípio e o papel do Poder Judiciário se mostram como questões sob as quais foram amadurecidas e operadas diversas transformações no âmbito da ciência do Direito. Entender hoje as novas configurações reclama, portanto, acompanhar os fatores históricos condicionantes do advento do modelo teórico do pós-positivismo jurídico e suas principais características. O ponto de partida da análise se encontra na busca pelas origens do pensamento liberal.

A história evidencia que a mesma burguesia que durante a Idade Média se aliara ao príncipe em oposição ao poder descentralizado típico do feudalismo — poder este cerceador da atividade econômica por intermédio de suas práticas e leis —, em momento posterior, se opôs ao decorrente Estado centralizado e absoluto, propugnando pela prevalência do ideário liberal.

Conforme a teoria do liberalismo burguês, o poder de coerção exercido pelo Estado aparecia como a mais grave ameaça à liberdade absoluta desfrutada pelo indivíduo em seu estado de natureza, tornando imperioso conter a autoridade do príncipe. Paulo Bonavides sustenta que o poder, do qual não podia prescindir o ordenamento estatal, apareceu de início na moderna teoria constitucional como o maior inimigo da liberdade. Enquanto a sociedade representava historicamente — e depois racionalmente, com Kant — a ambiência em que o homem fruía de plena liberdade, o Estado implicava a antítese, restringindo a liberdade primitiva[8].

Não havia ali liberdade religiosa, na medida em que, se o príncipe buscava sua legitimidade na própria divindade com a chancela da Igreja Católica, não lhe interessava a possibilidade de outros credos que pudessem pôr em xeque sua autoridade. Ademais, a burguesia tampouco tinha acesso ao centro de poder, na medida em que este fora transferido dos senhores feudais diretamente para o príncipe em caráter centralizado, não podendo se falar, portanto, em liberdade

---

(8) BONAVIDES, Paulo. *Do estado social ao estado liberal*. 6. ed. São Paulo: Malheiros, 1996. p. 40.

política. Por fim, um Estado absoluto onipresente e invasivo inibia fortemente a atividade profissional da classe burguesa, cerceando igualmente sua liberdade econômica.

Dessa forma, conforme acentua José Guilherme Merquior, a luta formadora do liberalismo foi um movimento de reivindicação de direitos religiosos, políticos e econômicos e também uma tentativa de controlar o poder político. A cultura moderna, por sua vez, era normalmente associada a uma profusão de direitos individuais, ao passo que a liberdade, enquanto direito fundamental de uma cultura liberal, se relacionava historicamente com o advento da civilização moderna, primeiro no ocidente e, depois, em outras partes do mundo. Liberdade se confundia com modernidade que, ao seu turno, se confundia com individualismo[9].

O individualismo se tornaria assim a tônica do liberalismo, projetando a importância e a consequente necessidade de defesa do singular (o burguês) diante dos ataques e dos abusos do coletivo (o Estado). O regresso ao estado primitivo de liberdade implicava assim valorizar a essência da individualidade nas abordagens religiosa, política e econômica.

Este paradigma do Estado moderno (ou da modernidade), de acordo com Boaventura de Sousa Santos, se assentava em dois pilares fundamentais: o da regulação e o da emancipação, cada um deles constituído por três princípios ou lógicas. O pilar da regulação era composto pelo princípio do Estado, formulado essencialmente por Hobbes, pelo princípio do mercado, desenvolvido especialmente na concepção de Locke e Adam Smith, e pelo princípio da comunidade, que dominou toda a teoria social e política de Rousseau. O princípio do Estado consistia na obrigação política vertical entre cidadãos e Estado; o princípio do mercado, na obrigação política horizontal individualista e antagônica entre os parceiros de mercado; o princípio da comunidade, na obrigação política horizontal solidária entre membros da comunidade e entre associações. O pilar da emancipação era constituído pelas três lógicas de racionalidade definidas por Max Weber: a racionalidade estético-expressiva das artes e da literatura, a racionalidade cognitivo-instrumental da ciência e da tecnologia e a racionalidade moral-prática da ética e do Direito[10].

No âmbito desta última racionalidade moral-prática, em cotejo necessário com as demais, é que nasceu a proposta do Estado de Direito — segundo a concepção liberal — como uma reação em defesa das liberdades individuais, na medida em que preconizava a abstenção estatal de intervir no campo das relações privadas.

Dessa oposição entre a liberdade do indivíduo e o absolutismo do príncipe, segundo Paulo Bonavides, estruturava-se a primeira noção do Estado de Direito

---

(9) MERQUIOR, José Guilherme. *O liberalismo antigo e moderno*. São Paulo: Nova Fronteira, 1991. p. 36.
(10) SANTOS, Boaventura de Sousa. *Crítica da razão indolente*: contra o desperdício da experiência. 6. ed. São Paulo: Cortez, 2007. p. 50.

mediante um ciclo de evolução teórica e decantação conceitual, que se completou com a filosofia política de Kant. O Estado passava a ser a armadura de defesa e proteção da liberdade. Com esse ordenamento metafísico, neutro e abstencionista, era alcançada uma regra definitiva que consagrasse o papel fundamental do Estado na defesa da liberdade e do Direito[11].

Houve assim uma inversão de perspectiva, que trouxe ao centro das atenções o indivíduo, ocupando o local deixado outrora pelo próprio Estado. Pode ser aqui verificado um movimento historicamente conectado com a doutrina do Iluminismo, que revolucionou o pensamento em torno do homem, da sociedade, da política e da economia, gerando inegáveis reflexos também, enquanto objeto cultural, sobre o Direito.

Como disserta Antonio Enrique Pérez Luño, eram três as exigências de conteúdo do Estado de Direito:

a) A necessidade de organização e regulação da atividade estatal, guiada por princípios racionais em direção a uma ordem política justa.

b) A rejeição de todo tipo de fins transcendentais ou exclusivamente pessoais na definição dos objetivos de poder.

c) A limitação das tarefas do Estado à garantia da liberdade, da segurança e da propriedade dos cidadãos, por intermédio da lei.[12]

Para Norberto Bobbio, o pressuposto filosófico do Estado liberal, entendido dicotomicamente como Estado limitado em contraposição ao Estado absoluto, era a doutrina dos direitos do homem elaborada pela escola do Direito natural: todo e qualquer homem, indiscriminadamente, teria por natureza e, portanto — é importante ressaltar —, independentemente de sua própria vontade e menos ainda da de alguns outros, certos direitos fundamentais, como o direito à vida, à liberdade, à segurança e à felicidade. O Estado, ou quem detivesse o poder legítimo de exercer a força, deveria respeitar tais direitos e, desse modo, tanto se abster de invadir, quanto ainda os proteger contra qualquer possível invasão[13].

O ideário liberal implicava que o homem fosse reconhecido como portador de direitos fundamentais inatos, os quais lhe deveriam ser rigorosamente garantidos e zelados pela novel concepção de Estado. Em decorrência de tal perspectiva, esse mesmo Estado deveria se prestar a defender ali três valores que seriam fundamentais à consecução do projeto da burguesia: igualdade de todos perante a lei, os limites constitucionais do poder e o direito de propriedade. Como se percebe, havia verda-

---

(11) BONAVIDES, Paulo. *Do estado social ao estado liberal*. 6. ed. São Paulo: Malheiros, 1996. p. 41.
(12) LUÑO, Antonio Enrique Pérez. *Derechos humanos, estado de derecho y constitución*. 9. ed. rev. e ampl. Madrid: Tecnos, 2005. p. 226.
(13) BOBBIO, Norberto. *Liberalismo e democracia*. 4. reimp. da 6. ed. de 1994. Traduzido por Marco Aurélio Nogueira. São Paulo: Brasiliense, 2000. p. 11. Tradução de Liberalismo e democrazia.

deiramente um embate entre uma tese jusnaturalista que, por um lado, garantia os anseios e pretensões da classe burguesa, e outra tese jusnaturalista que, a seu turno, mantinha o Estado forte e centralizador, tal como moldado no antigo regime.

Considerando esta perspectiva abstencionista, a partir da Revolução Norte-Americana de 1776 e da Revolução Francesa de 1789 foram fixados os princípios político-econômicos para sustentação do Estado liberal, sintetizados no lema *laissez-faire, laissez-passer*. O projeto da modernidade encampa, dessa forma, o valor da liberdade no centro de uma composição filosófica mais ampla. Este pensar é que iria redefinir as relações entre Estado e cidadão, consignando a este um núcleo básico de direitos fundamentais.

Em que pese a sua evidente importância para a democracia como forma de contenção do arbítrio e do despotismo, não é demais enfatizar que o liberalismo se consubstanciava em uma concepção política que privilegiava essencialmente interesses da classe burguesa em ascensão. Os anseios da sociedade como um todo seriam atendidos *quando e na medida em que* coincidentes com aqueles próprios da burguesia.

Consoante adverte Paulo Bonavides, a burguesia, classe dominada, a princípio, e, em seguida, classe dominante, formulava no projeto de modernidade os princípios filosóficos de sua própria revolta social, nada mais fazendo do que os generalizar como ideais comuns a toda a sociedade. No poder, porém, não praticava a universalidade daqueles princípios, a não ser no plano meramente formal. No plano de aplicação política, persistiam como princípios ideológicos de uma classe, traduzindo a contradição mais profunda do Estado moderno. Esta concepção teórica "fez, pretensiosamente, da doutrina de uma classe a doutrina de todas as classes"[14].

Ainda sob uma ótica de crítica dos interesses setoriais da classe burguesa, Antonio Carlos Wolkmer também salienta que, embora tenha o liberalismo assumido, de início, uma forma revolucionária, favorecendo, tanto os interesses individuais da burguesia enriquecida, quanto os de seus aliados economicamente menos favorecidos, mais tarde, na fase do capitalismo industrial, a elite burguesa assumindo o poder político, consolidou seu controle econômico e começou a aplicar na prática somente os aspectos da teoria liberal que mais lhe interessavam, recusando a distribuição social da riqueza e excluindo o povo do acesso ao governo[15].

A percepção acerca dos interesses setoriais que movimentaram a origem do Estado moderno permite melhor compreender os influxos determinantes à guinada paradigmática que viria mais adiante.

---

(14) BONAVIDES, Paulo. *Do estado social ao estado liberal*. 6. ed. São Paulo: Malheiros, 1996. p. 42-43.
(15) WOLKMER, Antonio Carlos. *Pluralismo jurídico*: fundamentos de uma nova cultura no direito. 3. ed. rev. atual. São Paulo: Alfa-Ômega, 2001. p. 38.

2.2. A VINCULAÇÃO À LEGALIDADE E SEUS REFLEXOS

No anterior regime absolutista havia grave instabilidade nas regras jurídicas, porque decorrentes basicamente da vontade do príncipe, que concentrava o poder político e igualmente, por via reflexa, a atividade legislativa.

José Joaquim Gomes Canotilho sustenta que, naquela conjuntura, a economia necessitava especialmente de segurança jurídica, valor não garantido nas práticas e princípios do Estado absoluto, já que frequentes eram as intervenções do príncipe na esfera jurídico-patrimonial dos súditos e o exercício de poder discricionário no que se refere à alteração e à revogação das leis. Toda a construção constitucional liberal confluía então para a certeza do Direito, a segurança jurídica[16].

Neste contexto é que, em defesa dos interesses da burguesia, a vinculação à legalidade começou a se confundir com os valores da segurança e certeza na seara jurídica.

Logo, como condição de sua própria sobrevivência enquanto classe oprimida, a burguesia precisava a qualquer custo capitalizar para si ou em seu favor este poder. No seio do Estado liberal, o papel limitador do Estado e garantidor das liberdades individuais passou a caber então à lei, enquanto norma aprovada mediante a cooperação da vontade popular. O atributo absoluto e incontestável do legislar pelo príncipe foi repassado e substituído pelo império da lei, transferindo o centro de poder ao parlamento, instância de representação popular. Interessava à burguesia ascendente estabelecer o valor básico da segurança jurídica, norteando e disciplinando as suas atividades privadas em um plano livre de qualquer intromissão estatal nas relações econômicas.

É importante refletir, entretanto, acompanhando Norberto Bobbio, que a concepção liberal acolheu, em verdade e paradoxalmente, uma solução tanto liberal quanto tipicamente absolutista para o problema das relações entre legislador e juiz. Por um lado, a teoria da monopolização da produção jurídica por parte do legislador eliminava os poderes intermediários e atribuía um poder pleno, exclusivo e ilimitado ao legislador, o que corresponderia ao seu aspecto absolutista. Por outro, a eliminação dos poderes intermediários seria traduzida também em um aspecto liberal, na medida em que garantia o cidadão contra as arbitrariedades de tais

---

(16) CANOTILHO, José Joaquim Gomes. *Direito constitucional e teoria da constituição*. 4. reimp. da 7. ed. Coimbra: Almedina, 2003. p. 257. É de observar que este mesmo autor afirma que "a segurança e a protecção da confiança exigem, no fundo: (1) fiabilidade, clareza, racionalidade e transparência dos actos do poder; (2) de forma que em relação a eles o cidadão veja garantida a segurança nas suas disposições pessoais e nos efeitos jurídicos dos seus próprios actos. [...] O princípio geral da segurança jurídica em sentido amplo (abrangendo, pois, a ideia de protecção da confiança) pode formular-se do seguinte modo: o indivíduo tem do direito poder confiar em que aos seus actos ou às decisões públicas incidentes sobre os seus direitos, posições ou relações jurídicas alicerçados em normas jurídicas vigentes e válidas por esses actos jurídicos deixado pelas autoridades com base nessas normas se ligam os efeitos jurídicos previstos e prescritos no ordenamento jurídico".

poderes. Por esse pensamento, se a liberdade do juiz de reconhecer normas a partir de seu próprio senso da equidade ou da vida social poderia dar margem ao arbítrio, era certo que o legislador, ao editar normas iguais para todos, representaria um impedimento para a arbitrariedade do Poder Judiciário[17].

Ademais, para impedir arbitrariedades do legislador, explica este mesmo autor, é que o pensamento liberal propugnava pela teoria da separação dos poderes, por intermédio da qual o Poder Legislativo não seria mais atribuído ao príncipe (Poder Executivo), porém a um colegiado que agiria junto a ele, com a consequência da subordinação do governo à lei. Buscavam os liberais a representatividade, pela qual o legislador não seria mais expressão de uma restrita oligarquia, mas abrangentemente de todos, mediante a técnica da representação política. Se o poder seria exercido por todo o povo (ainda que não diretamente, e sim por representantes), deveria também o ser, não de forma arbitrária, mas em benefício desse mesmo povo. Isso representava uma evolução dentro do próprio Estado moderno, pela passagem da concepção estritamente liberal para a democrática[18].

Para Paulo Bonavides, neste avançar da ideia de participação do homem na formação da vontade estatal, era certo que do governo de uma classe se chegava ao governo de todas as classes. Salienta, todavia, que, embora se tratasse de uma "representação a meio caminho, embaraçada por estorvos, privilégios, discriminações", era também correto que tal representação e a soberania popular implicavam em passos consideráveis do homem em direção à democracia e à garantia da dignidade humana[19].

Por outro lado, de acordo com Luiz Guilherme Marinoni, a legalidade acabou por constituir um critério de identificação do Direito: ele estaria apenas na norma jurídica (aqui identificada como a lei), cuja validade não dependeria de sua correspondência com a justiça, mas somente de ter sido produzida por uma autoridade dotada de competência normativa. No Estado liberal de Direito, o Poder Legislativo reservou a si o poder político mediante a fórmula da vinculação à legalidade. Enquanto isso, subordinados, o Executivo somente poderia atuar se autorizado pela lei e nos seus exatos limites, enquanto o Judiciário apenas a aplicar, sem poder sequer interpretar[20].

Não interessava ali que a correção da norma jurídica fosse observada quanto ao seu conteúdo em sua aplicação concreta, mas apenas no que se refere à legitimidade e na fiel observância do procedimento estabelecido para a sua produção.

---

[17] BOBBIO. Norberto. *O positivismo jurídico*: lições de filosofia do direito. Compiladas por Nello Morra. Tradução e notas de Marco Pugliesi, Edson Bini, Carlos E. Rodrigues. São Paulo: Ícone, 1995. p. 38. Tradução de Il positivismo giuridico.
[18] BOBBIO. Norberto. *O positivismo jurídico*..., cit., p. 39.
[19] BONAVIDES, Paulo. *Do estado social ao estado liberal*, cit., p. 43-44.
[20] MARINONI, Luiz Guilherme. *Teoria geral do processo*. Curso de processo civil. São Paulo: Revista dos Tribunais, 2006. p. 25.

Sendo rigorosamente obedecida a disciplina de sua gênese, a estrita aplicação da norma ao caso concreto era a única conduta que restaria ao juiz.

Quanto ao papel do Poder Judiciário, esta é a mesma percepção de Ricardo Maurício Freire Soares, segundo quem, se antes o julgador podia obter a norma tanto de regras preexistentes na sociedade quanto de princípios equitativos e de razão, com a formação do Estado moderno, o juiz, de livre órgão da sociedade, se tornava órgão do Estado, titular de um dos poderes estatais, subordinado ao legislador. O Direito positivo — Direito posto e aprovado pelo Estado — era nestes termos considerado como o único e verdadeiro Direito[21].

Para que não houvesse violação à igualdade formal, enquanto mera garantia da liberdade individual, era necessário dotar a lei dos atributos da generalidade e da abstração, razão pela qual àqueles que detinham o poder de julgar não deveria caber nenhuma tarefa interpretativa com base nas circunstâncias peculiares do caso concreto. Não é por outro motivo que Montesquieu, em 1748, conclui que "dos três poderes dos quais falamos, o Judiciário é, de algum modo, nulo"[22] e que "os juízes da nação não são, [...] mais que a boca que pronuncia as palavras da lei, seres inanimados que desta lei não podem moderar nem a força e nem o rigor"[23]. No mesmo sentido, indagava Cesare Beccaria em 1764: "qual será, então, o legítimo intérprete das leis? O soberano, isto é, o depositário das vontades atuais de todos; e nunca o juiz, cujo dever consiste exclusivamente em examinar se tal homem cometeu ou não um ato ofensivo às leis"[24].

Naquele momento, a lei, regularmente concebida, seria estritamente suficiente a permitir, a partir da vontade soberana do legislador, uma clara e exclusiva interpretação do Direito aplicável, esgotando, na mera repetição de seus próprios termos, as restritas atribuições do julgador.

Tornou-se assim necessário afastar o Direito do príncipe. Reduzia-se aquele primeiro à legislação oriunda especificamente do Poder Legislativo, ao mesmo tempo que se excluía de seu alcance as considerações de ordem fática ou axiológica. Tais providências de contenção acarretavam, por seu turno, a consequente atrofia dos Poderes Executivo e Judiciário.

No Estado liberal interessava à classe burguesa que o juiz se mantivesse então vinculado aos estritos termos da lei, pois a história feudal demonstrava o quão pareciam plausíveis os seus receios em torno da possibilidade de interferência do príncipe sobre a magistratura. A partir dali, Direito já não mais deveria se confundir ou mesmo ser conformado por fato e valor.

---

(21) SOARES, Ricardo Maurício Freire. *Curso de introdução ao estudo do direito*. Salvador: Juspodivm, 2009. p. 131.
(22) MONTESQUIEU. *Do espírito das leis*. Traduzido por Jean Melville. São Paulo: Martin Claret, 2007. Tradução de De l'esprit des lois. p. 169.
(23) MONTESQUIEU. *Do espírito das leis...*, cit., p. 172.
(24) BECCARIA, Cesare. *Dos delitos e das penas*. Traduzido por Torrieri Guimarães. São Paulo: Martin Claret, 2002. p. 22. Tradução de Dei delitti e delle pene.

Destacando a relação direta entre o clamor burguês por segurança jurídica e a vinculação do Poder Judiciário à letra da lei, Norberto Bobbio explica que naquela conjuntura a decisão do juiz deveria ser uma reprodução fiel da lei, não havendo nenhuma liberdade de exercer atividade legislativa. Do contrário, se ele pudesse ali modificar as leis com base, por exemplo, em critérios equitativos, o princípio da separação dos poderes seria negado pela presença de dois legisladores: o verdadeiro e, ao seu lado, o juiz, atravessando as normas do primeiro e as esvaziando em conteúdo. A subordinação dos juízes à lei garantia assim o valor fundamental da segurança do Direito, de modo que o cidadão soubesse com certeza se o próprio comportamento estaria ou não em conformidade com a lei posta[25].

Dessa forma, a vinculação à legalidade sempre foi verdadeiramente uma simples técnica a garantir, naquele anterior modelo teórico, a segurança jurídica para a classe burguesa, valor este sim a que correspondia o verdadeiro princípio em jogo. A legalidade era apenas um dos caminhos possíveis e foi o efetivamente adotado, por motivos de melhor adequação naquelas específicas circunstâncias históricas, para atingir este desiderato. Nunca se configurou como um fim em si mesmo.

Essa conformação à legalidade, porém, importava logicamente em menor recurso legislativo a normas de textura aberta e em apequenar a importância e o papel dos princípios, na medida em que estes instrumentos poderiam significar maior poder pela via interpretativa ao Poder Executivo e ao Poder Judiciário, condição esta última indesejável para a burguesia e seus interesses econômicos. Apenas os estritos termos de regras legais claras e de sentido unívoco poderiam ditar o Direito aplicável a disciplinar a sociedade, sendo desnecessário o seu preenchimento com valores.

O caminho se encontrava naturalmente aberto para a posterior sistematização científica do Direito por intermédio da elaboração da doutrina do positivismo jurídico.

2.3. Alguns traços do positivismo jurídico

No contexto da modernidade de busca pela segurança jurídica e certeza no Direito foi concebido o positivismo jurídico: a tentativa de criação de uma ciência jurídica cognoscitiva da norma jurídica positivada. A almejada neutralidade (do Direito, de sua interpretação e do intérprete) passava a ser pressuposto da cientificidade do conhecimento jurídico.

Segundo Ricardo Maurício Freire Soares, a concepção do positivismo jurídico não derivou do positivismo filosófico, apesar de existir alguma associação no século

---

(25) BOBBIO, Norberto. *O positivismo jurídico...*, cit., p. 40.

XIX. Ao revés, se originou quando o Direito positivo passou a ser considerado Direito no sentido próprio. Com isso, todo o Direito se reduzia ao Direito positivo, garantindo, em outra medida, a exclusão do Direito natural de dentro da categoria de juridicidade. O acréscimo do adjetivo "positivo" passava a ser um pleonasmo, já que não existiria outro Direito além do positivo, manifestado concretamente pelas fontes normativas do Direito[26].

Conforme Norberto Bobbio, na passagem do Estado de natureza ao Estado civil, os indivíduos, transmitindo todos os seus direitos naturais ao soberano, também lhe legaram o direito de distinguir o justo do injusto, não havendo outro critério a tanto que não fosse por ele manifestado. Inexistentes convenções válidas no Estado de natureza, não existiam bem e mal, bom e ruim, justo e injusto. Enquanto ali se permanecesse, não havia consequentemente o Direito válido e nem tampouco justiça. Uma vez surgido o Estado civil, pelo contrário, nasciam consigo a justiça e o Direito positivo[27].

Observa-se, portanto, que o positivismo jurídico recusava as fontes metafísicas ou divinas, pois todo o Direito passava a ser oriundo exclusivamente das fontes formais estabelecidas. Buscava-se também com isso trazer racionalização e cientificidade à ciência jurídica, de modo a favorecer mecanismos concretos e previsíveis de controle sobre a interpretação e a aplicação do Direito.

De acordo com Clèmerson Merlin Clève, tal concepção científica seria resultado da confluência de variáveis bem delimitadas: de um lado, a busca da verdade do saber, com a garantia de certa imagem de controle dos enunciados; de outro, os anseios de segurança jurídica e previsibilidade do comportamento do Estado moderno, enquanto detentor do monopólio do exercício legítimo da violência. A vinculação necessária entre Direito e lei no positivismo promovia um tipo jurídico no qual a aparência determinava o ser. Ou seja, o Direito é o que, sob determinada forma, emana do lugar legítimo a representar o exercício do monopólio da jurisdição pelo Estado, a emanação do próprio poder soberano. O Direito corresponderia ao conjunto de normas obrigatórias de origem estatal e formalmente ordenadas: "o saber jurídico não compreende seu objeto, mas, apenas, conhece as normas jurídicas dominantes"[28].

Em sua obra *Reine Rechtslehre* de 1934, Hans Kelsen defende que:

> na afirmação evidente de que o objeto da ciência jurídica é o Direito, está contida a afirmação — menos evidente — de que são as normas jurídicas o objeto da ciência jurídica, e a conduta humana só o é na medida em que é determinada nas normas jurídicas como pressuposto

---

(26) SOARES, Ricardo Maurício Freire. *Curso de introdução ao estudo do direito...*, cit., p. 130.
(27) BOBBIO, Norberto. *Teoria geral do direito*. 2. ed. Traduzido por Denise Agostinetti. São Paulo: Martins Fontes, 2008. p. 40-41. Tradução de Teoria generale del diritto.
(28) CLÈVE, Clèmerson Merlin, *O direito e os direitos*: elementos para uma crítica do direito contemporâneo. 2. ed. São Paulo: Max Limonad, 2001. p. 109-112.

ou consequência, ou — por outras palavras — na medida em que constitui conteúdo de normas jurídicas. Pelo que respeita à questão de saber se as relações inter-humanas são objeto da ciência jurídica, importa dizer que elas também só são objeto de um conhecimento jurídico enquanto relações jurídicas, isto é, como relações que são constituídas através de normas jurídicas. A ciência jurídica procura apreender o seu objeto "juridicamente", isto é, do ponto de vista do Direito. Apreender algo juridicamente não pode, porém, significar senão apreender algo como Direito, o que quer dizer: como norma jurídica ou conteúdo de uma norma jurídica, como determinado através de uma norma jurídica.[29]

Em outros termos se revelava ali a rejeição ao jusnaturalismo, pois eram expurgados do Direito todos os componentes metafísicos, ao tempo que, no plano epistemológico, se reputava definida, como objeto da ciência do Direito, a norma jurídica. Hans Kelsen definiu categorias *a priori* do conhecimento humano, ao trabalhar com o dualismo do *Sein* (ser), correspondente ao plano dos fatos e da natureza física, em contraponto ao *Sollen* (dever ser), relativo ao plano das normas.

Karl Larenz explica que a tese fundamental em Hans Kelsen seria a da absoluta disparidade entre o ser e o dever ser, embora ambos fossem igualmente modos do pensamento e categorias últimas não decorrentes de nenhuma outra. O dever ser não corresponderia propriamente a algo de psíquico real, mas exclusivamente ao sentido de um ato pelo qual uma conduta seria prescrita, permitida ou autorizada. Ninguém poderia negar que daquilo que é não pode se concluir aquilo que deve ser, assim como daquilo que deve ser não pode se concluir aquilo que é. Às normas do Direito positivo corresponderiam atos, processos externos do comportamento humano. Estes, porém, não traziam em si o seu sentido como atos jurídicos, recebendo-o apenas enquanto uma norma jurídica, como esquema de interpretação a eles aplicada[30].

Tal delimitação precisa do objeto científico diz respeito ao propósito declarado pelo próprio Hans Kelsen, para quem a teoria "pura" se propunha a garantir um conhecimento apenas dirigido ao Direito e excluir deste tudo que não pertencesse ao seu objeto. Em outras palavras, pretendia libertar a ciência jurídica de todos os elementos que lhe fossem estranhos. Esse era seu princípio metodológico fundamental[31].

Pode ser reconhecido deste jeito, acompanhando Miguel Reale, que Hans Kelsen deixa o Direito pairando no plano da pura normatividade lógica, na medida em que até mesmo o Estado era reduzido a uma pura dimensão normativa — a sua

---

(29) KELSEN, Hans. *Teoria pura do direito*. Traduzido por João Baptista Machado. 6. ed. São Paulo: Martins Fontes, 2000. p. 79. Tradução de Reine Rechtslehre.
(30) LARENZ, Karl. *Metodologia da ciência do direito*. 3. ed. Traduzido por José Lamego. Lisboa: Calouste Gulbenkian, 1997. p. 94-95. Tradução de Methodenlehre der Rechtswissenschaft.
(31) KELSEN, Hans. *Teoria pura do direito...*, cit., p. 1.

própria ordem jurídica —, excluída naturalmente a base ético-social que lhe seria própria[32].

No ambiente jurídico-positivista, como explica Norberto Bobbio, deveria ser excluída da definição do Direito qualquer qualificação fundada num juízo de valor e que comportasse a distinção nos critérios de justo e injusto. O Direito, na condição de objeto da ciência jurídica, seria aquele que efetivamente se manifestasse na realidade histórico-social, sendo que o positivista estudaria tal Direito real sem se perguntar se além deste existiria de igual forma um Direito ideal, sem examinar se este corresponderia àquele e tampouco vinculando a validade de um à eventual correspondência com a do outro. Diante dessas circunstâncias poderia se chegar até mesmo à conclusão de que a escravidão de pessoas, por exemplo, seria um autêntico instituto jurídico como qualquer outro, ainda que dela pudesse ser gerada uma valoração negativa[33].

Note-se, todavia, que é possível compreender que a dimensão valorativa não seria no todo estranha ao positivismo jurídico. Miguel Reale chama a atenção para a circunstância de que a própria fórmula da norma fundamental no positivismo de Hans Kelsen — pela qual todos devem se conduzir em consonância com a Constituição efetivamente posta e eficaz — corresponderia, em última análise, a uma concretização do princípio *pacta sunt servanda*. Logo, exatamente no fundamento de validade de toda a ordem jurídica, estaria paradoxalmente assentada a positividade sobre uma ideia de valor, vale dizer, sobre um princípio de ordem ética que constitui uma dimensão axiológica inseparável do trabalho do jurista[34].

Na análise de Boaventura de Sousa Santos, partindo de uma abordagem jurídico-sociológica, o aparecimento do positivismo jurídico no Direito poderia ser considerado como uma construção ideológica destinada verdadeiramente a reduzir o progresso da sociedade ao desenvolvimento capitalista, bem assim a imunizar a racionalidade contra a contaminação de qualquer irracionalidade não capitalista, fosse ela Deus, a religião, a tradição, a metafísica, a ética ou ainda as utopias ou os ideais de emancipação. No mesmo processo, as irracionalidades do capitalismo passariam a poder coexistir e até a conviver com a racionalidade moderna, desde que se apresentassem como regularidades empíricas[35].

Dessa forma, o positivismo jurídico conformava a sociedade ao capitalismo, permitindo-lhe tudo aquilo que não fosse contrário aos interesses da classe burguesa, artífice autêntica daquela concepção de Estado.

---

(32) REALE, Miguel. *Fundamentos do direito*. 3. ed. rev. São Paulo: Revista dos Tribunais, 1998. p. 155.
(33) BOBBIO. Norberto. *O positivismo jurídico...*, cit., p. 136.
(34) REALE, Miguel. *Fundamentos do direito*. 3. ed. rev. São Paulo: Revista dos Tribunais, 1998. p. 171-172.
(35) SANTOS, Boaventura de Sousa. *Crítica da razão indolente*: contra o desperdício da experiência. 6. ed. São Paulo: Cortez, 2007. p. 141.

Como doutrina Jürgen Habermas, o positivismo jurídico garantia a função de estabilização das expectativas de comportamento pela consistência de decisões judiciais e pela independência do Direito em relação à política. A racionalidade seria assim obtida por uma história institucional reduzida e purificada de fundamentos fáticos e axiológicos, enquanto a legitimidade da ordem jurídica era alcançada pela observância da legalidade do procedimento de elaboração da norma. Tal legitimidade seria então transportada para o início do sistema com a norma fundamental, que, por seu turno, não seria passível ela própria de justificação racional. Esta solução, contudo, critica esse autor, não resolveria verdadeiramente a questão da racionalidade, na medida em que faria o valor da segurança jurídica encobrir o valor essencial da correção da decisão judicial[36].

Em consequência, os atos emanados do Poder Judiciário, embora formalmente legitimados, passavam a apresentar um crescente déficit de legitimidade substancial, à medida que a aplicação do Direito se afastava dos valores vigentes na sociedade em transformação. A partir do final da Segunda Guerra Mundial e da instalação do Tribunal de Nuremberg, esta necessidade de compatibilização entre segurança jurídica e correção fez eclodir uma nova moldura teórica para o Direito, em substituição ao positivismo jurídico.

2.4. INFLUXOS DO PÓS-POSITIVISMO JURÍDICO

Os caracteres próprios do positivismo jurídico, vinculados em boa medida ao mito da neutralidade científica e da suposta exclusão do fato e da norma do âmbito do Direito, não tardaram a demonstrar inconsistências teóricas, o que semeou a base para a crítica deste paradigma.

Uma vez superado o antigo regime, o posterior desenvolvimento histórico do positivismo jurídico trouxe consigo o desgaste do modelo. A Corte de Nuremberg, instalada em 1945 para julgar os crimes contra a humanidade cometidos pelos oficiais nazistas durante a Segunda Guerra Mundial, evidenciou que a concepção de estrita vinculação à lei se mostrava insuficiente a sancionar a conduta daqueles que cometiam crimes sob o respaldo na legislação em vigor em seu Estado.

Como destaca Juan Antonio García Amado,

> o nazismo supôs [...] um verdadeiro terremoto em nossa cultura jurídica ocidental e moderna e se converteu, como não podia ser menos, no *experimentum crucis* ou na pedra de toque da contemporânea Teoria do Direito. A mais tradicional das questões da Filosofia do Direito, a de,

---

(36) HABERMAS, Jürgen. *Direito e democracia*: entre facticidade e validade. 2. ed. Traduzido por Flávio Beno Siebeneichler. Rio de Janeiro: Tempo Brasileiro, 2003. v. 1, p. 250-251. Tradução de Faktizität und Geltung. Beiträge zur Diskurstheorie des Rechts und des demokratischen Rechtsstaates.

se podia ser autêntico Direito um Direito gravemente injusto perdeu seu halo de abstração e se converteu em uma pergunta muito mais direta e categórica: se era realmente Direito o "Direito" nazista, cujas normas emanadas daquele regime [sic] permitiam que se privasse gratuitamente de sua cidadania e propriedades os judeus; que se explorasse o trabalho escravo de opositores, ciganos, estrangeiros; que se condenasse à morte quem criticasse Hitler; que se esterilizassem alcoólatras, inválidos; que se encerrassem, nos campos de concentração, por tempo indefinido, os deliquentes que já haviam purgado seus delitos no cárcere; que se repetissem os julgamentos cujo veredicto desagradava a Gestapo; que se sentenciasse à morte o judeu que mantinha algum tipo de relação emotiva, nem sequer sexual, com alemã ariana, além de outros atos.[37]

Diante desta perplexidade é que Luís Roberto Barroso afirma que "o Direito, a partir da segunda metade do século XX, já não cabia mais no positivismo jurídico". A quase total identificação entre Direito e norma, além da rígida separação daquele em relação à ética, não mais correspondia ao estágio do processo civilizatório, nem tampouco aos anseios de quem patrocinava a causa da humanidade. Some-se a isso, entretanto, que os operadores do Direito também não desejavam o simples retorno ao jusnaturalismo, aos fundamentos vagos, abstratos ou metafísicos de uma razão subjetiva. Nesse exato contexto é que surge o pós-positivismo jurídico, não como desconstrução, mas autêntica superação do conhecimento convencional. Embora guardasse deferência quanto ao ordenamento positivo, nele, por outro lado, reintroduziria a justiça e a legitimidade[38].

Os veículos de reinserção destes valores de justiça correspondem aos princípios jurídicos e aos direitos fundamentais. O pós-positivismo, dessa maneira, se situa convenientemente em uma linha mediana de equilíbrio entre a segurança e a correção: não recua ao jusnaturalismo, pois trabalha diretamente com as fontes presentes no próprio sistema jurídico; também não faz coincidir o Direito apenas com a regra formalmente assentada no ordenamento jurídico, reconhecendo autêntico e efetivo valor normativo a outras fontes. Nem a metafísica, nem o império da lei.

A crise do positivismo jurídico, explica Carla Faralli, conduziu à superação de uma diferenciação inflexível entre Direito e moral, com a decorrente inserção dos valores éticos e políticos na discussão jurídico-filosófica. A nota distintiva principal residia na complexidade crescente dos sistemas constitucionais contemporâneos diante da ascensão do papel dos princípios no ordenamento jurídico. Tal abordagem podia ser caracterizada sob três aspectos fundamentais:

---

(37) AMADO, Juan Antonio García. *A lista de Schindler*: sobre abismos que o direito dificilmente alcança. Traduzido por Ricardo Menna Barreto e Germano Schwarz. Porto Alegre: Livraria do Advogado, 2009. p. 48-49.Tradução de La lista de Schindler: abismos que el derecho dificilmente alcanza.
(38) BARROSO, Luís Roberto. Fundamentos teóricos e filosóficos do novo direito constitucional brasileiro. *Jus navigandi*, Teresina, ano 6, n. 59, p. 12, out. 2002. Disponível em: <http://jus.uol.com.br/revista> Acesso em: 2.7.2009.

a) A centralidade da dimensão da correção moral do Direito, que já não podia mais ser visto sob um ponto de vista meramente formal, mas também e principalmente preenchido de conteúdo moral, por intermédio dos princípios e dos direitos invioláveis do indivíduo.

b) A importância da aplicação do Direito, pelo desenvolvimento de novas técnicas de decisão judicial, que potencializasse o sentido de correção oriundo das novas espécies normativas.

c) A vinculação, tanto do Poder Legislativo aos princípios jurídicos e aos direitos de ordem constitucional, no próprio controle do processo de produção da norma jurídica, quanto do Poder Judiciário, exercendo papel decisivo na execução do Direito, ainda mesmo que em confronto com a lei.[39]

No mesmo contexto, Ricardo Maurício Freire Soares identifica uma maior preponderância da técnica legislativa de adoção de normas de caráter aberto. Ao contrário de um sistema hermético, o ordenamento jurídico passou a se mostrar permeável a fatos e valores da realidade cambiante. Fenômeno dinâmico, ele passou a ser reconhecido na própria historicidade da vida humana, exigindo diplomas legais de textura aberta. Fórmulas normativas propositadamente genéricas, indeterminadas e contingenciais revelavam preocupação com a necessária flexibilidade aos modelos normativos, promovendo o seu ajuste aos novos tempos[40].

Aqui estaria à mostra, prossegue esse autor, um novo modelo de interpretação e aplicação do Direito a partir de instâncias intersubjetivas de valoração. O raciocínio jurídico congregava valores, ainda que fluidos e mutáveis, em torno do Direito enquanto objeto cultural, ou seja, com sentido socialmente compartilhado. Logo, estaria potencializada uma hermenêutica jurídica construtiva, voltada para a justiça social[41].

Assim, as normas de textura aberta, seja na forma de princípios, seja como regras, são um mecanismo pelo qual o intérprete ajusta o conteúdo normativo à dinamicidade da realidade em constante evolução. Trata-se verdadeiramente de uma nova perspectiva de atuação do Direito que rompe a antiga lógica do Direito fechado quanto ao especificamente determinado pelo Poder Legislativo, impondo ao intérprete o dever de preencher adequadamente o conteúdo da norma jurídica, de modo a harmonizar a sua aplicação, da maneira mais idônea possível, aos valores e aos fatos de cada momento histórico em cada Estado. Em outros termos, a concepção do pós-positivismo jurídico traz consigo um imperativo de correção para o Direito.

---

(39) FARALLI, Carla. *A filosofia contemporânea do direito*: temas e desafios. Traduzido por Candice Premaor Gullo; revisão de Traduzido por Silvana Cobucci Leite. São Paulo: Martins Fontes, 2006. p. 11-12.Tradução de La filosofia del diritto contemporanea.
(40) SOARES, Ricardo Maurício Freire. *Curso de introdução ao estudo do direito*. Salvador: Juspodivm, 2009. p. 155.
(41) SOARES, Ricardo Maurício Freire. *Curso de introdução ao estudo do direito...*, cit., p. 157.

2.4.1. Da legalidade à juridicidade

Para Carmén Lúcia Antunes Rocha, os conflitos nos Estados europeus no século XIX se encarregaram de demonstrar a fragilidade da perspectiva do Estado de Direito em termos simplesmente formais, evoluindo então para um conceito de Estado de Direito material, por intermédio do qual a Justiça busca tornar eficazes os direitos fundamentais em toda a sua amplitude. Não se dispensaria a forma da lei, aqui entendida como elemento de segurança jurídica, mas se passaria a entender que ela não era um fim em si ou a única fonte do Direito, nem tampouco significava a correção do sistema ou a justiça do povo[42].

Se a lei não era a única, mas a fonte principal do Direito, o princípio da legalidade absorveu a inteireza do arcabouço jurídico vigente no Estado, se conduzindo ao princípio da juridicidade. O administrador público é submetido não apenas à lei, mas ao Direito como um todo. A vinculação à juridicidade se estende a todas as funções desempenhadas pelo Estado, e não apenas à atividade administrativa, se expressando como um princípio-garantia do cidadão. "A juridicidade é, no Estado Democrático de Direito, proclamada, exigida e controlada em sua observância para o atingimento do ideal de Justiça social"[43].

Por outro lado, estes embates da realidade vieram igualmente a demonstrar que não era possível conferir igualdade formal de tratamento àqueles em situação desigual em termos concretos. Dessa forma, a lei geral e abstrata, produzida por e para a classe burguesa, já não interessava ao conjunto da sociedade, motivando sindicatos de trabalhadores e associações de profissionais liberais, entre outros agentes de pressão, a trazerem a divergência ideológica ao parlamento.

Acentua Luiz Guilherme Marinoni que, se a nova concepção ainda exigia o recurso à legalidade, necessário se tornava lhe conferir também nova configuração. Se antes era vista em uma dimensão formal, agora deveria apresentar um conteúdo material ou substancial: a conformação da lei com a Constituição e, especialmente, com os direitos fundamentais. Não bastaria apenas ao juiz, como antigamente, revelar as palavras da lei, mas sim projetar uma imagem, lhe corrigindo e adequando aos princípios de justiça e aos direitos fundamentais[44].

Gustavo Binenbojm expõe que seria possível enumerar cinco razões para o desprestígio da lei formal nesta conjuntura:

> a) O excesso de leis, inspirado pelo mito da completude do ordenamento jurídico e do aumento das funções do Estado, que promoveu a banalização da lei e esvaziou a sua respeitabilidade.

---

(42) ROCHA, Cármen Lúcia Antunes. *Princípios constitucionais da administração pública*. Belo Horizonte: Del Rey, 1994. p. 72-73.
(43) ROCHA, Cármen Lúcia Antunes. *Princípios constitucionais da administração pública...*, cit., p. 79-80.
(44) MARINONI, Luiz Guilherme. *Teoria geral do processo...*, cit., p. 44-45.

b) A constatação de que a lei poderia legitimar a barbárie, como aconteceu no caso do regime nazista antes mencionado.

c) A constitucionalização do Direito, com o grande desenvolvimento de mecanismos de controle de constitucionalidade das leis.

d) A criação de uma série de atos normativos aptos, por si mesmos, a disciplinar suficientemente a atuação do Estado, como as medidas provisórias e os regulamentos autônomos.

e) A vontade política do Poder Executivo, na medida em que controla o processo legislativo pela coalizão de forças, dando iniciativa ao processo de produção das leis que vincularão a própria Administração Pública.[45]

Ainda que se despreze o componente ideológico e os interesses setoriais antes referidos que envolveram a ascensão da primazia da legalidade, o atual panorama de manifesta perda de legitimidade da produção legislativa aponta em direção do enfraquecimento do papel da lei enquanto clássica limitadora do Estado e garantidora das liberdades individuais. Esvazia-se, por consequência, a argumentação em torno de uma pretensa identificação entre legalidade e segurança jurídica.

Ao contemporizar a importância da vinculação à legalidade, o pós-positivismo jurídico conduz a uma adequação do Direito, introduzindo no campo jurídico mudanças radicais e profundas de perspectiva que conferiram, de forma evidente, maior poder e relevante autonomia aos diversos órgãos do Poder Judiciário, ao mesmo tempo que acarretaram consequentemente complexidade interpretativa bem maior durante a prolação de cada ato decisório.

A lei, enquanto uma das principais fontes do Direito, deixou de ser entendida meramente como produto de vontade homogênea do Poder Legislativo e a vinculação à legalidade adquiriu novo delineamento, mais abrangente, mais difuso, envolvendo agora, pelo contrário, uma relação de necessária conformidade com o conjunto sistemático do ordenamento jurídico, aqui considerado composto igualmente por regras e princípios. A noção de legalidade foi assim substituída pelo conceito de *juridicidade*.

2.4.2. Ascensão dos princípios no ordenamento jurídico

O valor da segurança jurídica foi redimensionado no pós-positivismo jurídico, cedendo espaço e caminhando ao lado do imperativo de correção na aplicação do Direito, o que justificou a necessidade de se sobrelevar o papel dos princípios no ordenamento jurídico.

---

(45) BINENBOJM, Gustavo. *Uma teoria do direito administrativo*: direitos fundamentais, democracia e constitucionalização. 2. ed. rev. e atual. Rio de Janeiro: Renovar, 2008. p. 127-136.

Conforme disserta Gustavo Binenbojm, as transformações mais recentes no Direito sustentaram a força vinculante dos princípios constitucionais, que, em razão do seu alto grau de abstração, se tornaram instrumentos a conferir a necessária maleabilidade ao ordenamento jurídico, de modo a acomodar as novas demandas da sociedade. Ao incorporarem importantes valores humanitários, reaproximaram o Direito da moral, proporcionando um conteúdo ético ao ordenamento. Trata-se da supremacia não mais meramente formal, mas principalmente material da Constituição[46].

Com isso não se esperava que a vinculação do Estado ao Direito obedecesse a um esquema único ou se restringisse à lei formal, mas que ocorresse em relação ao ordenamento jurídico como uma unidade, manifestando-se em graus e tipos de normas distintos. Encontrava-se superada a imprescindibilidade da lei para mediar a relação entre, de um lado, o Estado e, de outro, a Constituição ou os princípios constitucionais como núcleos de condensação de valores[47].

Tornava-se então necessário reconhecer força normativa nos princípios, construindo uma nova hermenêutica constitucional baseada em uma teoria dos direitos fundamentais. Tratando da inserção de uma nova concepção dos princípios no pós-positivismo jurídico, Luís Roberto Barroso sustenta que

> os princípios constitucionais, [...] passam a ser a síntese dos valores abrigados no ordenamento jurídico. Eles espelham a ideologia da sociedade, seus postulados básicos, seus fins. Os princípios dão unidade e harmonia ao sistema, integrando suas diferentes partes e atenuando tensões normativas. De parte isto, servem de guia para o intérprete, cuja atuação deve pautar-se pela identificação do princípio maior que rege o tema apreciado, descendo do mais genérico ao mais específico, até chegar à formulação da regra concreta que vai reger a espécie. Estes os papéis desempenhados pelos princípios: a) condensar valores; b) dar unidade ao sistema; c) condicionar a atividade do intérprete.[48]

É assim que no pós-positivismo ganha especial relevo o papel dos princípios diante da insuficiência do modelo positivista em apresentar respostas satisfatórias pelo método tradicional da subsunção.

De acordo com Paulo Bonavides, o caráter normativo dos princípios pode ser observado de forma categórica e precursora em Crisafulli, ainda em 1952, quando os conceitua como:

> toda norma jurídica, enquanto considerada como determinante de uma ou de muitas outras subordinadas, que a pressupõem, desenvolvendo e

---

(46) BINENBOJM, Gustavo. *Uma teoria do direito administrativo...*, cit., p. 63-64.
(47) BINENBOJM, Gustavo. *Uma teoria do direito administrativo...*, cit., p. 140-141.
(48) BARROSO, Luís Roberto. Fundamentos teóricos e filosóficos do novo direito constitucional brasileiro..., cit., p. 13. Disponível em: <http://jus.uol.com.br/revista> Acesso em: 2.7.2009.

especificando ulteriormente o preceito em direções mais particulares (menos gerais), das quais determinam, e portanto resumem, potencialmente, o conteúdo: sejam, pois, estas efetivamente postas, sejam, ao contrário, apenas dedutíveis do respectivo princípio geral que as contém.[49]

Ao abrigo deste novo modelo em construção, ainda segundo Luís Roberto Barroso, era encontrada a reabilitação da razão prática e da argumentação jurídica, a formação de uma nova hermenêutica constitucional e o desenvolvimento de uma teoria dos direitos fundamentais edificada sobre o sustentáculo do princípio da dignidade humana[50].

Pode ser aqui reconhecido o núcleo fundamental da própria noção de juridicidade, pois, como afirma Ricardo Maurício Freire Soares, o sistema jurídico encontrava coerência e unidade substancial justamente na ideia de respeito à dignidade humana. Logo, dentre todas as possibilidades de sentido que podiam ser razoavelmente apreendidas em cada modelo normativo, devia sempre ser priorizada a que tornasse o princípio da dignidade humana mais eficaz[51].

A este respeito, Gustavo Binenbojm afirma que a dignidade humana se elevou à condição de princípio jurídico, como origem e fundamento de todos os direitos fundamentais, de modo que a centralidade jurídica destes últimos no sistema normativo passou a corresponder à centralidade moral daquela primeira no plano dos valores. Entre direitos fundamentais e democracia, por seu turno, havia uma relação de interdependência, sendo que, quando conjugados, dariam origem ao Estado Democrático de Direito, um conjunto de instituições jurídico-políticas voltadas à proteção e à promoção da dignidade humana[52].

Trata-se, portanto, de uma nova perspectiva de aplicação e interpretação do Direito, a qual requer o pronto redimensionamento da função jurisdicional, com mira em atender esses novos desafios. Pela providência de uma justiça material, destinada especialmente à concretização de direitos fundamentais, os princípios passam a representar a harmonia possível entre segurança e correção no Direito.

A interpretação é conduzida, como afirma Cármen Lúcia Antunes Rocha, pelos fins da norma, levando em conta as consequências na realidade social, na perspectiva do ideal de justiça material, a que o sistema jurídico se propõe a produzir.

---

(49) CRISAFULLI apud BONAVIDES, Paulo. Curso de direito constitucional. 23. ed. atual. e ampl. São Paulo: Malheiros, 2008. p. 273.
(50) BARROSO, Luís Roberto. Neoconstitucionalismo e constitucionalização do direito: o triunfo tardio do direito constitucional no Brasil. Revista Eletrônica sobre a Reforma do Estado (RERE), Salvador, Instituto Brasileiro de Direito Público, n. 9, p. 5, mar./abr./maio 2007. Disponível em: <http://www.direitodoestado.com.br/redae.asp> Acesso em: 29.6.2009.
(51) SOARES, Ricardo Maurício Freire. Curso de introdução ao estudo do direito. Salvador: Juspodivm, 2009. p. 206.
(52) BINENBOJM, Gustavo. Uma teoria do direito administrativo..., cit., p. 50-51.

A atividade do intérprete do Direito, portanto, passa a se encontrar vinculada a realizar ou permitir a realização da finalidade posta no sistema que possa ser considerada correta, rejeitando as que desvirtuem os fins do Estado. Enquanto o Direito pode ser apreciado em termos abstratos, a justiça apenas é realizada na aplicação do conteúdo juridicamente normatizado. Logo, é necessário que a interpretação principiológica considere o resultado social justo. "Não há outra razão para a existência necessária e eficiente do Direito, senão produzir o justo social."[53]

2.4.3. Novo papel do juiz

O papel do Poder Judiciário foi redesenhado pelo pós-positivismo jurídico. Sua vinculação institucional passou a se referir agora a concretizar a Constituição, a partir de seus princípios nucleares e dos direitos fundamentais, no processo de interpretação e aplicação da norma. Há muito tempo deixou de ser um Poder "nulo", a "boca da lei" ou ainda de simplesmente proceder ao enquadramento do fato à norma, como se divulgava no Estado moderno.

Por seu turno, a lei deixou de ser entendida como produto de vontade homogênea do Poder Legislativo e a legalidade adquiriu novo delineamento e *status* no ordenamento jurídico. Na atualidade, o juiz se encontra vinculado ao princípio da juridicidade, de forma que, ao mesmo tempo que deve preservar o valor da segurança jurídica, igualmente deve resguardar a correção na aplicação do Direito e fomentar a justiça em termos materiais.

Nesse ponto é de se salientar ainda a lição de Dirley da Cunha Júnior, para quem tal expansão do papel do juiz seria uma exigência da sociedade contemporânea, que vinha dele reclamando, mais do que uma mera e passiva inanimada atividade de pronunciar as palavras da lei, um destacado dinamismo ou ativismo na efetivação dos preceitos constitucionais, em geral, e na defesa dos direitos fundamentais e valores substanciais, em especial[54].

Conforme José Roberto Freire Pimenta e Lorena Vasconcelos Porto, no paradigma do Estado Democrático de Direito, o juiz deve avaliar e interpretar as necessidades do caso concreto, bem assim aplicar a técnica processual conforme o direito substancial e os valores constitucionais, sobretudo o direito fundamental à tutela jurisdicional efetiva. Não se exige mais, portanto, a neutralidade, mas sim a imparcialidade do juiz[55].

---

(53) ROCHA, Cármen Lúcia Antunes. *Princípios constitucionais da administração pública...*, cit., p. 50-51.
(54) CUNHA JÚNIOR, Dirley da. *Curso de direito constitucional*. 3. ed. rev., ampl. e atual. Salvador: Juspodivm, 2009. p. 201.
(55) PIMENTA, José Roberto Freire; PORTO, Lorena Vasconcelos. Instrumentalismo substancial e tutela jurisdicional civil e trabalhista: uma abordagem histórico-jurídica. *Revista do Tribunal Regional do Trabalho da 3ª Região*, Belo Horizonte, n. 73, p. 96, jan./jun. 2006.

Segundo Chaïm Perelman, dentro de uma nova perspectiva de interpretação, o sistema jurídico deixa de ser considerado como um sistema fechado, isolado do ambiente sociocultural em que se insere, sofrendo, pelo contrário, seus influxos. Cabe ao juiz encontrar as soluções convincentes e satisfatórias no Direito, dotadas de motivação juridicamente consistente[56].

Em tal busca pelo convencimento e consequentemente pela paz social, o Poder Judiciário passa a se situar em uma nova relação perante o Poder Legislativo. Nem inteiramente subordinado, nem simplesmente oposto, impõe-se àquele a tarefa jurídica e política de harmonizar o ordenamento jurídico com as ideias dominantes sobre o justo e equitativo. Logo, a passagem da regra abstrata para o caso concreto não reclama um simples processo dedutivo, todavia uma adaptação constante dos dispositivos legais aos valores em conflito[57].

No contexto do pós-positivismo jurídico, Rodolfo de Camargo Mancuso ensina que, diante do crescente acesso à Justiça, são alterados o papel e a conduta do juiz, do qual passa a ser esperada uma postura proativa, afastado da clássica postura de neutralidade. O juiz não pode mais se mostrar indiferente às grandes transformações sociais e aplicar mecanicamente a norma jurídica. Pelo contrário, deve assumir o papel de transformador da realidade. Afinal de contas, quando a Constituição Federal recepciona o princípio da democracia participativa, por intermédio do qual todos são chamados a bem zelar a coisa pública, não pode excluir justamente o Poder Judiciário, que atua especificamente na pacificação social[58].

Setores mais conservadores recusam o papel do juiz social e politicamente engajado, seja pelo argumento do comprometimento da isenção, seja pela ausência de mandato outorgado pela população. Ocorre, porém, que a participação direta da população não se dá apenas pelo voto, projetos de lei de iniciativa popular, plebiscitos e audiências públicas, mas também por meio de processo, aqui reconhecido como fator de inclusão social na medida em que encaminha ao Poder Judiciário as pretensões da coletividade[59].

No mesmo sentido, Cármen Lúcia Antunes Rocha, para quem,

> não é apenas no voto em representante seu no Poder Executivo ou em membro do Poder Legislativo que a cidadania se completa. Este voto é uma manifestação temporalmente delimitada, legalmente definida e circunstancialmente objetivada para o exercício do que teria sobrado como poder do povo. A jurisdição, diversamente, é uma via de agitação

---

(56) PERELMAN, Chaïm. *Lógica jurídica*: nova retórica. Traduzido por Vergínia K. Pupi. São Paulo: Martins Fontes, 1998. p. 115. Tradução de Logique juridique.
(57) PERELMAN, Chaïm. *Lógica jurídica*..., cit., p. 116.
(58) MANCUSO, Rodolfo de Camargo. *A resolução dos conflitos e a função judicial no contemporâneo estado de direito*. São Paulo: Revista dos Tribunais, 2009. p. 102-103.
(59) MANCUSO, Rodolfo de Camargo. *A resolução dos conflitos e a função judicial no contemporâneo estado de direito*..., cit., p. 286-287.

permanente da cidadania. É por ela que o Direito faz-se vivo e insuperável pela atuação de quantos pretendam transgredi-lo. É pela provocação da jurisdição que o cidadão faz com que o Direito seja universalmente acatado e igualmente imposto a todos.[60]

Em última análise, portanto, ao decidir no processo, o juiz externa também voz de representação popular.

Ao novo papel do juiz que se descortina no pós-positivismo jurídico podem ser apontadas, em caráter preliminar, as seguintes características:

a) Interpreta e aplica o Direito não mais do ponto de vista meramente formal, mas pelo reconhecimento de um seu conteúdo ético e moral, que se evidencia na exata medida da concretização dos princípios e dos direitos fundamentais, especialmente aqui considerando o da dignidade humana enquanto vértice do ordenamento jurídico.

b) Interpreta os conceitos indeterminados e as normas de textura aberta no propósito de conferir, em sua maior medida, um sentido atual e socialmente compartilhado ao ordenamento jurídico, sem perder de vista os ideais de justiça e de legitimidade que devem conferir unidade e harmonia ao sistema jurídico como um todo.

c) Não mais se encontra vinculado aos restritos termos da legalidade, mas sim à noção mais abrangente de juridicidade, entendida como a necessária conformidade com o conjunto sistemático do ordenamento jurídico, composto de regras e princípios.

---

(60) ROCHA, Cármen Lúcia Antunes. A reforma do poder judiciário. *Revista de Direito Administrativo*, Rio de Janeiro: Renovar, n. 211, p. 104, jan./mar. 1998.

3. Uma Releitura dos Princípios e de sua Força Normativa

3.1. Princípios em linhas gerais

Anteriormente foi observado que o pós-positivismo jurídico propiciou as condições necessárias a que os princípios passassem a desempenhar um papel de importância capital diante da insuficiência do modelo positivista em apresentar respostas satisfatórias pelo método tradicional da interpretação por subsunção. Estas espécies normativas traduzem, neste novo panorama teórico, o elo harmônico possível entre os valores da segurança e da correção do Direito, direcionados à consecução da justiça material e da concretização de direitos fundamentais[61]. Passa-se a uma releitura do papel dos princípios a partir de sua força normativa.

Em termos gerais, principiar significa dar início a algo, servir como ponto de partida, como origem ou começo. Assim podem ser entendidos, em uma perspectiva preliminar, os princípios no Direito: a origem estrutural do arcabouço jurídico, as fundações sobre as quais é sustentado e informado todo o complexo normativo que representa o sistema.

De acordo com Carlos Ari Sundfeld, "os princípios são as ideias centrais de um sistema, ao qual dão sentido lógico, harmonioso, racional, permitindo a compreensão de seu modo de organizar-se"[62].

Os princípios, diz Cleber Lúcio de Almeida, "são as diretrizes fundamentais do ordenamento jurídico, impositivas de dever-ser nas relações sociais e orientadoras da criação, interpretação e aplicação das regras jurídicas que, ao seu lado, compõem o ordenamento jurídico"[63].

---

(61) Seção 2.4.2.
(62) SUNDFELD, Carlos Ari. *Fundamentos de direito público*. 4. ed. rev. aum. e atual. São Paulo: Malheiros, 2008. p. 143.
(63) ALMEIDA, Cleber Lúcio de. *Direito processual do trabalho*. 4. ed. rev. atual. e ampl. Belo Horizonte: Del Rey, 2012. p. 56.

Mauricio Godinho Delgado, por seu turno, entende que o papel dos princípios é o de atuar decisivamente na própria dinâmica de ajuste do Direito à vida social, tanto moldando a interpretação da regra jurídica, quanto se associando a ela na sua incidência sobre a realidade dos seres humanos. Na antecipação de fórmulas de organização e conduta para a comunidade ou na absorção de práticas organizacionais e de conduta da convivência social, é papel fundamental dos princípios alicerçar a ordem jurídica aplicável aos valores mais essenciais do universo do Direito[64].

Para Miguel Reale, proposição é a expressão verbal de um juízo, vale dizer, expressão de uma ligação lógica de um predicado a algo, em relação de atributividade necessária e com pretensão de verdade. A ciência implica a coerência entre juízos que se enunciam em seu seio. Como todo juízo envolve uma pergunta sobre sua validade ou seu fundamento original, há sempre a possibilidade de redução a outro juízo mais simples, e assim, em princípio, sucessivamente. Quando o pensamento opera essa redução certificadora até serem atingidos juízos iniciais que não possam mais ser reduzidos a outros, são encontrados os princípios da ciência[65].

Princípios, portanto, podem ser reconhecidos como os juízos fundamentais, que garantem a certeza de um conjunto de juízos, ordenados em um sistema de conceitos relativos a determinada porção da realidade. Podem ser considerados como princípios também, porém, certas proposições que, embora não evidentes ou resultantes de evidências, sejam adotadas como fundamento de validade de um sistema ou seus pressupostos necessários. Como exemplo proposições, é lembrado, no âmbito da ciência do Direito, o princípio pelo qual "a ninguém é dado se escusar do cumprimento da lei alegando ignorância em relação a esta", uma óbvia ficção[66]. Nada há de errado nisso, pois o conhecimento científico é sempre relativo, ou seja, seus juízos possuem validez nos limites do extrato de realidade explicado e em função dos princípios que norteiam este mesmo sistema[67].

3.2. CONCEPÇÃO SISTÊMICA DO DIREITO

No âmbito do Direito, o sistema deve ser reconhecido, como disserta Claus Wilhelm Canaris, a partir das ideias de adequação valorativa e da unidade interior da ordem jurídica. Se derivado o ordenamento a partir da regra (de natureza valorativa) da justiça, também o sistema a ele correspondente apenas pode ser uma ordenação teleológica não no sentido restrito da pura conexão de meios aos fins, mas na realização ampla de escopos e de valores[68].

---

(64) DELGADO, Mauricio Godinho. Os princípios na estrutura do direito. *Revista do Tribunal Superior do Trabalho*, v. 75, n. 3, Brasília: Magister, p. 18, jul./set. 2009.
(65) REALE, Miguel. *Filosofia do direito*. 19. ed. São Paulo: Saraiva, 1999. p. 59-60.
(66) REALE, Miguel. *Filosofia do direito...*, cit., p. 60.
(67) REALE, Miguel. *Filosofia do direito...*, cit., p. 78.
(68) CANARIS, Claus Wilhelm. *Pensamento sistemático e conceito de sistema na ciência do direito*. 3. ed. Traduzido por A. Menezes Cordeiro. Lisboa: Calouste Gulbenkian, 2002. p. 66-67. Tradução de Systemdenken und Systembegriff in der Jurisprudenz.

Trata-se da adequação formal de uma valoração que não tem por desiderato, porém, encontrar uma regulação justa específica e *a priori* em seu conteúdo, para, uma vez legislado um valor primário, pensar até o fim em todas as suas derivações e consequências, solucionando contradições em relação a outros valores já legislados e também evitando contradições derivadas do aparecimento de novos valores[69].

A característica principal da unidade é justamente esta recondução da multiplicidade do singular a poucos princípios constitutivos, avançando-se aos valores fundamentais mais profundos, vale dizer, aos princípios gerais da ordem jurídica: para além da lei e da *ratio legis*, apurar a *ratio iuris* determinante[70].

Enquanto consideradas como sistema, portanto, as normas jurídicas componentes do ordenamento jurídico correspondem a uma ordenação teleológica cuja característica de unidade é resultado da sua coerência com os princípios do Direito.

Nesse sentido, sustenta Celso Antônio Bandeira de Mello que a mais grave forma de ilegalidade ou inconstitucionalidade é justamente a ofensa a um princípio, porque representa "insurgência contra todo o sistema, subversão de seus valores fundamentais, contumélia irremissível a seu arcabouço lógico e corrosão de sua estrutura mestra"[71].

3.3. Princípios expressos e implícitos?

A afirmação de um princípio jurídico independe em absoluto de um texto expresso que o enuncie.

Para Eros Roberto Grau, os princípios somente são resgatados ou descobertos dentro de um ordenamento jurídico e sempre são princípios deste ordenamento jurídico[72]. Podem ser divididos em expressos e implícitos. Os primeiros são aqueles que se encontram dispostos explicitamente em texto do ordenamento jurídico, ou seja, no que denomina de "Direito posto". Os últimos, por outro lado, são aqueles inferidos, tanto a partir deste mesmo Direito posto, quanto ainda, no caso dos princípios gerais de Direito, oriundos do por ele chamado "Direito pressuposto" de uma específica e determinada sociedade. Pressuposto é o Direito já encontrado no interior da estrutura social mesmo antes da produção legislativa estatal[73].

---

(69) CANARIS, Claus Wilhelm. *Pensamento sistemático e conceito de sistema na ciência do direito...*, cit., p. 75.
(70) CANARIS, Claus Wilhelm. *Pensamento sistemático e conceito de sistema na ciência do direito...*, cit., p. 76-77.
(71) MELLO, Celso Antônio Bandeira de. *Curso de direito administrativo*. 26. ed. rev. e atual. São Paulo: Malheiros, 2009. p. 948-949; MELLO, Celso Antônio Bandeira de. *Grandes temas de direito administrativo*. São Paulo: Malheiros, 2009. p. 35.
(72) GRAU, Eros Roberto. *O direito posto e o direito pressuposto*. 4. ed. rev. e amp. São Paulo: Malheiros, 2002. p. 70.
(73) GRAU, Eros Roberto. *Ensaio e discurso sobre a interpretação/aplicação do direito*. 5. ed. rev. e amp. São Paulo: Malheiros, 2009. p. 144-147.

De acordo com Riccardo Guastini, os princípios implícitos são frutos da dedução, pelo intérprete, de normas individualmente consideradas, de conjunto de normas ou do próprio ordenamento jurídico como um todo. A atividade de dedução implica a identificação da *ratio* de uma norma: a meta a que ela é dirigida a visar ou um valor do qual ela é justificada[74].

Esses princípios podem ser construídos pelo método indutivo a partir de normas particulares. Considerando, porém, que a indução não é um procedimento lógico, ela pode conduzir a resultados discutíveis. Na maioria das vezes, os princípios são construídos a partir de conjecturas acerca das razões do legislador. Como é raro uma norma corresponder a uma finalidade unívoca, as conjecturas se fragilizam[75].

No texto constitucional brasileiro, os princípios da moralidade e da eficiência administrativas se apresentam atualmente como exemplos de princípios expressos (art. 37, *caput*)[76]. Enquanto isso, a segurança jurídica é reconhecida princípio constitucional pelo Supremo Tribunal Federal em sede de controle de constitucionalidade de leis e atos da Administração Pública, enquanto "projeção objetiva do princípio da dignidade da pessoa humana e elemento conceitual do Estado de Direito"[77], embora não especificamente explicitado em nenhum enunciado da Constituição Federal, mas apenas na legislação infraconstitucional[78]. Trata-se de um exemplo de princípio implícito constitucional da Administração Pública, porque manifestamente decorrente da própria natureza do Estado Democrático de Direito.

Em verdade, a previsão literal de um princípio atende bem mais à cultura legalista clássica, que apenas reconhece efeitos jurídicos, ao quanto expresso literalmente por intermédio de um enunciado normativo. Se todo princípio é uma decorrência do sistema de normas, pela redução sucessiva e retroativa de juízos prescritivos, a simples circunstância da ausência de consignação expressa assume ares de um irrelevante jurídico, na medida em que não afeta a existência ou não do princípio, nem tampouco influi no seu potencial de gerar efeitos. E o inverso também é verdadeiro. A simples denominação expressa de "princípio" no seio de um enunciado normativo não transforma algo em princípio.

---

(74) GUASTINI, Riccardo. *Das fontes às normas*. Traduzido por Edson Bini. São Paulo: Quartier Latin, 2005. p. 193. Tradução de Dalle fonti alle norme.
(75) GUASTINI, Riccardo. *Das fontes às normas*..., cit., p. 194-195.
(76) BRASIL. *Constituição da República Federativa do Brasil*, "art. 37. A administração pública direta e indireta de qualquer dos Poderes da União, dos Estados, do Distrito Federal e dos Municípios obedecerá aos princípios de legalidade, impessoalidade, moralidade, publicidade e eficiência [...]". Disponível em: <http://www.planalto.gov.br/ccivil_03/Leis/_lei-principal.htm> Acesso em: 2.9.2011.
(77) BRASIL. *Supremo Tribunal Federal*. Tribunal Pleno. MS 24.448-8/DF. Relator: Ministro Carlos Britto. Brasília, 27.9.2007. DJ 10.3.1989. Disponível em: <http://www.stf.jus.br> Acesso em: 2.9.2011.
(78) BRASIL. *Lei n. 9.784, de 29 de janeiro de 1999*, "art. 2º A Administração Pública obedecerá, dentre outros, aos princípios da legalidade, finalidade, motivação, razoabilidade, proporcionalidade, moralidade, ampla defesa, contraditório, segurança jurídica, interesse público e eficiência". Disponível em: <http://www.planalto.gov.br/ccivil_03/Leis/_lei-principal.htm> Acesso em: 2.9.2011.

3.4. CLÁSSICAS FUNÇÕES E A FORÇA NORMATIVA

Ainda sob a égide do positivismo jurídico eram reservadas aos princípios, para além de uma natureza programática ou meramente retórica, duas funções: interpretativa e de integração do sistema.

Quanto à função interpretativa, a mais comum e recorrente, de acordo com Mauricio Godinho Delgado, esta se encontrava atada ao processo de revelação e compreensão do próprio Direito, quando os princípios atuavam na condição de "proposições ideais propiciadoras de uma direção coerente na interpretação da regra de Direito. São veios iluminadores à compreensão da regra jurídica construída. [...] Não atuam, pois, como fonte formal do Direito, mas como instrumental de auxílio à interpretação jurídica"[79].

No que tange à função de integração, os princípios agiam a partir da necessidade de manutenção e estabilização do ordenamento jurídico em sua completude. Segundo o autor retrocitado, aqui os princípios eram chamados a cumprir uma "função normativa subsidiária", na medida em que apenas eram evocados "em face de casos concretos não regidos por fonte normativa principal da ordem jurídica"[80].

Neste passo, Norberto Bobbio explica que o ordenamento jurídico tem por características a unidade, a coerência e a completude.

A unidade indica que todas as regras do ordenamento jurídico, embora esparsas e de proveniência variada, possuem por fundamento mais remoto uma única norma fundamental, fonte última de todas as fontes do Direito[81]. A validade de toda regra jurídica advém de outra norma de hierarquia superior, o que possibilita uma redução regressiva até a norma hipotética fundamental[82].

A coerência, por seu turno, trata da índole sistemática do ordenamento jurídico, indicando a ausência de antinomias, vale dizer, ausência de incompatibilidades entre as suas regras componentes[83]. A solução das antinomias é baseada em três regras fundamentais: o critério cronológico (*lex posterior derogat priori*), o critério hierárquico (*lex superior derogat inferiori*) e o critério de especialidade (*lex specialis derogat generali*)[84].

A completude de um ordenamento jurídico, por fim, é verificada quando o juiz pode nele encontrar uma regra para qualquer conflito que lhe seja apresentado

---

(79) DELGADO, Mauricio Godinho. Os princípios na estrutura do direito. *Revista do Tribunal Superior do Trabalho*, Brasília: Magister, v. 75, n. 3, p. 21, jul./set. 2009.
(80) DELGADO, Mauricio Godinho. *Op. cit.*, p. 21-22.
(81) BOBBIO, Norberto. *Teoria geral do direito...*, cit., p. 199-200.
(82) BOBBIO, Norberto. *Teoria geral do direito...*, cit., p. 207-211.
(83) BOBBIO, Norberto. *Teoria geral do direito...*, cit., p. 228-229.
(84) BOBBIO, Norberto. *Teoria geral do direito...*, cit., p. 237-242.

a decidir. Enquanto a incoerência implica a presença de duas normas contraditórias, a incompletude significa a ausência simultânea das duas regras que se contradigam. A unidade negativa requer a eliminação das contradições; enquanto a unidade positiva; o preenchimento das lacunas[85].

Para se completar um ordenamento jurídico dois são os métodos possíveis: a heterointegração, pelo recurso a ordenamentos diversos, e a autointegração, pelo apelo a fontes distintas das regras, conquanto internas ao próprio ordenamento jurídico.

Tratando-se de autointegração, o Direito brasileiro disciplina, em termos gerais, que, quando a lei for omissa, o juiz decidirá o caso de acordo com os princípios gerais de Direito, além da analogia e dos costumes[86]. Vê-se aqui, portanto, o papel integrador atribuído aos princípios.

Para Miguel Reale, entretanto, o dispositivo legal retrocitado é supérfluo, pois se trata de uma verdade implícita e necessária do próprio sistema. Se não há ciência sem princípios, aqui entendidos como verdades válidas para o correspondente campo de saber, o juiz não necessita de prévia autorização do legislador para chamá-los a decidir o feito: "prive-se uma ciência de seus princípios, e tê-la-emos privado de sua substância lógica, pois o Direito não se funda sobre normas, mas sobre os princípios que as condicionam e as tornam significantes"[87].

De uma forma ou de outra, seja pela via expressa, seja por se tratar de uma verdade implícita ao sistema, pode ser dito que a função de integração conferida aos princípios gerais já lhes acarretava força normativa. Indaga Norberto Bobbio que, se a função para a qual os princípios são empregados na autointegração é exatamente a mesma cumprida por qualquer norma — vale dizer, regular um caso —, por que não deveriam ser normas?[88]

Orlando Gomes entende os princípios como fonte formal do Direito, embora com função subsidiária e apenas na acepção de uma "cristalização, em termos abstratos, do conjunto de preceitos normativos do ordenamento legal", ou seja, aqueles princípios extraídos dos dispositivos legais que se ampliam, mediante um processo lógico e analógico, em fórmulas gerais[89].

Para Miguel Reale, por outro lado, a força coercitiva dos princípios no ordenamento ocorre por intermédio das fontes de Direito, a começar pelo processo legislativo, embora mais frequentemente seja derivada da atividade jurisdicional e dos precedentes judiciais, bem assim dos usos e costumes e da prática dos atos negociais[90].

---

(85) BOBBIO, Norberto. *Teoria geral do direito...*, cit., p. 259-261.
(86) BRASIL. *Decreto-Lei n. 4.657, de 4 de setembro de 1942*, art. 4º. Disponível em: <http://www.planalto.gov.br/ccivil_03/Leis/_lei-principal.htm> Acesso em: Acesso em: 2.9.2011.
(87) REALE, Miguel. *Filosofia do direito*. 19. ed. São Paulo: Saraiva, 1999. p. 61-62.
(88) BOBBIO, Norberto. *Teoria geral do direito...*, cit., p. 297-298.
(89) GOMES, Orlando. *Introdução ao direito civil*. 20. ed. Rio de Janeiro: Forense, 2010. p. 37-38.
(90) REALE, Miguel. *Lições preliminares de direito*. 27. ed. rev. São Paulo: Saraiva, 2002. p. 306.

A aptidão a disciplinar uma situação fática concreta que se enquadre em seu enunciado genérico confere força plenamente normativa aos princípios, ainda que, neste caso, como fonte meramente subsidiária do Direito.

É o pós-positivismo jurídico, porém, que confere a verdadeira dignidade normativa aos princípios, situando-os em patamar igual ou superior àquele outrora reservado exclusivamente às regras de Direito. Neste momento é que ocorre o resgate dos valores para dentro do Direito, equilibrando a relação entre segurança e correção jurídicas. Dentre as mais relevantes contribuições da atualidade sobre o tema, são destacadas as concepções de Ronald Dworkin e Robert Alexy.

3.5. Concepção de princípio para Ronald Dworkin

A teorização de Ronald Dworkin se constitui como um verdadeiro marco divisor no debate da filosofia pós-moderna do Direito, reabilitando a racionalidade moral-prática no campo da metodologia jurídica[91].

Em seu artigo *The model of rules* de 1967, mais adiante incluído na obra *Taking rights seriously* de 1977, considerada como o ponto de partida do pós-positivismo jurídico, os princípios ganham papel de maior destaque, funcionando como interseções necessárias entre Direito e moral, dentro de uma concepção jurídica notadamente liberal e individualista.

Este trabalho de Ronald Dworkin se estrutura claramente por meio de uma crítica consistente ao pensamento positivista de Herbert L. A. Hart, a quem sucedeu na Universidade de Oxford e para quem a textura aberta das normas jurídicas (sempre identificadas apenas com as regras) deveria ser preenchida por um ato volitivo do juiz, não sendo passível, portanto, de nenhuma espécie de controle racional.

Segundo este último autor,

> não restam dúvidas de que os tribunais proferem os seus julgamentos de forma a dar a impressão de que as suas decisões são a consequência necessária de regras predeterminadas cujo sentido é fixo e claro. Em casos muito simples, tal pode ser assim; mas na larga maioria dos casos que preocupam os tribunais, nem as leis, nem os precedentes em que as regras estão alegadamente contidas admitem apenas um resultado. Nos casos mais importantes, há sempre uma escolha. O juiz tem de escolher entre sentidos alternativos a dar às palavras de uma lei ou entre interpretações conflitantes do que um precedente "significa". É só a tradição de que os juízes "descobrem" o direito e não o "fazem" que esconde isto e

---

(91) SOARES, Ricardo Maurício Freire. *Curso de introdução ao estudo do direito*. Salvador: Juspodivm, 2009. p. 178.

apresenta as suas decisões como se fossem deduções feitas com toda a facilidade de regras claras preexistentes, sem intromissão da escolha do juiz.[92]

Ronald Dworkin inicia sua refutação a partir da distinção entre princípios e regras jurídicas, que estaria situada no plano da estrutura lógica. Apesar de ambas as espécies de normas jurídicas apontarem decisões particulares em torno da obrigação jurídica conforme as circunstâncias do caso concreto, se distinguem quanto à natureza da orientação que oferecem. Para ele,

> as regras são aplicáveis à maneira do tudo-ou-nada. Dados os fatos que uma regra estipula, então ou a regra é válida, e neste caso a resposta que ela fornece deve ser aceita, ou não é válida, e neste caso em nada contribui para a decisão.[93]

> Um princípio [...] não pretende [nem mesmo] estabelecer condições que tornem sua aplicação necessária. Ao contrário, enuncia uma razão que conduz o argumento em uma certa direção, mas [ainda assim] necessita uma decisão particular.[94]

Logo, enquanto as regras, uma vez apresentada a situação fática, são aplicáveis ou não, os princípios, pelo contrário, apenas enunciam uma razão a direcionar a argumentação do juiz. Ao contrário das regras, eles possuem a dimensão do peso ou da importância, o que implica a valoração da força relativa de cada um para solucionar o conflito no caso concreto[95].

Uma regra pode até ser, em verdade, mais importante do que outra, à medida que desempenhe um papel mais relevante na regulação de um determinado comportamento, mas ela jamais pode ser mais importante enquanto concebida como parte do sistema de regras. Logo, se duas regras entram em conflito, é porque uma delas não pode ser reconhecida válida e o próprio sistema regula, por intermédio de outras regras, as relações de precedência conforme a circunstância, por exemplo, de uma ter sido promulgada por autoridade de grau superior, ser mais antiga ou mais específica[96].

Os princípios, ao invés, apenas inclinam a decisão em uma direção, sobrevivendo intactos quando não prevalecem. Se um juiz, ao fundamentar sua decisão, entende que os princípios que ele tem obrigação de reconhecer no caso concreto apontam em determinada direção e os princípios que apontam na outra direção

---

(92) HART, Herbert L. A. *O conceito de direito*. 2. ed. Traduzido por A. Ribeiro Mendes. Lisboa: Fundação Calouste Gulbenkian, 1994. p. 16-17. Tradução de The concept of law.
(93) DWORKIN, Ronald. *Levando os direitos a sério*. Traduzido por Jefferson Luiz Camargo. 2. ed. São Paulo: Martins Fontes, 2007. p. 39. Tradução de Taking rights seriously.
(94) DWORKIN, Ronald. *Levando os direitos a sério...*, cit., p. 41.
(95) DWORKIN, Ronald. *Levando os direitos a sério...*, cit., p. 42.
(96) DWORKIN, Ronald. *Levando os direitos a sério...*, cit., p. 43.

não têm o mesmo peso, se torna claro que ele deve decidir vinculadamente daquela forma, ou seja, do mesmo modo que deveria seguir uma regra que acreditasse obrigatória[97].

Para Carla Faralli, ao questionar a tese de Herbert L. A. Hart da separação entre Direito e moral, Ronald Dworkin não reduz o ordenamento jurídico a meras estruturas normativas, uma vez que os princípios se referem a fins e a valores, como uma exigência da moral. A validade dos princípios, ao contrário daquela das regras, corresponderia aqui à exigência moral de um período específico, sendo seu peso relativo cambiável ao longo do tempo[98].

Ademais, a distinção qualitativa e estrutural entre regras e princípios teria tanto uma dimensão empírica, associada à inclusão e à progressiva relevância dos princípios no desenvolvimento do Direito e dos sistemas jurídicos, quanto uma dimensão teórica, relacionada à ligação entre Direito e moral, na medida em que os princípios corresponderiam ao núcleo moral da comunidade (a exigência de igual consideração e respeito aos seus membros), o que tornaria o Direito obrigatório[99].

Antônio Cavalcanti Maia e Cláudio Pereira de Souza Neto afirmam que, se, por um lado, Ronald Dworkin rejeita o positivismo quanto à aplicação meramente silogística do Direito, por outro, comunga exatamente das preocupações políticas próprias deste paradigma liberal em relação à separação de poderes e à segurança jurídica. Os princípios, em sua concepção, se prestam a suprir as lacunas de regras nos *hard cases* (casos difíceis), afastando assim a tese de Herbert L. A. Hart de atribuição de um poder discricionário para o juiz decidir volitivamente o caso concreto que lhe seja posto à apreciação. Estes novos critérios de decisão — ou seja, os princípios morais aos quais é reconhecida uma condição jurídica — reabilitam a racionalidade moral-prática no campo da metodologia jurídica[100].

Como explica Gianluigi Palombella, considerações de política do Direito não funcionam para Ronald Dworkin como base de argumentação para o juiz. O caráter liberal da garantia de direitos é por esse autor reinventado para rejeitar a harmonização entre direitos individuais e hipóteses globais de política social, orientadas pelos postulados do bem comum e do interesse público, que tendam a abordagens consequencialistas ou utilitaristas. Neste contexto a posição do juiz assume caráter absolutamente central, na medida em que é ele o intérprete de um constitucio-

---

(97) DWORKIN, Ronald. *Levando os direitos a sério...*, cit., p. 57.
(98) FARALLI, Carla. *A filosofia contemporânea do direito*: temas e desafios. Traduzido por Candice Premaor Gullo; revisão de Traduzido por Silvana Cobucci Leite. São Paulo: Martins Fontes, 2006. p. 4. Tradução de La filosofia del diritto contemporanea.
(99) FARALLI, Carla. *A filosofia contemporânea do direito*: temas e desafios..., cit., p. 13.
(100) MAIA, Antônio Cavalcanti; SOUZA NETO, Cláudio Pereira de. Os princípios de direito e as perspectivas de Perelman, Dworkin e Alexy. In: PEIXINHO, Manoel Messias *et al.* (org.). *Os princípios da Constituição de 1988*. Rio de Janeiro: Lumen Juris, 2001. p. 71-72.

nalismo reconhecido como tutela dos direitos individuais contra o poder das maiorias[101].

Pela sua lógica liberal, se todos os indivíduos possuem o direito de serem tratados com igual consideração e respeito, não há como se justificar decisões políticas baseadas em argumento de maior benefício para a maioria, em detrimento de sacrifício e prejuízo para uma minoria.

Por outro lado, o papel do princípio sustenta, enquanto elemento de justificação da decisão, a vinculação do juiz à tese da única solução. Para tanto, Ronald Dworkin propõe um modelo teórico de juiz de capacidade, sabedoria, paciência e sagacidade sobre-humanas, ao qual chamou de "Hércules". Considera que este aceita as principais regras não controversas que constituem e regem o Direito em sua jurisdição, bem assim que tem o dever geral de seguir as decisões anteriores de seu tribunal ou dos tribunais superiores, cujo fundamento racional se aplica ao caso concreto. Em sua complexa análise, o juiz Hércules deve construir um esquema de princípios que forneça uma justificação coerente a todos os precedentes e, na medida em que estes devem ser justificados por princípios, também um esquema que justifique as disposições constitucionais e legislativas[102].

Em busca de critérios de uma racionalidade para as decisões judiciais prolatadas por Hércules, vislumbra a solução dos *hard cases* — ou seja, para os quais não há normas expressas disciplinando a matéria —, como um "exercício literário". Por intermédio deste, o juiz deve observar as regras e os princípios aplicados na fundamentação dos casos anteriores sobre matéria semelhante, interpretando as circunstâncias que efetivamente motivaram cada aplicação. Em última análise, é encontrada uma coerência própria desta sequência de precedentes judiciais, que permitem definir elementos para a continuidade de novas decisões. Para este autor, "o dever de um juiz é interpretar a história jurídica que encontra, não inventar uma história melhor"[103].

Segundo mais adiante o desenvolvimento de sua concepção, o Estado de Direito se caracterizaria pelo princípio da integridade, pelo qual caberia ao juiz interpretar o Direito a partir de uma noção de coerência moral e política do sistema de princípios. Esta integridade na deliberação judicial "requer que, até onde seja possível, nossos juízes tratem nosso atual sistema de normas públicas como se este expressasse e respeitasse um conjunto coerente de princípios"[104].

Jürgen Habermas entende que, após a emancipação do Direito moderno em relação aos fundamentos sagrados e aos contextos religiosos e metafísicos, este não

---

(101) PALOMBELLA, Gianluigi. *Filosofia do direito*. Traduzido por Ivone C. Benedetti. São Paulo: Martins Fontes, 2005. p. 330. Tradução de Filosofia del diritto.
(102) DWORKIN, Ronald. *Levando os direitos a sério...*, cit., p. 165-182.
(103) DWORKIN, Ronald. *Uma questão de princípio*. Traduzido por Luís Carlos Borges. 2. ed. São Paulo: Martins Fontes, 2005. p. 237-240. Tradução de A matter of principle.
(104) DWORKIN, Ronald. *O império da lei*. Traduzido por Jefferson Luiz Camargo. São Paulo: Martins Fontes, 1999. p. 261. Tradução de Law's empire.

se tornaria simplesmente contingente, tampouco se encontrando meramente à disposição do poder político. Os princípios que orientariam uma averiguação racional da única decisão correta não seriam lugares-comuns de argumentação historicamente comprovados, extraídos de um contexto tradicional de uma comunidade ética, sendo que a interpretação deveria transcender às tradições jurídicas consuetudinárias por intermédio de um referencial de razão prática, que, quanto ao método, utilizasse a interpretação construtiva, e, quanto ao conteúdo, recorresse a uma teoria geral do direito que reconstruísse racionalmente e conceituasse o Direito vigente. Segurança jurídica e legitimidade do Direito seriam conciliadas em Ronald Dworkin a partir de uma reconstrução racional do Direito vigente, se encaixando todas as decisões tomadas em casos singulares como componentes coerentes, esforço este que estaria a cargo do juiz Hércules[105].

3.6. CONCEPÇÃO DE PRINCÍPIO PARA ROBERT ALEXY

Para Robert Alexy, em sua clássica obra *Theorie der Grundrechte* de 1986, regras e princípios são normas porque formulados por intermédio de expressões deônticas básicas do dever, da permissão e da proibição, ambos funcionando como razões para juízos concretos de dever-ser. Embora reconheça que o critério da generalidade é o mais utilizado para distinguir princípios de regras, informa que entre estas duas espécies normativas não existe uma diferença de grau, mas qualitativa[106]. Para ele:

> princípios são, [...] *mandamentos de otimização*, que são caracterizados por poderem ser satisfeitos em graus variados e pelo fato de que a medida devida de sua satisfação não depende somente das possibilidades fáticas, mas também das possibilidades jurídicas. O âmbito das possibilidades jurídicas é determinado pelos princípios e regras colidentes.
>
> Já as *regras* são normas que são sempre ou satisfeitas ou não satisfeitas. Se uma regra vale, então, deve se fazer exatamente aquilo que ela exige; nem mais, nem menos. Regras contêm, portanto, *determinações* no âmbito daquilo que é fática e juridicamente possível.[107] (destaques do original)

---

(105) HABERMAS, Jürgen. *Op. cit.*, p. 259-263.
(106) ALEXY, Robert. *Teoria dos direitos fundamentais*. Traduzido por Virgílio Afonso da Silva. São Paulo: Malheiros, 2008. p. 87-90. Tradução de Theorie der Grundrechte.
(107) ALEXY, Robert. *Teoria dos direitos fundamentais...*, cit., p. 90-91. No mesmo sentido da distinção entre regras e princípios, ambos com caráter normativo: BONAVIDES, Paulo. *Curso de direito constitucional*. São Paulo: Malheiros, 2004. p. 278-279; CANOTILHO, José Joaquim Gomes. *Direito constitucional e teoria da constituição*. 4. reimp. da 7. ed. Coimbra: Almedina, 2003. p. 1255; SILVA NETO, Manoel Jorge e. *Curso de direito constitucional*. 3. ed. Rio de Janeiro: Lumen Juris, 2008. p. 112-113; DELGADO, Mauricio Godinho. Os princípios na estrutura do direito. *Revista do Tribunal Superior do Trabalho*, Brasília: Magister, v. 75, n. 3, p. 22-26, jul./set. 2009, este último ressalvando que os princípios apresentariam, em verdade, uma "função normativa concorrente", em concurso com a clássica função interpretativa.

Quando o ordenamento jurídico de um Estado estabelece, por exemplo, o direito à duração razoável do processo[108], não enuncia e delimita uma situação fática que, uma vez ocorrida no plano concreto, acarrete uma determinada consequência jurídica. Pelo contrário, tal norma disciplina que o aplicador do Direito, conforme cada situação fática que venha a se configurar e em cotejo com as demais normas jurídicas que eventualmente se lhe mostrem antagônicas, confira a solução que empreste celeridade no maior grau possível ao processo. Em outros termos, cabe-lhe identificar a solução ótima a atender ao caso concreto, parametrizada pelo vetor da efetividade processual. Nesse sentido é que se fala em um mandamento de otimização. Logo, pode ser aqui identificado não uma regra, mas autêntico *princípio* da duração razoável do processo.

Por outro lado, uma norma jurídica válida que estabeleça, noutro exemplo, como uma das condições de elegibilidade para o cargo de Presidente da República a idade mínima de trinta e cinco anos aos interessados[109], possui um espectro de soluções estritamente binário: ou no caso concreto o indivíduo já alcançou esta idade e preenche a condição imposta pelo ordenamento jurídico, ou possui idade inferior e é inelegível ao cargo. Não há possibilidade de satisfação da norma noutros graus ou mesmo em faixas intermediárias. Existe uma clara determinação no âmbito daquilo que é fática e juridicamente possível, razão pela qual se trata aqui de uma regra.

3.6.1. Conflito de princípios e relação de precedência condicionada

Em razão da diferenciação entre as duas espécies normativas, sustenta Robert Alexy, enquanto o conflito de regras se resolve pelo reconhecimento de uma cláusula de exceção ou pela declaração da validade de uma em detrimento da invalidade da outra — essa por intermédio de critérios da cronologia, hierarquia ou da especialidade —, a colisão de princípios significa apenas que um deles tem precedência sobre o outro. Trata-se aqui do que ele denomina de uma relação de precedência condicionada (ou ainda concreta ou relativa), na qual o conflito é resolvido pelo sopesamento dos interesses em choque, de modo a definir qual deles, embora os respectivos valores abstratos estejam no mesmo nível, apresenta um peso maior conforme as circunstâncias do caso concreto[110]. Considerando dois princípios P_1 e P_2, o símbolo **P** para a relação de precedência e o sinal C para a condição da precedência no caso

---

(108) BRASIL. *Constituição da República Federativa do Brasil*, art. 5º, "LXXVIII a todos, no âmbito judicial e administrativo, são assegurados a razoável duração do processo e os meios que garantam a celeridade de sua tramitação".
(109) BRASIL. *Constituição da República Federativa do Brasil*, art. 14, "§ 3º São condições de elegibilidade, na forma da lei: [...] VI — a idade mínima de: a) trinta e cinco anos para Presidente e Vice-Presidente da República e Senador".
(110) ALEXY, Robert. *Teoria dos direitos fundamentais...*, cit., p. 92-96.

concreto, pode ser graficamente enunciada a seguinte relação condicionada de precedência do princípio P_1 sobre o princípio P_2[111]:

$$(P_1 \mathbf{P} P_2)\ C$$

A conceituação do princípio enquanto mandamento de otimização pode ensejar, assim, até mesmo que as circunstâncias fáticas e jurídicas da ocasião apontem o seu afastamento em determinado caso concreto. Não se trata de declarar a invalidade do princípio ou reconhecer uma cláusula de exceção, mas apenas de reconhecer que este não tem preferência naquelas específicas condições. Basta imaginar, por exemplo, que o legislador, uma vez motivado apenas pelo referido princípio da duração razoável do processo (P_1), resolvesse editar uma lei que reduzisse para vinte e quatro horas o prazo destinado ao réu para apresentação de defesa. Nesse caso, seria manifesta a violação ao princípio processual da ampla defesa (P_2), motivo pelo qual este último teria precedência sobre aquele primeiro nestas condições C_1:

$$(P_2 \mathbf{P} P_1)\ C_1$$

Se, entretanto, o mesmo legislador, ao invés, motivado exclusivamente pelo princípio da ampla defesa (P_2), houvesse editado uma lei para ampliar a um ano o prazo destinado ao réu para apresentação de defesa, seria igualmente manifesta a violação, só que agora ao princípio da duração razoável do processo (P_1), razão pela qual seria evidenciada a sua precedência sobre o outro nas novas condições C_2:

$$(P_1 \mathbf{P} P_2)\ C_2$$

Em um e outro caso, nenhum dos princípios foi declarado inválido, nem tampouco foi identificada nenhuma cláusula de exceção a qualquer dos dois, sendo apenas reconhecida a relação de precedência condicionada entre ambos em cada hipótese. O ponto central da teoria é reconhecer que a solução do conflito de princípios não retira nenhum dos conflitantes do sistema, mas apenas reconhece a aplicabilidade mitigada ou mesmo a inaplicabilidade daquele em detrimento do qual foi resolvida a questão. Logo, é tarefa contínua e fundamental do operador do Direito avaliar, em cada caso concreto que se lhe apresente para apreciação, a relação de precedência condicionada entre os princípios em debate.

É de se observar ainda que o enunciado de precedência entre princípios importa, ele próprio, em uma regra, circunstância esta que dá ensejo à "lei de colisão"

---

(111) ALEXY, Robert. *Teoria dos direitos fundamentais...*, cit., p. 98-99.

de Robert Alexy, pela qual "as condições sob as quais um princípio tem precedência em face de outro constituem o suporte fático de uma regra que expressa a consequência jurídica do princípio que tem precedência"[112].

Trata-se da norma individual e concreta que é obtida a partir da identificação da relação de precedência. Dos exemplos citados na página anterior podem ser extraídas as seguintes regras: "é proibido estabelecer prazo para apresentação de defesa processual igual ou inferior a vinte e quatro horas" e "é proibido estabelecer prazo para apresentação de defesa processual igual ou superior a um ano". Torna-se claro que ambas implicam soluções estritamente binárias, inexistindo possibilidade de satisfação noutros graus ou mesmo em faixas intermediárias.

Os princípios não contêm um mandamento definitivo, mas simplesmente *prima facie*, na medida em que suas razões podem ser afastadas por razões antagônicas. Ao contrário das regras, eles não dispõem de uma determinação da extensão de seu conteúdo diante dos princípios colidentes e das possibilidades fáticas[113].

Ainda que, por hipótese, seja possível declarar a invalidade de algum princípio, por exemplo, um que venha eventualmente a sustentar a segregação racial, o correspondente conflito mesmo assim seria resolvido no interior do próprio ordenamento jurídico, a partir de uma perspectiva de uma contradição normativa em sentido amplo. Para ele, "o conceito de colisão de princípios pressupõe a validade dos princípios colidentes"[114]. Noutros termos, não haveria, portanto, a possibilidade de expulsar um princípio do sistema. Em outra mão, não haveria princípios absolutos, de modo a desconstituir a relação condicionada de precedência como solução do conflito entre princípios. Nem mesmo ao da dignidade humana estaria assegurada a nota de absoluto. Em verdade, duas são as normas da dignidade humana: uma regra e um princípio, sendo que a relação de preferência condicionada deste princípio é que determina o conteúdo daquela. Para o autor, "não é o princípio que é absoluto, mas a regra, a qual, em razão de sua abertura semântica, não necessita de limitação em face de alguma possível relação de preferência"[115].

Robert Alexy entende muito simplificado o modelo de Ronald Dworkin, na medida em que este último afirma que os princípios apresentariam sempre um mesmo caráter *prima facie*, ao passo que as regras disporiam sempre de um mesmo caráter definitivo. Aprimorando tal critério, defendeu que o enfraquecimento do caráter definitivo das regras, diante de uma cláusula de exceção decorrente de princípios, não faz que elas tenham o mesmo caráter *prima facie* destes[116].

---

(112) ALEXY, Robert. *Teoria dos direitos fundamentais*..., cit., p. 99.
(113) ALEXY, Robert. *Teoria dos direitos fundamentais*..., cit., p. 103-104.
(114) ALEXY, Robert. *Teoria dos direitos fundamentais*..., cit., p. 110.
(115) ALEXY, Robert. *Teoria dos direitos fundamentais*..., cit., p. 111-114.
(116) ALEXY, Robert. *Teoria dos direitos fundamentais*..., cit., p. 104-105.

Ao contrário dos princípios, uma regra não é superada apenas porque no caso concreto é conferido um peso maior ao princípio contrário ao que lhe sustenta. Devem ser também superados os princípios denominados de "formais", vale dizer, os que fixam que as regras criadas pelas autoridades legitimadas devam ser seguidas e que a prática reiterada não deve ser relativizada sem motivos. Quanto maior o peso atribuído a esses princípios formais em um ordenamento jurídico, maior a sua rigidez e, consequentemente, mais forte o caráter *prima facie* das regras que o compõem. Por outro lado, o fortalecimento do caráter *prima facie* de um princípio, pela aceitação de uma carga argumentativa em seu favor, não iguala tal caráter ao das regras, que, por seu turno, se encontra fundado em decisões das autoridades legitimadas ou na prática estabelecida[117].

Por outro lado, entende ainda também por simplista a tese de Ronald Dworkin em torno da preponderância dos direitos individuais perante os bens coletivos. É que, em um sistema normativo suscetível de justificação, há tanto direitos individuais quanto bens coletivos com força própria, sendo comum a colisão entre ambos[118]. O que há, em verdade, é uma primazia *prima facie* em favor dos direitos individuais sobre os bens coletivos. Levar a sério o particular não significa necessariamente que os interesses particulares não possam jamais ser eliminados ou limitados em favor de bens coletivos, mas sim que deve haver uma justificação suficiente a tanto. Na dúvida ou diante de fundamentos igualmente consistentes em favor do direito individual e do bem coletivo em conflito, a primazia (*prima facie*) é daquele primeiro[119].

3.6.2. Máxima da proporcionalidade

Enquanto a resolução do conflito de regras demanda os critérios cronológico, hierárquico e de especialidade[120], o manejar com princípios reclama o recurso à máxima da proporcionalidade.

Ricardo Maurício Freire Soares percebe a proporcionalidade, dentro do pós-positivismo, como um novo instrumental metodológico para a aplicação do Direito justo. Trata-se, em verdade, de um padrão vinculante em torno da ideia de justiça ínsita ao ordenamento jurídico, representando assim uma garantia aos cidadãos em favor de um contrabalanceamento entre a tutela a determinados bens jurídicos e as deriváveis restrições a direitos fundamentais[121].

---

(117) ALEXY, Robert. *Teoria dos direitos fundamentais*..., cit., p. 105-106.
(118) ALEXY, Robert. *Direito, razão, discurso*: estudos para a filosofia do direito. Traduzido por Luís Afonso Heck. Porto Alegre: Livraria do Advogado, 2010. p. 194. Tradução de Recht, Vernunft, Diskurs: Studien zur Rechtsphilosophie.
(119) ALEXY, Robert. *Direito, razão, discurso*..., cit., p. 197-198.
(120) Seção 3.4.
(121) SOARES, Ricardo Maurício Freire. *Direito, justiça e princípios constitucionais*. Salvador: Juspodivm, 2008. p. 91.

Para Robert Alexy, a natureza dos princípios implica a máxima da proporcionalidade e vice-versa. A proporcionalidade (em sentido amplo) compreende três máximas parciais: a adequação (ou idoneidade), a necessidade e a proporcionalidade em sentido estrito, sendo que, enquanto as duas primeiras decorrem da natureza dos princípios diante das possibilidades fáticas, a última tem origem nas possibilidades jurídicas[122].

3.6.2.1. Adequação e necessidade

Averiguar o preenchimento da máxima da adequação significa, em termos práticos, verificar se a adoção de determinado meio, na situação fática concreta, se mostra idônea a fomentar a aplicação do princípio P_1, apesar de afetar negativamente a realização do princípio P_2. A não adoção do meio inadequado confere a maior otimização a ambos os princípios. Segundo Robert Alexy, a máxima da adequação "exclui o emprego de meios que prejudiquem a realização de, pelo menos, um princípio, sem, pelo menos, fomentar um dos princípios ou objetivos, cuja realização eles devem servir"[123].

Considere-se a situação hipotética em que uma rede de supermercados resolva estabelecer procedimento de revista em seus empregados, alegando que a existência de um alto índice de furtos ocorridos em seus estabelecimentos tem lhe proporcionado grande prejuízo patrimonial. Tal procedimento passa a ocorrer então, durante a saída do trabalho, na portaria exclusiva de empregados, consistindo tanto na abertura de bolsas e sacolas, quanto na apalpação por todo o corpo dos revistados. Mais adiante, um de seus empregados submetidos à revista, constrangido diante da violação de seus direitos à intimidade e à honra e tendo em vista a eficácia horizontal direta dos direitos fundamentais, ingressa com uma ação judicial em que pede o pagamento de uma indenização por danos morais.

Verificar a adequação implica observar se o procedimento da revista se configura idôneo, no caso concreto, a fomentar o resguardo do direito à propriedade e o princípio da livre iniciativa (P_1) embora afete negativamente o princípio de proteção à intimidade (P_2). Para se dizer adequado este meio, será necessário que a rede de supermercados demonstre, em primeiro lugar, os alegados alto índice de furtos e correspondente prejuízo patrimonial. Em caso positivo, caber-lhe-á ainda, em segundo lugar, apresentar elementos de prova que permitam concluir que tais furtos estão sendo praticados por empregados, e não por terceiros — por exemplo, clientes das lojas. Isso porque, não havendo furtos ou não sendo os empregados os autores destes, a medida restritiva não se mostrará adequada a resguardar o patrimônio da empresa e será assim considerada inconstitucional porque violadora

---

(122) ALEXY, Robert. *Teoria dos direitos fundamentais...*, cit., p. 116-118.
(123) ALEXY, Robert. *Constitucionalismo discursivo...*, cit., p. 110.

dos direitos fundamentais à intimidade e à honra de seus empregados, justificando a indenização por danos morais.

A necessidade, por seu turno, é um passo adiante e implica a escolha do meio menos gravoso entre os adequados. Assim, se a escolha entre dois distintos meios, na situação fática concreta, é irrelevante à satisfação do princípio P_1, na medida em que ambos igualmente se mostram idôneos a lhe fomentar, mas se um meio afeta de forma mais intensa o princípio P_2, para que este possa ser realizado na maior medida possível, a opção deve ser pelo outro meio. Na hipótese, a adoção do meio necessário confere a maior otimização possível a ambos os princípios. Para o autor, "se existe um meio menos intensivamente interveniente e igualmente bem idôneo, então uma posição pode ser melhorada, sem que nasçam custos para a outra"[124].

Na mesma situação hipotética retromencionada, seja considerado agora que a rede de supermercados possa dispor de outros mecanismos de segurança patrimonial: por exemplo, instalar câmeras de vídeo no interior das lojas e fixar etiquetas de alarme em todas as suas mercadorias de tamanho e porte suficientemente pequenos de modo a permitir a ocultação por dentro das fardas dos empregados, sendo a correspondente cancela eletrônica instalada no acesso ao vestuário e armário de bolsas e sacolas.

Demonstrados os furtos e que estes são praticados por empregados, a escolha entre os alarmes-câmeras, de um lado, e a revista dos empregados, de outro, é irrelevante à proteção do direito à propriedade e o princípio da livre iniciativa (P_1) porque igualmente idôneos. Diante de tais possibilidades fáticas, ocorre, porém, ser evidente que a revista afeta de forma muito mais intensa o princípio de proteção à intimidade (P_2) do que a mera instalação de câmeras de vídeo e fixação de etiquetas de alarme, razão pela qual aquela não se mostra necessária, justificando a indenização por danos morais.

Adequação e necessidade estão relacionadas com a máxima realização dentro das possibilidades fáticas, o que pouco tem a ver com o "ponto máximo". É a eficiência de Pareto: uma posição pode ser melhorada sem que outra seja piorada. O aspecto da otimização presente na adequação não aponta para um ponto máximo, mas apenas elimina meios não adequados. Um critério negativo não determina tudo, mas somente exclui algumas coisas. A necessidade, por seu turno, implica que, entre dois meios aproximadamente adequados, seja escolhido o que provoque a intervenção menos intensa. Não se trata de uma otimização em direção a um ponto máximo, mas apenas a vedação de sacrifícios desnecessários em consideração aos meios existentes. Os exames de adequação e necessidade não são tão simples, pois muitas vezes suscitam difíceis problemas de diagnóstico[125], como a existência

---

(124) ALEXY, Robert. *Constitucionalismo discursivo*..., cit., p. 110.
(125) Adota-se neste estudo a distinção proposta por António Francisco de Souza entre declaração diagnóstica e declaração prognóstica, pela qual a primeira consiste numa observação do *status quo*,

de conhecimentos científicos fundados que apontem em uma direção em detrimento da outra. Ademais, no que tange especificamente à necessidade, situações existem em que não apenas dois princípios são relevantes. Quanto é necessário abandonar o âmbito da otimização em relação às possibilidades fáticas e buscar a realização mais ampla alcançável em relação às possibilidades jurídicas, essa é uma questão de sopesamento[126].

3.6.2.2. Proporcionalidade em sentido estrito

As possibilidades jurídicas são determinadas na colisão entre princípios, cuja otimização é expressa pela máxima da proporcionalidade em sentido estrito, idêntica à lei do sopesamento (ou ponderação): "quanto maior for o grau de não satisfação ou de afetação de um princípio, tanto maior terá que ser a importância da satisfação do outro"[127]. Essa lei mostra a ponderação dividida em três etapas de avaliação: na primeira, quanto ao grau de não satisfação ou afetação de um dos princípios em questão (P_2); na segunda, quanto à importância da satisfação do princípio colidente (P_1); na terceira, quanto a se a importância da satisfação do princípio colidente (P_1) justifica a afetação ou não satisfação do outro princípio (P_2) [128].

Retornando-se ao exemplo, seja considerado, por fim, que, uma vez demonstrados os furtos e que estes são praticados por empregados, a rede de supermercados não realize revista em seus empregados e disponha tanto das câmeras de vídeo quanto das etiquetas de alarme. Ainda assim, um de seus empregados pleiteou em juízo uma indenização por danos morais.

A primeira etapa da ponderação consistirá em avaliar o grau de afetação do princípio de proteção à intimidade (P_2), grau este que se configura levíssimo diante do meio adotado, aqui se pensando em algum constrangimento que remanesça pela perspectiva de monitoramento do empregado durante todo o expediente de trabalho. Na segunda, deverá ser observada a importância da satisfação do direito à propriedade e do princípio da livre iniciativa (P_1), importância esta que se mostra relevante, seja diante da manutenção da viabilidade do empreendimento empresarial, seja consequentemente como forma de garantia dos empregos por este gerados. Na terceira, finalmente, será apreciado se a importância da satisfação do princípio da livre iniciativa (P_1) justifica a afetação do princípio de proteção à intimidade (P_2), o que, neste caso, apresenta resposta positiva. Logo, a medida adotada pela empresa se mostra proporcional, sendo injustificada a indenização

---

limitada a valores passados ou presentes da experiência, ao passo que a última corresponde a uma situação ou um acontecimento futuro. Conferere SOUSA, António Francisco de. *Op. cit.*, p. 143.
(126) ALEXY, Robert. *Teoria dos direitos fundamentais...*, cit., p. 588-593.
(127) ALEXY, Robert. *Teoria dos direitos fundamentais...*, cit., p. 593.
(128) ALEXY, Robert. *Teoria dos direitos fundamentais...*, cit., p. 594.

por danos morais. Nestas condições, por hipótese, o princípio da livre iniciativa (P_1) teria precedência sobre o princípio de proteção à intimidade (P_2):

$$(P_1\ \mathbf{P}\ P_2)\ C_1$$

Tratando da ponderação, José Joaquim Gomes Canotilho destaca que esta se destina menos a atribuir um significado normativo ao texto, do que a equilibrar e ordenar bens conflitantes ou em relação de tensão, para obter a solução justa na situação fática posta[129]. Fixa-lhe três pressupostos metódicos:

> a) Existência de, no mínimo, dois bens ou direitos — no âmbito de duas normas jurídicas —, que não possam ser realizados ou otimizados em todas as suas potencialidades, conforme as circunstâncias do caso concreto.
>
> b) Inexistência de regras abstratas de prevalência, sendo excluídas então as relações de preferência *prima facie*, vale dizer, nenhum bem vale mais que o outro em termos abstratos.
>
> c) Justificação e motivação da regra de prevalência parcial, considerando, em especial, os princípios constitucionais da igualdade, da justiça e da segurança jurídica.[130]

3.7. Crítica de Humberto Ávila

Humberto Ávila critica os critérios propostos por Robert Alexy, sustentando que o caráter absoluto de uma regra poderia ser completamente modificado a partir da apreciação acerca das circunstâncias do caso concreto, pois o texto normativo não informaria o modo de aplicação. Pelo contrário, este sim seria decorrente das conexões axiológicas construídas no desenrolar do processo de interpretação[131].

Dessa forma, existiriam normas que, ainda que o seu enunciado estabelecesse limites objetivos cujo descumprimento aparentasse preliminarmente obrigar determinada consequência jurídica, razões contrárias poderiam ditar a realização de outra consequência. Como demonstração, citou alguns exemplos de decisões judiciais brasileiras, sendo o primeiro o julgamento do HC n. 73.662-9/MG[132], em que o Supremo Tribunal Federal, apesar de entender configurados os elementos da

---

(129) CANOTILHO, José Joaquim Gomes. *Op. cit.*, p. 1237.
(130) CANOTILHO, José Joaquim Gomes. *Op. cit.*, p. 1240-1241.
(131) ÁVILA, Humberto. *Teoria dos princípios*: da definição à aplicação dos princípios jurídicos. 10. ed. amp. e atual. São Paulo: Malheiros, 2009. p. 44-45.
(132) BRASIL. *Supremo Tribunal Federal*. Segunda Turma. HC 73.662-9/MG. Relator: Ministro Marco Aurélio. Brasília, 21.5.1996. DJ 30.5.1996. Disponível em: <http://www.stf.jus.br> Acesso em: 2.9.2011.

conduta descrita no (atualmente revogado) art. 224 do Código Penal[133], mas diante das "circunstâncias particulares não previstas pela norma", tais como a concordância da vítima e a sua aparência física e mental mais velha, teria entendido não configurado o tipo penal[134].

Como percebe, todavia, Virgílio Afonso da Silva, a distinção entre regras e princípios não é uma distinção entre textos, mas entre normas, sendo certo que se o legislador e o enunciado não conferem elementos precisos a tal distinção, esta última passa a ser tarefa do seu intérprete. Ademais, para ele, "não é possível argumentar contra uma construção teórica recorrendo ao simples fato de que esse ou aquele tribunal decidiu de forma diversa. [...] Apontar problemas em uma teoria exige que problemas internos a ela sejam demonstrados". Quanto à decisão, poderia ser argumentado, em primeiro lugar, que a decisão do Supremo Tribunal Federal em torno do art. 224 do Código Penal seria *contra legem*, desrespeitando o caráter absoluto da regra. Ou ainda, poderia ser configurado neste caso um conflito entre regra e princípio, pelo qual, como visto antes, a conduta concreta seria excluída do enunciado da norma[135].

As refutações deste último autor se mostram parcialmente acertadas, especialmente no que se refere à prevalência da autoridade do argumento sobre o argumento de autoridade[136]. Ocorre, entretanto, que a decisão do Supremo Tribunal Federal apenas aplicou uma cláusula legal de exceção à regra em questão. Não parece ter havido decisão *contra legem*, nem tampouco uma apreciação direta de um conflito entre regra e princípio. No Direito brasileiro, "o erro sobre elemento constitutivo do tipo legal de crime exclui o dolo, mas permite a punição por crime culposo, se previsto em lei"[137]. Logo, a antiga presunção de violência do art. 224 do Código Penal teria sido afastada pelo Supremo Tribunal Federal por ter sido reconhecido erro escusável do agente em torno da aparência da vítima diante das circunstâncias do caso concreto, ao passo que a concordância desta última exclui a hipótese de constrangimento necessária ao crime de estupro[138], que, por seu turno,

---

(133) BRASIL. *Código penal*, "art. 224. Presume-se a violência, se a vítima: a) não é maior de catorze anos [...]". Disponível em: <http://www.planalto.gov.br/ccivil_03/Leis/_lei-principal.htm> Acesso em: 2.9.2011. Este dispositivo foi revogado pela Lei n. 12.015, de 7 de agosto de 2009, que abandonou a presunção legal de violência ao introduzir no Código Penal o crime de estupro de vulnerável: "art. 217-A. Ter conjunção carnal ou praticar outro ato libidinoso com menor de 14 (catorze) anos: Pena — reclusão, de 8 (oito) a 15 (quinze) anos".
(134) ÁVILA, Humberto. *Teoria dos princípios*..., cit., p. 45.
(135) SILVA, Virgílio Afonso da. *Direitos fundamentais*: conteúdo essencial, restrições e eficácia. São Paulo: Malheiros, 2009. p. 57-59.
(136) PERELMAN, Chaïm; OLBRECHTS-TYTECA, Lucie. *Tratado da argumentação*: a nova retórica. Traduzido por Maria Ermantina Galvão. São Paulo: Martins Fontes, 1996. Tradução de Traité de l'argumentation — la nouvelle rhétorique. p. 347-353.
(137) BRASIL. *Código penal*, art. 20. Disponível em: <http://www.planalto.gov.br/ccivil_03/Leis/_lei-principal.htm> Acesso em: 2.9.2011.
(138) BRASIL. *Código penal*, "art. 213. Constranger mulher à conjunção carnal, mediante violência ou grave ameaça". Este dispositivo foi alterado pela Lei n. 12.015, de 7 de agosto 2009, ampliando

não prevê a modalidade culposa. Trata-se assim de mera subsunção do fato à norma, sendo apenas preenchido pelo intérprete o conteúdo do conceito indeterminado "erro", referido na cláusula de exceção prevista no art. 20 do Código. O exemplo não se presta, portanto, a refutar o caráter absoluto das regras, pois não considera uma percepção sistemática do ordenamento jurídico.

Noutro exemplo, tratou Humberto Ávila do caso de uma prefeita de um Município que descumpriu a determinação do art. 37, II da Constituição Federal[139], ao contratar um indivíduo para prestação de serviços de limpeza urbana por nove meses sem concurso público. No julgamento do HC n. 77.003-4/PE[140], sob o fundamento de se tratar de caso isolado e considerando que não seria razoável exigir o concurso público para uma única admissão em uma atividade de menor hierarquia, o Supremo Tribunal Federal teria afastado a hipótese de ato de improbidade, deixando de aplicar as consequências da correspondente norma no âmbito penal.

Apreciando os fundamentos do julgado, observa-se, contudo, que a hipótese versava verdadeiramente sobre um conflito entre o princípio da insignificância e a regra contida no art. 315 do Código Penal[141], expressamente parametrizado pela máxima da proporcionalidade. Percebe-se, dessa forma, que houve, em última análise, um conflito entre princípios, considerando, de um lado, os princípios penal da insignificância e constitucional da eficiência administrativa, e, de outro, os princípios constitucionais da legalidade administrativa e do acesso democrático aos quadros da Administração Pública. A partir da ponderação entre estes, o Supremo Tribunal Federal entendeu pela precedência condicionada dos dois primeiros sobre os dois últimos, afastando-se o tipo previsto no dispositivo do Código Penal. Logo, mais uma vez o exemplo não demonstra haver ponderação entre regras.

Para Humberto Ávila, nas regras de textura aberta — por exemplo, as que enunciassem conceitos indeterminados —, o intérprete ficaria encarregado de decidir, de acordo com as circunstâncias do caso concreto, pela incidência ou não da norma. "A vagueza não é traço definitivo dos princípios, mas elemento comum de qualquer enunciado prescritivo, seja ele um princípio, seja ele uma regra", de

---

o alcance fático: "art. 213. Constranger alguém, mediante violência ou grave ameaça, a ter conjunção carnal ou a praticar ou permitir que com ele se pratique outro ato libidinoso". Disponível em: <http://www.planalto.gov.br/ccivil_03/Leis/_lei-principal.htm> Acesso em: 2.9.2011.
(139) BRASIL. *Constituição da República Federativa do Brasil*, art. 37, "II — a investidura em cargo ou emprego público depende de aprovação prévia em concurso público de provas ou de provas e títulos, de acordo com a natureza e a complexidade do cargo ou emprego, na forma prevista em lei, ressalvadas as nomeações para cargo em comissão declarado em lei de livre nomeação e exoneração".
(140) BRASIL. *Supremo Tribunal Federal*. Segunda Turma. HC 77.003-4/PE. Relator: Ministro Marco Aurélio. Brasília, 16.6.1998. DJ 11.9.1998. Disponível em <http://www.stf.jus.br> Acesso em: 2.9.2011.
(141) BRASIL. *Código penal*, "art. 315. Dar às verbas ou rendas públicas aplicação diversa da estabelecida em lei: Pena — detenção, de um a três meses, ou multa". Disponível em: <http://www.planalto.gov.br/ ccivil_03/Leis/_lei-principal.htm> Acesso em: 2.9.2011.

modo que a característica específica desta última apenas poderia surgir após a interpretação[142].

Como defende Virgílio Afonso da Silva, "não é possível confundir 'tudo ou nada' ou 'subsunção' com 'automatismo' ou 'facilidade na interpretação'"[143].

Ademais, a aparente existência de vários sentidos possíveis, aceitáveis e razoáveis para um mesmo conceito indeterminado, seja contido num princípio, seja contido numa regra, não autoriza concluir que haja rigorosamente uma escolha discricionária do operador do Direito, pois a delimitação de sentido envolverá sempre componente derivado de um entendimento consensual. Em verdade, a única solução correta pressupõe uma apreciação racional a partir da interpretação do conjunto de normas do ordenamento jurídico, sistema este cujas notas de unidade e coerência não permitem concluir pela diversidade de tratamento para cada caso concreto singular.

A aplicação analógica, conforme Humberto Ávila, seria uma hipótese em que regras poderiam ser aplicadas sem que suas condições fossem satisfeitas, à medida que os casos não regulados fossem semelhantes àqueles regulados por determinada norma[144]. Ocorre que a analogia, enquanto critério para solução das lacunas aparentes do Direito, pressupondo a característica da completude atribuída ao ordenamento jurídico, não escapa dos moldes da subsunção. Isso porque ela deriva de uma regra instrumental do sistema[145], que permite que outras regras possam ser aplicadas em condições diversas daquelas por ela previstas, desde que haja uma semelhança relevante entre as duas hipóteses. Segundo Norberto Bobbio, "é preciso remontar os dois casos a uma qualidade comum a ambos, que seja ao mesmo tempo a razão suficiente pela qual foram atribuídas ao caso regulado aquelas e não outras consequências"[146]. Mais uma vez, o exemplo não se presta a refutar o caráter absoluto das regras, por desprezar a noção de ordenamento jurídico como sistema.

Ainda de acordo com Humberto Ávila, a ponderação não seria método privativo da aplicação dos princípios, pois regras poderiam entrar em conflito sem perder a sua validade, sendo que a solução seria então atribuir peso maior a uma delas. Para demonstrar a tese, aponta dois exemplos. No primeiro, o conflito seria entre duas regras do Código de Ética Médica, sendo que pela primeira o médico

---

(142) ÁVILA, Humberto. *Teoria dos princípios*: da definição à aplicação dos princípios jurídicos. 10. ed. amp.e atual. São Paulo: Malheiros, 2009. p. 47-48.
(143) SILVA, Virgílio Afonso da. *Direitos fundamentais*: conteúdo essencial, restrições e eficácia. São Paulo: Malheiros, 2009. p. 60.
(144) ÁVILA, Humberto. *Teoria dos princípios*..., cit., p. 50.
(145) No direito brasileiro, o já referido art. 4º do Decreto-Lei n. 4.657, de 4 de setembro de 1942 (Lei de Introdução às normas do Direito Brasileiro), pelo qual "quando a lei for omissa, o juiz decidirá o caso de acordo com a analogia, os costumes e os princípios gerais do direito".
(146) BOBBIO, Norberto. *Teoria geral do direito*. 2. ed. Traduzido por Denise Agostinetti. São Paulo: Martins Fontes, 2008. p. 293. Tradução de Teoria generale del diritto.

deveria dizer a verdade sobre a doença ao paciente, enquanto, pela segunda, deveria também utilizar todos os meios disponíveis para curar o paciente. A contradição ocorreria quando dizer a verdade reduzisse as chances de cura pelo abalo emocional. No segundo exemplo, a regra disposta em uma lei federal proíbe a concessão de decisão liminar para obrigar o fornecimento de remédios pelo sistema de saúde, enquanto simultaneamente uma lei estadual obriga a concessão de liminar exatamente em sentido contrário. Para este autor, em um e outro caso, não seria necessário declarar a invalidade de nenhuma das regras, mas atribuir um peso maior a uma delas em razão de sua finalidade no caso concreto[147].

Virgílio Afonso da Silva pontua, porém, que as normas extraídas do código de ética médica, a título de exemplos, não são regras, e sim princípios, porque estabelecem deveres *prima facie*. Ademais, quanto ao conflito de regras federal e estadual relativas à concessão de liminares, tratar-se-ia de aplicação do princípio da especialidade[148].

É de se observar, todavia, que no segundo caso a solução da questão passa pelo reconhecimento da inconstitucionalidade formal da lei estadual no que tange a conter norma que disciplina o processo civil (hipóteses de concessão de medida liminar ou de antecipação de tutela), cuja competência legislativa no Direito brasileiro é privativa da União Federal, não havendo lei complementar que autorize os Estados a legislar especificamente sobre a matéria[149]. De qualquer modo, não se trataria aqui de ponderação entre regras.

3.8. Proporcionalidade e ponderação no Supremo Tribunal Federal

Em diversas oportunidades e ainda que de forma implícita, tem o Supremo Tribunal Federal se utilizado da máxima da proporcionalidade e da técnica da ponderação diante do conflito de princípios constitucionais. Seguem três exemplos.

Na Ação Direta de Inconstitucionalidade n. 2.240-7/BA[150], foi pleiteada a declaração da inconstitucionalidade da Lei Estadual n. 7.619/2000[151], do Estado da Bahia, que criara o município de Luís Eduardo Magalhães. Era alegado que a violação decorria da criação de município em ano de eleições municipais, além da

---

(147) ÁVILA, Humberto. *Teoria dos princípios...*, cit., p. 52-53.
(148) SILVA, Virgílio Afonso da. *Direitos fundamentais...*, cit., p. 60-62.
(149) BRASIL. *Constituição da República Federativa do Brasil*, "art. 22. Compete privativamente à União legislar sobre: I — direito civil, comercial, penal, processual, eleitoral, agrário, marítimo, aeronáutico, espacial e do trabalho".
(150) BRASIL. *Supremo Tribunal Federal*. Tribunal Pleno. ADI n. 2.240-7/BA. Relator: Ministro Eros Grau. Brasília, 9.5. 2007. DJ 3.8.2007. Disponível em: <http://www.stf.jus.br> Acesso em: 2.9.2011.
(151) BAHIA. *Lei n. 7.619, de 30 de março de 2000*. Cria o município de Luís Eduardo Magalhães, desmembrado do município de Barreiras. Disponível em: <http://www.casacivil.ba.gov.br> Acesso em: 2.9.2011.

ausência de Lei Complementar federal prevista no § 4º do art. 18 da Constituição de 1988[152].

O Ministro relator Eros Grau votou pela improcedência da ação, com fundamento principal no princípio da segurança jurídica ao considerar que o município era uma existência de fato. O Ministro Gilmar Mendes, entretanto, entendeu, ao contrário, que ali era necessário recorrer à ponderação entre o princípio da nulidade da lei inconstitucional e o princípio da segurança jurídica. No caso concreto, a solução que maximizaria a força normativa de ambos os princípios, garantindo o princípio da segurança jurídica sem sacrificar o da nulidade da lei inconstitucional, seria declarar a inconstitucionalidade sem a pronúncia da nulidade da lei estadual impugnada, mantendo sua vigência pelo prazo de vinte e quatro meses. Reconheceu que este lapso temporal seria razoável, dentro do qual poderia o legislador estadual reapreciar o tema, com base nos parâmetros que viessem a ser fixados pela lei complementar federal. O relator aderiu a essa fundamentação, sendo a tese que prevaleceu ao final.

Por outro lado, no *Habeas Corpus* n. 71.373-4/RS[153], movido diante de uma determinação judicial de realização de exame de DNA em processo em que se discutia a investigação de paternidade de duas crianças, o Ministro Francisco Rezek, relator, entendeu que, de um lado se encontrava a eficácia do método em foco, conforme atestado pela ciência, e a proteção constitucional conferida pela Constituição de 1988[154] e pela legislação infraconstitucional[155] à criança e ao adolescente, inclusive no que diz respeito à afirmação de sua identidade. De outro lado, havia igualmente o direito do suposto pai biológico à sua intangibilidade física e à sua intimidade[156]. No conflito dos princípios subjacentes a estes direitos, votou pela prevalência do interesse do investigante, considerando que a afetação ao princípio que garantia a integridade física do paciente era em grau levíssimo, quando

---

(152) BRASIL. *Constituição da República Federativa do Brasil*, art. 18, "§ 4º A criação, a incorporação, a fusão e o desmembramento de Municípios, far-se-ão por lei estadual, dentro do período determinado por Lei Complementar Federal, e dependerão de consulta prévia, mediante plebiscito, às populações dos Municípios envolvidos, após divulgação dos Estudos de Viabilidade Municipal, apresentados e publicados na forma da lei".
(153) BRASIL. *Supremo Tribunal Federal*. Tribunal Pleno. HC 71.373-4/RS. Relator: Ministro Francisco Rezek. Brasília, 10.11.1994. DJ 22.11.1996. Disponível em: <http://www.stf.jus.br> Acesso em: 2.9.2011.
(154) BRASIL. *Constituição da República Federativa do Brasil*, "art. 227. É dever da família, da sociedade e do Estado assegurar à criança e ao adolescente, com absoluta prioridade, o direito à vida, à saúde, à alimentação, à educação, ao lazer, à profissionalização, à cultura, à dignidade, ao respeito, à liberdade e à convivência familiar e comunitária, além de colocá-los a salvo de toda forma de negligência, discriminação, exploração, violência, crueldade e opressão".
(155) BRASIL. *Lei n. 8.069, de 13 de julho de 1990*, "art. 27. O reconhecimento do estado de filiação é direito personalíssimo, indisponível e imprescritível, podendo ser exercitado contra os pais ou seus herdeiros, sem qualquer restrição, observado o segredo de Justiça". Disponível em: <http://www.planalto.gov.br/ccivil_03/ Leis/_lei-principal.htm> Acesso em: 2.9.2011.
(156) BRASIL. *Constituição da República Federativa do Brasil*, art. 5º, "X — são invioláveis a intimidade, a vida privada, a honra e a imagem das pessoas, assegurado o direito a indenização pelo dano material ou moral decorrente de sua violação".

comparado à importância ao princípio que tutela o direito à dignidade da criança e do adolescente.

Prevaleceu, porém, a divergência, suscitada pelo Ministro Marco Aurélio, ao ponderar que a recusa do impetrante na realização do exame já acarretava uma consequência processual que garantia o reconhecimento formal da paternidade. Mostrou-se assim, implicitamente, que a medida restritiva de direitos, pelo menos sob o enfoque dos interesses patrimoniais envolvidos, embora adequada, não superava o exame da necessidade no caso concreto. Ademais, segundo ele, a medida judicial violaria a intangibilidade física e a dignidade do suposto pai biológico, justificando-se assim a cassação da decisão que o obrigava ao exame.

Por fim, no Agravo Regimental STA-AgR n. 171/PR[157], foi discutida a proibição, imposta por uma portaria ministerial quanto à importação de carcaças de pneumáticos usados, matéria-prima esta utilizada em processo de industrialização de pneus reformados.

A questão de fundo envolveu a ponderação entre o princípio do livre exercício da atividade econômica[158] e o princípio de proteção à saúde e ao meio ambiente ecologicamente equilibrado[159]. A Ministra relatora Ellen Gracie entendeu, nas razões de fundamentação, pela precedência deste último princípio, considerando a possibilidade concreta de grave lesão à ordem pública, diante do manifesto interesse público à saúde e ao meio ambiente ecologicamente equilibrado, sendo assim reconhecida a constitucionalidade formal e material do conjunto de normas (ambientais e de comércio exterior) que proíbem a importação de pneumáticos usados. A afetação ao princípio do livre exercício da atividade econômica se traduzia em grau leve, quando comparado à importância ao princípio de tutela à saúde e ao meio ambiente ecologicamente equilibrado. Esta foi, por maioria, a tese que prevaleceu.

3.9. PONDERAÇÃO E RACIONALIDADE

Para Robert Alexy, é possível elaborar juízos racionais sobre intensidades de intervenções, sobre graus de importância e sobre o relacionamento entre ambos.

---

(157) BRASIL. *Supremo Tribunal Federal*. Tribunal Pleno. STA-AgR 171/PR. Relatora: Ministra Ellen Gracie. Brasília, 12.12.2007. DJ 29.2.2008. Disponível em: <http://www.stf.jus.br> Acesso em: 1º.11.2010.
(158) BRASIL. *Constituição da República Federativa do Brasil*, "art. 170. A ordem econômica, fundada na valorização do trabalho humano e na livre iniciativa, tem por fim assegurar a todos existência digna, conforme os ditames da justiça social".
(159) BRASIL. *Constituição da República Federativa do Brasil*, "art. 225. Todos têm direito ao meio ambiente ecologicamente equilibrado, bem de uso comum do povo e essencial à sadia qualidade de vida, impondo-se ao Poder Público e à coletividade o dever de defendê-lo e preservá-lo para as presentes e futuras gerações".

Embora nem sempre seja possível determinar um resultado de forma racional, o conjunto de casos possíveis justifica o sopesamento como método[160]. Os limites decorrentes da força inerente aos direitos fundamentais enquanto princípios, mesmo quando não identificados de forma rígida e independente de sopesamento, continuam sólidos e claros. Apesar de não contidos na própria lei do sopesamento, são possíveis juízos racionais e não arbitrários sobre os graus de intensidade da afetação e a importância da satisfação de um princípio. Basta que, na fundamentação, sejam apresentadas razões plausíveis para a aplicação[161].

O modelo de regras e princípios ainda não permite vislumbrar uma imagem completa do sistema jurídico, pois corresponde apenas ao seu lado passivo. Mais que isso, um modelo abrangente leva em conta o lado ativo, relacionado ao procedimento para a aplicação das regras e dos princípios. Dentro de um sistema orientado pela razão prática, o procedimento lhe será assegurador de racionalidade do ponto de vista da aplicação do Direito, o que é objeto da teoria da argumentação jurídica. Essa racionalidade prática procedimental, entretanto, tem um caráter ideal. Diante de condições reais deve ser realizada de forma aproximada e tendente à ideal, não havendo falar assim em certeza. A razão prática não afiança a correção definitiva do Direito, mas certamente uma relativa, propiciando numa apreciação total, em conjunto com o plano estático da estruturação normativa em regras e princípios, a contribuição necessária a uma racionalidade do sistema jurídico[162].

Consoante Carlos Bernal Pulido, embora a ponderação tenha um caráter formal e que, portanto, não garanta uma objetividade perfeita e tampouco acarrete a total exclusão da apreciação subjetiva do juiz, isso não significa que esteja baseada apenas em tal subjetivismo. O nível ideal de objetividade perfeita não existe em nenhum âmbito normativo, uma vez que tal pressuporia um sistema jurídico ideal que prescrevesse com exatidão tudo que está permitido, proibido e ordenado, o que não é nem possível, nem conveniente[163].

É impossível porque as disposições dos princípios são sempre indeterminadas, não sendo naturalmente cabível prever e regular a todos os conflitos de modo hipotético. Por outro lado, não é conveniente, porque reduz drasticamente as possibilidades de deliberação política, o que transformaria o Legislador, por hipótese, em mero executor das regulações predeterminadas pela Constituição, se esvaindo

---

(160) ALEXY, Robert. *Teoria dos direitos fundamentais...*, cit., p. 594.
(161) ALEXY, Robert. *Teoria dos direitos fundamentais...*, cit., p. 598-599.
(162) ALEXY, Robert. *Direito, razão, discurso*: estudos para a filosofia do direito. Traduzido por Luís Afonso Heck. Porto Alegre: Livraria do Advogado, 2010. p. 172-173. Tradução de Recht, Vernunft, Diskurs: Studien zur Rechtsphilosophie.
(163) PULIDO, Carlos Bernal. La racionalidad de la ponderación. In: CARBONELL, Miguel (coord.). *El principio de proporcionalidaddad y la protección de los derechos fundamentales*. México: Comisión Nacional de los Derechos Humanos, 2008. p. 44.

consequentemente a sua importância como foro de deliberação democrática. A vinculação se estenderia também ao Executivo e ao Judiciário, de modo que o Direito se aprisionaria no passado, perdendo sua capacidade de adaptação às novas demandas da sociedade[164].

Enquanto a racionalidade teórica exige uma estrutura precisa das teorias e conceitos, que devem ser claros e livres de contradição, a racionalidade prática, por seu turno, expressa as condições necessárias a que o ato humano seja qualificado como racional. No âmbito jurídico, será racional a decisão cuja fundamentação possa ser enunciada em limites conceitualmente claros e consistentes, conformada por premissas completas e saturadas, com observância das regras da lógica e da argumentação, bem assim as exigências da consistência e da coerência[165].

Para que sejam afastadas as objeções da falta de precisão conceitual, da incomensurabilidade e da impossibilidade de previsão de resultados, é necessário buscar um modelo de ponderação que sustente uma estrutura determinada, com uma medida única que permita comparar os princípios e que possa ceder espaço à previsibilidade da fundamentação no Direito[166].

Quanto à delimitação do conceito de ponderação, é certo que estabelecer "a maior medida possível" de cumprimento de um princípio pressupõe um contraste entre ele e os princípios contrários. Não oferece, porém, uma articulação sistemática e hierarquizada de todos os princípios jurídicos em questão para resolver de antemão todas as possíveis contradições. Um modelo assim foi proposto por Rawls, quanto à primazia do princípio de justiça e de que a liberdade apenas pode ser restringida em razão da proteção da própria liberdade. Tal possibilidade, contudo, deve ser negada, pois a garantia de um mínimo existencial é condição necessária a que as liberdades não existam como garantias meramente retóricas. Há de existir então uma relação de precedência condicionada[167].

No estabelecimento da relação de precedência condicionada, o peso abstrato dos princípios pode variar conforme a hierarquia da fonte em que estejam estabelecidos e pode também ser estabelecido com referência a valores sociais positivos. A liberdade, por exemplo, apenas pode ser exercida por quem está vivo, motivo pelo qual o princípio de proteção à vida tem um peso abstrato maior que o da garantia da liberdade[168]. Importa também reconhecer a certeza das apreciações empíricas quanto ao grau em que a medida implica, no campo fático e no caso concreto, a falta de satisfação de um princípio e a satisfação do outro, circunstância que afeta o peso relativo de cada princípio na ponderação[169].

---

(164) PULIDO, Carlos Bernal. *Op. cit.*, p. 44-45.
(165) PULIDO, Carlos Bernal. *Op. cit.*, p. 45-46.
(166) PULIDO, Carlos Bernal. *Op. cit.*, p. 47.
(167) PULIDO, Carlos Bernal. *Op. cit.*, p. 48-49.
(168) PULIDO, Carlos Bernal. *Op. cit.*, p. 50.
(169) PULIDO, Carlos Bernal. *Op. cit.*, p. 50-51.

Por fim, conforme Virgílio Afonso da Silva, "não é possível buscar uma racionalidade que exclua, por completo, qualquer subjetividade na interpretação e na aplicação do Direito. Exigir isso de qualquer teoria é exigir algo impossível". Nesse sentido, esse autor expõe que até mesmo a subsunção apresenta dificuldades de fundamentação substancial, sendo que os próprios positivistas reconhecem que o processo de interpretação e aplicação do Direito não é estritamente racional e objetivo[170].

É de ressaltar que também as regras suscitam controvérsia em sua interpretação, até mesmo entre distintas cortes judiciais de um Estado. Destaque-se, por exemplo, a própria necessidade de previsão, em sede constitucional brasileira, da competência de um tribunal superior para julgar, em grau de recurso, as causas decididas por outros Tribunais, quando a decisão recorrida der a lei federal interpretação divergente da que lhe haja atribuído outro tribunal[171]. O dispositivo constitucional em comento permite observar que o próprio sistema do Direito encontra mecanismos de estabilização da unidade de conteúdo das normas em torno de uma única solução correta, pois tanto a sua própria unidade quanto a coerência interna são pressupostos necessários à sua sobrevivência.

A possibilidade de eventuais resultados *práticos* diferenciados na ponderação de princípios não conspurca contra o mecanismo. Ao contrário, a fluidez conceitual é característica essencial desta espécie normativa, o que, no pós-positivismo jurídico, torna viável a necessária e constante atualização valorativa. Inexistem soluções prontas e acabadas, na medida em que toda relação de precedência entre princípios é condicionada justamente pelas circunstâncias do caso concreto, as quais, em si mesmas, já acarretam a diversidade. Neste particular, o que a concretização da segurança jurídica nos moldes pós-positivistas reclama são, em verdade, consensos de argumentação — tão duradouros quanto as novas circunstâncias reais cambiantes lhes imponham que sejam — entre os aplicadores do Direito e, em especial, entre os juízes, estes porque encarregados de prestar a jurisdição[172].

Com a técnica da ponderação de princípios, o mesmo que a argumentação na atividade do juiz assume de complexidade como salvaguarda do princípio da segurança jurídica, a entrega da prestação jurisdicional, por seu turno, também ganha em correção e legitimidade no sentido do primado da justiça. O novo papel

---

(170) SILVA, Virgílio Afonso da. *Direitos fundamentais...*, cit., p. 147.
(171) BRASIL. *Constituição da República Federativa do Brasil*, "art. 105. Compete ao Superior Tribunal de Justiça: [...] III — julgar, em recurso especial, as causas decididas, em única ou última instância, pelos Tribunais Regionais Federais ou pelos tribunais dos Estados, do Distrito Federal e Territórios, quando a decisão recorrida: [...] c) der a lei federal interpretação divergente da que lhe haja atribuído outro tribunal".
(172) LUDWIG, Guilherme Guimarães. Pós-positivismo e os princípios em Robert Alexy. *Jus Navigandi*, Teresina, ano 16, n. 2740, p. 2, 1º jan. 2011. Disponível em: <http://jus.uol.com.br/revista > Acesso em: 2.1.2011.

do juiz no pós-positivismo jurídico implica uma tarefa constantemente depurativa das regras de argumentação, de modo a otimizar a racionalidade da fundamentação das decisões, especialmente quando aplicados princípios como espécies normativas. O necessário equilíbrio entre racionalidade e correção, ou ainda entre segurança jurídica e justiça, demanda um esforço argumentativo bastante diverso daquele normalmente necessário a lidar com a subsunção lógica do fato à norma.

4. Princípio da Eficiência Administrativa

4.1. Uma reflexão preliminar necessária

A Emenda Constitucional n. 19, de 4 de junho de 1998, acrescentou ao rol de princípios previstos expressamente no art. 37, *caput*, da Constituição Federal, o princípio da eficiência. Ademais, trouxe ainda outros novos dispositivos direta ou indiretamente associados que o evidenciam.

Quanto à participação do usuário na Administração Pública foi previsto que a lei disciplinará as reclamações relativas à prestação dos serviços públicos em geral, assegurados a manutenção de serviços de atendimento ao usuário e a avaliação periódica, externa e interna, da qualidade dos serviços; o acesso dos usuários a registros administrativos e a informações sobre atos de governo, e a disciplina da representação contra o exercício negligente ou abusivo de cargo; emprego ou função na administração pública (art. 37, § 3º). Estabeleceu também que a autonomia dos órgãos e entidades da administração direta e indireta poderá ser ampliada mediante contrato, a ser firmado entre seus administradores e o poder público, que tenha por objeto a fixação de metas de desempenho para o órgão ou entidade (art. 37, § 8º) [173].

Foi disciplinado o dever de manutenção, pela Administração, de escolas de governo para a formação e o aperfeiçoamento dos servidores públicos, constituindo-se a participação nos cursos um dos requisitos para a promoção na carreira (art. 39). Quanto ao servidor público, a perda de cargo passou a ser possível mediante procedimento de avaliação periódica de desempenho (art. 41, § 1º, III), ao passo que, para a aquisição da estabilidade, passou a ser obrigatória a avaliação especial de desempenho por comissão instituída para essa finalidade (art. 41, § 4º)[174]. Por fim, foi previsto ainda que o Congresso Nacional, dentro de cento e vinte dias da promulgação da Emenda, elaboraria lei de defesa do usuário de serviços públicos[175].

---

(173) BRASIL. *Constituição da República Federativa do Brasil*.
(174) BRASIL. *Constituição da República Federativa do Brasil*.
(175) BRASIL. *Emenda Constitucional n. 19, de 4 de junho de 1998, art. 27*. Disponível em: <http://www.planalto.gov.br/ccivil_03/Leis/_lei-principal.htm> Acesso em: 2.9.2011.

Na ciência da administração, Idalberto Chiavenato defende que:

> a eficiência é uma relação técnica entre entradas e saídas. Nesses termos, a eficiência é uma relação entre custos e benefícios, ou seja, uma relação entre os recursos aplicados e o produto final obtido: é a razão entre o esforço e o resultado, entre a despesa e a receita, entre o custo e o benefício resultante. [...] A eficiência está voltada para a melhor maneira (*the best way*) pela qual as coisas devem ser feitas ou executadas (métodos) a fim de que os recursos (pessoas, máquinas, matérias-primas) sejam aplicados da forma mais racional possível. A eficiência preocupa-se com os meios, com os métodos e procedimentos mais indicados que precisam ser devidamente planejados e organizados a fim de assegurar a otimização da utilização dos recursos disponíveis.[176]

De acordo com Paulo Modesto, embora originariamente residente na teoria da administração, o termo "eficiência" não é propriedade exclusiva de nenhuma ciência, cabendo aos juristas, no processo de construção do sentido desse conceito, explorar o conteúdo jurídico desse princípio no ordenamento normativo nacional[177].

É certo que na iniciativa privada a lógica aparenta ser diferenciada, pois ali a principal variável em discussão, a verdadeira força motriz do empreendedorismo, é a necessidade de obtenção de lucro para a empresa. Há, portanto, natural direcionamento e preponderância das consequências deste atuar para dentro do próprio agente eficiente. Dito em outros termos, a iniciativa privada é eficiente, em primeiro lugar, em seu próprio favor, como uma condição necessária de competitividade no mercado capitalista. Apenas como reflexo desta postura é que podem ser (e não necessariamente o são) gerados benefícios à sociedade consumidora, seja pela eventual redução pura e simples de preços, seja pela eventual melhoria de qualidade de seus bens e serviços.

No setor público, todavia, a lógica é inversa, uma vez que a Administração Pública não visa atender ao seu próprio interesse, mas ao que seja melhor para o indivíduo e para a sociedade, ou seja, aos interesses dos seus "consumidores". Em última análise, o setor público apenas deve ser eficiente em favor da realização do interesse público, e não para si mesmo. Aqui, somente por via oblíqua, é que eventualmente podem ser produzidos benefícios em favor dos interesses da própria Administração Pública. A racionalidade de métodos e procedimentos destinados à otimização de resultados se encontra direta e imediatamente vinculada ao aten-

---

(176) CHIAVENATO, Idalberto. *Introdução à teoria geral da administração*: uma visão abrangente da moderna administração das organizações. 7. ed. rev. e atual. Rio de Janeiro: Elsevier, 2003. p. 155.
(177) MODESTO, Paulo. Notas para um debate sobre o princípio constitucional da eficiência. *Revista Eletrônica de Direito Administrativo Econômico (REDAE)*, Salvador, Instituto Brasileiro de Direito Público, n. 10, p. 3, maio/jun./jul. 2007. Disponível em: <http://www.direitodoestado.com.br/redae.asp> Acesso em: 15.9.2010.

dimento dos interesses de toda a sociedade, da melhor forma possível. Esta inversão de perspectiva permite deduzir a impossibilidade de adoção em sua inteireza da lógica da iniciativa privada, diante das diversas variáveis que condicionam e simultaneamente são condicionadas pelos resultados da atividade do Poder Público.

Para Diogo de Figueiredo Moreira Neto, o agir eficiente se apresenta como uma condição necessária para a obtenção dos resultados que se espera de toda atuação, seja privada, seja pública. Ocorre, entretanto, que, enquanto na gestão privada de interesses, pode ser dito que este logro de resultados possui caráter meramente dispositivo, tal é rigorosamente obrigatório quando referido à gestão de interesses públicos do Estado[178]. A satisfação dos anseios da sociedade não confere nenhuma margem de escolha à Administração Pública para que aja de forma eficiente ou não: tal atributo é um imperativo no setor público.

Não é por outro motivo que Manoel Jorge e Silva Neto sustenta que o objetivo da inscrição em sede constitucional do princípio da eficiência administrativa não é promover uma suposta identificação entre o atuar da Administração Pública e a conduta dos entes privados, mas sim concitar os agentes públicos a atuarem de forma mais expedita e competente[179].

Dessa forma, o conteúdo da eficiência administrativa não prescinde de interpretação e aplicação voltadas à concretização dos cânones da juridicidade e de respeito aos direitos fundamentais e ao Estado Democrático de Direito.

4.2. Antecedentes históricos e caráter constitucional implícito

Desde 1967, em âmbito infraconstitucional, o Decreto-lei n. 200, que dispõe sobre a organização da Administração Federal, já disciplinava normativamente no setor público a eficiência administrativa, ao estabelecer o âmbito de controle de resultado das atividades da Administração (art. 13), a racionalização do trabalho administrativo mediante a simplificação de processos e a supressão de controles puramente formais ou cujo custo fosse evidentemente superior ao risco (art. 14), a avaliação da atuação administrativa dos órgãos supervisionados e o dever de diligência quanto à capacitação dos responsáveis (art. 25, V) e o fortalecimento do sistema do mérito (art. 25, VII), além da supervisão ministerial sobre a administração indireta, de forma a assegurar essencialmente a realização dos objetivos fixados em seus atos constitutivos e a própria eficiência administrativa (art. 26, I e III)[180].

---

(178) MOREIRA NETO, Diogo de Figueiredo. *Quatro paradigmas do direito administrativo pós-moderno*: legitimidade, finalidade, eficiência, resultados. Belo Horizonte: Fórum, 2008. p. 126.
(179) SILVA NETO, Manoel Jorge e. *Curso de direito constitucional*. 3. ed. Rio de Janeiro: Lumen Juris, 2008. p. 440.
(180) BRASIL. *Decreto-Lei n. 200, de 25 de fevereiro de 1967*. Disponível em: <http://www.planalto.gov.br/ccivil_03/Leis/_lei-principal.htm> Acesso em: 2.9.2011.

Por outro lado, independentemente da referida Emenda Constitucional, é verificado que a eficiência administrativa já se encontrava implícita no texto constitucional brasileiro desde a sua promulgação em 1988, na medida em que este, ao tratar da fiscalização contábil, financeira, orçamentária, operacional e patrimonial da União Federal e das entidades da Administração direta e indireta, previa (e ainda prevê) expressamente que os Poderes Legislativo, Executivo e Judiciário deveriam manter, de forma integrada, sistema de controle interno com a finalidade de comprovar a legalidade e avaliar os resultados, quanto à eficácia e *eficiência*, da gestão orçamentária, financeira e patrimonial nos órgãos e entidades da Administração federal, bem como da aplicação de recursos públicos por entidades de direito privado (art. 74, II)[181]. Se à Administração Pública desde então competia demonstrar que havia agido de forma eficiente em sua gestão, se torna claro que o direcionamento de sua conduta já se encontrava ali vetorizado por um mandamento otimizador no sentido da eficiência.

Não é outra conclusão ao se constatar que, para o exercício da fiscalização retrorreferida, já era atribuído ao Congresso Nacional, mediante controle externo, e ao sistema de controle interno de cada Poder, o dever de examinar a *economicidade* da gestão pública (art. 70, *caput*), característica esta que se traduz como um dos componentes da eficiência administrativa. O mesmo se diga da incumbência do Poder Público de manter, diretamente ou sob regime de concessão ou permissão, sempre através de licitação, serviço público adequado (art. 175, parágrafo único). Também no que tange especificamente à disciplina do sistema de segurança pública — composto pelas polícias federal, rodoviária federal, ferroviária federal, civis e militares, além dos corpos de bombeiros militares —, havia previsão expressa desde 1988 de que a lei disciplinaria a organização e o funcionamento dos órgãos de segurança pública, de maneira a garantir a *eficiência* de suas atividades (art. 144, § 7º)[182].

Em razão dessas circunstâncias afirma-se que o princípio da eficiência administrativa se encontrava, mesmo antes da aludida Emenda, implícito no texto constitucional, pois perfeitamente inferido a partir do texto constitucional sistematicamente interpretado[183].

Observe-se, inclusive, que o Código de Defesa do Consumidor, posterior à Constituição de 1988 e anterior à Emenda Constitucional n. 19, já era conformado a esse mandamento implícito constitucional, na medida em que reconhecia a Administração Pública como fornecedora, estabelecendo, como princípio da política nacional das relações de consumo, a racionalização e a melhoria dos serviços públicos (art. 4º, VII) e como direito básico do consumidor a adequada e eficaz prestação dos serviços públicos em geral (art. 6º, X), além de fixar que os órgãos

---

(181) BRASIL. *Constituição da República Federativa do Brasil*.
(182) BRASIL. *Constituição da República Federativa do Brasil*.
(183) Seção 3.3.

públicos, por si ou suas empresas, concessionárias, permissionárias ou sob qualquer outra forma de empreendimento, estavam obrigados a fornecer serviços adequados e eficientes (art. 22)[184].

Aliás, seria mesmo o caso de indagar se tal princípio não teria origem no próprio Direito pressuposto, aqui compreendido como todas as decorrências normativas da condição do Estado Democrático de Direito. É que, para conferir validade e legitimidade à atuação estatal, conforme pondera Paulo Modesto, são exigidas celeridade e simplicidade, efetividade e eficiência na disponibilização de utilidades para os cidadãos, na regulação das condutas pública e privada, bem assim na vigilância dos abusos do mercado e na administração dos recursos públicos. E todas essas imposições normativo-principiológicas se encontram condensadas no princípio da eficiência[185]. Por outro lado, em Humberto Ávila, "o dever de eficiência estrutura o modo como a administração deve atingir os seus fins e qual deve ser a intensidade da relação entre as medidas que ela adota e os fins que ela persegue"[186]. Não há como, dessa maneira, se entender a funcionalidade estatal em um Estado Democrático de Direito (e consequentemente o seu direcionamento à consecução do interesse público) sem que se pressuponha necessariamente a eficiência administrativa.

Nas democracias modernas é possível assim concluir que esta característica do agir estatal é transcendente ao texto positivado. A sociedade não delega aos seus representantes poder para que realizem menos do que o máximo possível e alcançável na satisfação do interesse do indivíduo e da coletividade diante das possibilidades fáticas e jurídicas do caso.

4.3. TÔNICA DA REFORMA DO ESTADO

Em que pesem as considerações retro que apontam para a dispensabilidade do acréscimo ao *caput* do art. 37, o fato é que, em concreto, na promulgação da Emenda Constitucional n. 19, durante a última década do século XX, o discurso teórico do grupo político dominante, que almejava legitimar a medida, considerava que as diversas atividades absorvidas pelo Estado do bem-estar social faziam que este já não atendesse mais de forma satisfatória e eficiente às ali reputadas reais necessidades da sociedade. Por este raciocínio, regredindo parcialmente à concepção clássica liberal, seria necessário diminuir o tamanho do Estado, para que fosse assim possível focalizar e se concentrar nas atividades declaradas verdadeiramente essenciais para garantir a eficiência, sem, contudo, retornar à fase inicial do completo

---

(184) BRASIL. *Lei n. 8.078, de 11 de setembro de 1990*. Disponível em: <http://www.planalto.gov.br/ccivil_03/Leis/_lei-principal.htm> Acesso em: 2.9.2011.
(185) MODESTO, Paulo. Notas para um debate sobre o princípio constitucional da eficiência..., cit., p. 2.
(186) ÁVILA, Humberto. *Moralidade, razoabilidade e eficiência na atividade administrativa...*, cit., p. 19.

abstencionismo. Tratava-se de uma lógica incorporada desde a década anterior pelos governos dos Estados Unidos da América e da Inglaterra, nas gestões respectivas do Presidente Ronald Reagan e da Primeira Ministra Margaret Thatcher.

Por esta lógica político-econômica, o Estado continuaria a intervir, embora agora indiretamente, na ordem social e econômica, além de deixar de desempenhar algumas de suas atividades de mantenedor do bem-estar social. Iniciava-se naquele momento no Brasil um período de desestatização e privatização, devolvendo e delegando serviços públicos aos particulares, ainda que com uma regulação pública. O terceiro setor era chamado a firmar cada vez mais parcerias e contratos com a Administração Pública, dentro de uma perspectiva de publicização do direito privado (Organizações da Sociedade Civil de Interesse Público — OCIP[187]) e de privatização do direito público (Organizações Sociais — OS[188]).

Passados dez anos da promulgação da Constituição Federal de 1988 e meses antes da Emenda Constitucional n. 19, Cármen Lúcia Antunes Rocha afirmava que,

> reproduzindo o mesmo modelo do colonialismo antes apresentado na história, o neoliberalismo tornou-se "moda" "politicamente correta", embaraçando conquistas sociais, entravando propostas coerentes com as novas demandas políticas do povo, extinguindo direitos. [...] A década de desjuridicização passa pela desconstitucionalização que vê romper um cabedal de direitos fundamentais que se vinha alicerçando sob o signo de uma sociabilidade comprometida com o princípio da solidariedade juridicamente acalentada.[189]

Segundo Maria Sylvia Zanella di Pietro, há um grande paradoxo no Direito brasileiro. A busca por meios privados de atuação administrativa parte da premissa de que o regime jurídico da Administração Pública impede o seu adequado funcionamento, sendo esta reconhecida como antiquada, ultrapassada e ineficiente. Ocorre que, ao invés de se buscar a flexibilização da atuação administrativa por intermédio de alteração normativa, é mantido o Direito posto e se parte para formas paralelas à margem das normas constitucionais[190]. Para garantir o princípio do Estado de Direito seria indispensável, para esta autora, ou mudar o Direito, se considerado inadequado, ou cumprir as normas atuais, se necessárias ao exercício da função administrativa[191].

---

(187) BRASIL. *Lei n. 9.637, de 15 de maio de 1998*. Disponível em: <http://www.planalto.gov.br/ccivil_03/Leis/_lei-principal.htm> Acesso em: 2.9.2011.
(188) BRASIL. *Lei n. 9.790, de 23 de março de 1999*. Disponível em: <http://www.planalto.gov.br/ccivil_03/Leis/_lei-principal.htm> Acesso em: 2.9.2011.
(189) ROCHA, Cármen Lúcia Antunes. A reforma do poder judiciário. *Revista de Direito Administrativo*, Rio de Janeiro, Renovar, n. 211, p. 98, jan./mar. 1998.
(190) PIETRO, Maria Sylvia Zanella di. *Parcerias na administração pública*: concessão, permissão, franquia, terceirização e outras formas. 3. ed. São Paulo: Atlas, 1999. p. 227.
(191) PIETRO, Maria Sylvia Zanella di. *Parcerias na administração pública*..., cit., p. 227-228.

Considerando o caráter político da Constituição, torna-se evidente, neste contexto, que a previsão expressa do princípio da eficiência em texto constitucional trazia em si um forte componente retórico-ideológico, pois buscava claramente estabelecer aparentes identificações simbólicas: de um lado, entre o antigo e o ineficiente; de outro, entre o novo (pós-Emenda Constitucional) e o eficiente. Do contraste — delas deduzido —, era permitida a sustentação do projeto de Estado e de poder.

Na avaliação de Egon Bockmann Moreira, foi um "despropósito" transpor parâmetro da administração gerencial privada competitiva para o setor público, guindado à condição de princípio constitucional da Administração Pública. Isso porque não se trataria sequer de um princípio, não tendo vínculo direto e imediato com o Direito e nem tampouco fazendo parte da tradição constitucional. Representaria, em outra medida, uma desfragmentação da identidade essencial do texto constitucional. Não geraria nenhum benefício concreto, uma vez que o controle da eficiência não poderia partir de norma genérica e abstrata de conduta, exigindo, ao revés, configuração precisa e minuciosa, a partir de pautas previamente definidas de comportamento a estabelecer o alcance de resultados e a utilização dos correspondentes recursos[192]. Ainda para ele,

> a Administração Pública não pode ser só orientada para a questão dos lucros sobre capital — olvidando ou deixando como questão secundária as implicações sociais primárias da atividade administrativa. Seria celebração peremptória, como máxima constitucional, de interesses secundários da Administração. Isso sobretudo em países em via de desenvolvimento, como o Brasil, em que não existe a consolidação real de uma gama de direitos e garantias aos cidadão.[193]

O próprio Egon Bockmann Moreira, todavia, apesar de sua crítica negativa à inovação constitucional, entende que "o Direito não precisa subordinar-se a outros mundos do conhecimento, mas pode sentar-se à mesa e aprender com eles — numa construção positiva da norma a ser aplicada". Logo, seria ainda assim possível uma interpretação positiva do princípio da eficiência administrativa, considerando:

a) O pressuposto hermenêutico do legislador racional, suprimindo ou corrigindo eventuais vícios e desvios observados no texto efetivamente legislado.

b) A perspectiva de uma interpretação sistemática e coerente com as demais normas constitucionais, técnica esta não necessariamente relacionada de forma estrita aos conceitos da economia e da administração de empresas.

---

(192) MOREIRA, Egon Bockmann. *Processo administrativo*: princípios constitucionais e a Lei n. 9.784/1999. 4. ed. atual. rev. e aum. São Paulo: Malheiros, 2010. p. 181-182.
(193) MOREIRA, Egon Bockmann. *Op. cit.*, p. 184.

c) O princípio da máxima eficácia dos direitos sociais, direcionado ao máximo de benefícios concretos ao cidadão.[194]

De fato, embora se reconheça neste estudo, tanto que o princípio da eficiência se encontrava em caráter implícito na Constituição brasileira de 1988, uma decorrência da necessária funcionalidade do próprio Estado Democrático de Direito; quanto a existência concreta de um claro componente retórico-ideológico na iniciativa de promulgação da Emenda Constitucional n. 19, de modo a garantir politicamente sustentar um projeto de Estado e de poder; é aqui afirmado que a previsão constitucional em foco transcende à sua conjuntura histórica de origem, ao tempo que expurga eventuais vícios de formação.

Em si mesma, para além de compromissos ideológicos ou político-partidários, a positivação do aludido princípio no texto constitucional representa, em verdade, no campo simbólico, um compromisso e uma expectativa da sociedade brasileira em um aparato estatal funcional, que realmente traduza o Estado Democrático de Direito e satisfaça ao interesse público, concretizando os direitos fundamentais. Ademais, adotando-se o conceito de princípio em Robert Alexy, não parece lógico recusar à eficiência administrativa o caráter de um autêntico mandamento de otimização direcionado à Administração Pública.

Por outro lado e de acordo com Fernando Leal, se o ordenamento jurídico passa a reconhecer expressamente um compromisso jurídico com a eficiência administrativa, para se justificar agora o seu uso institucional não é necessário mais buscar preliminarmente um valor intrínseco para um resultado eficiente de distribuição de recursos. Pelo contrário, a margem jurídico-pragmática decorrente da inovação constitucional permite que o juiz passe a considerar as consequências sistêmicas de sua decisão, pela jurisdicização de considerações práticas, sem que tal recurso de argumentação seja reputado de natureza extrajurídica. O grande problema passa a ser saber como e quando será necessário recorrer ao argumento pragmático sem que se corra o risco de institucionalizar todo tipo de argumentação consequencialista ou de funcionalizar direitos[195].

Logo, justamente porque ainda consideravelmente imerso nos influxos da tradição cultural positivista de apego ao texto escrito da lei, o operador do Direito passa a dispor de um importante instrumental retórico-formal a amparar no campo argumentativo a prevalência do papel e do perfil adequados da atuação da Administração Pública direcionada a uma gestão de resultados. Reitere-se, entretanto, que aqui se entende que o princípio da eficiência administrativa é uma decorrência necessária do próprio Estado Democrático de Direito, possuindo, portanto, força normativa independentemente de sua previsão em texto normativo.

---

(194) MOREIRA, Egon Bockmann. *Op. cit.*, p. 185-187.
(195) LEAL, Fernando. Propostas para uma abordagem teórico-metodológica do dever constitucional de eficiência. *Revista Eletrônica de Direito Administrativo Econômico (REDAE)*, Salvador, Instituto Brasileiro de Direito Público, n. 15, p. 3-4, ago./set./out. 2008. Disponível em: <http://www.direito doestado.com.br/redae.asp> Acesso em: 15.9.2010.

Segundo Sylvie Trosa, o Estado muda porque a sociedade muda. Assim, não lhe é mais possível permanecer indiferente, por exemplo, à globalização econômica e tecnológica, sob o risco de sua capacidade de influência ser reduzida. Não pode igualmente se manter alheio à evolução do cidadão usuário, que, muito mais que simples cortesia, espera e confia em serviços verdadeiramente adaptados a suas específicas necessidades, ao invés de soluções genéricas e impessoalmente válidas. Não lhe cabe mais mostrar indiferença quanto aos anseios do seu quadro de servidores, na medida em que a ausência de capacidade de iniciativa somada à lentidão dos circuitos de gestão faz que, embora se empenhem por resultados e por se aproximarem dos usuários, nem sempre tenham capacidade de assumir iniciativas ou apresentar soluções. Não lhe é franqueado tampouco ignorar a pressão que a opinião pública lhe exerce, pela prestação não de contas tradicionais, e sim dos serviços prestados aos cidadãos, no que tange aos seus custos e a sua eficácia[196].

O bom desempenho da Administração Pública implica a passagem do universal abstrato a soluções específicas, o que pressupõe que os servidores disponham de meios para analisar o método e a gama de instrumentos mais adaptados. As respostas mais bem adaptadas às expectativas do usuário necessitam da reorganização dos serviços, da racionalização e simplificação dos procedimentos e do trabalho em equipe de projetos flexíveis[197].

Nesse mesmo tom de uma nova forma de compreensão da coisa pública, Antonio Carlos Flores de Moraes defende que a reforma administrativa não deve se resumir à promulgação de normas jurídicas, mas traduzir verdadeira atitude permanente de gestão[198].

A partir de tais fundamentos se concorda com Paulo Modesto, quando afirma que a inserção textual não representou uma mera extravagância retórica no plano jurídico, até porque, "admitida a gestão pública como necessariamente racional e instrumental, porque destinada a servir ao público na justa proporção das necessidades coletivas, torna-se inadmissível o comportamento administrativo negligente, contraprodutivo, ineficiente"[199].

Em suma, a partir do enfoque de um legislador racional, pode ser dito que a textualização do princípio da eficiência administrativa em sede constitucional brasileira traduziu um imperativo normativo, antes implícito e sempre necessário do Estado Democrático de Direito. Tratou-se de um compromisso da Administração Pública com uma gestão de resultados, direcionados inequivocamente à melhor

---

(196) TROSA, Sylvie. *Gestão pública por resultados*: quando o estado se compromete. Traduzido por Maria Luíza de Carvalho. Rio de Janeiro: Revan, 2001. p. 19. Tradução de Quand l'Etat s'engage. La démarche contractuelle.
(197) TROSA, Sylvie. *Gestão pública por resultados*..., cit., p. 40-41.
(198) MORAES, Antonio Carlos Flores de. *Legalidade, eficiência e controle da administração pública*. Belo Horizonte: Fórum, 2007. p. 131.
(199) MODESTO, Paulo. Notas para um debate sobre o princípio constitucional da eficiência..., cit.

consecução do interesse público e da ótima prestação do serviço público em prol da concretização dos direitos fundamentais do cidadão.

4.4. Eficiência administrativa no direito estrangeiro

Tratando-se de uma decorrência necessária da funcionalidade da Administração Pública, a eficiência administrativa se mostra presente no texto expresso do Direito de outros países. As diferentes disciplinas apresentam alguns traços comuns, cuja percepção se mostra útil a sua delimitação de significado, justificando assim o interesse em trazer à discussão alguns elementos do direito estrangeiro.

4.4.1. Princípio da boa administração e a eficiência na Itália

Inicialmente é importante observar que o princípio da eficiência administrativa, no entendimento de Celso Antônio Bandeira de Mello, é percebido como não mais do que uma faceta do *principio di buona amministrazione* (princípio da boa administração), presente no direito italiano[200].

No doutrina administrativista italiana, Franco Bassi sustenta que o princípio da boa administração orienta a Administração Pública a atuar com diligência e inteligência mediana, devendo respeitar as regras de boa administração, de modo a garantir a eficiência da atividade administrativa. Seria um equivalente à figura do *bonus pater familias* do direito privado. Para ele, as regras de boa administração seriam regras derivadas da ciência moral ou retiradas da experiência, cuja relevância jurídica seria uma decorrência da importância consignada, pelo ordenamento jurídico, ao princípio da boa administração. O desenvolvimento da atuação administrativa ocorreria assim conforme padrões preestabelecidos, resultado da experiência prática passada pelos agentes e órgãos[201].

Observa-se, contudo, que a Constituição da República Italiana de 1947[202] não versa expressamente sobre o princípio da boa administração, referindo apenas ao dever de bom andamento. De acordo com o seu art. 97, "i pubblici uffici sono organizzati secondo disposizioni di legge, in modo che siano assicurati il buon andamento e l'imparzialità dell'amministrazione"[203].

Como leciona Sabino Cassese, o princípio do bom andamento possui um alcance muito amplo, abrangendo tanto o dever de buscar a melhor realização do

---

(200) MELLO, Celso Antônio Bandeira de. *Curso de direito administrativo*. 26. ed. rev. e atual. São Paulo: Malheiros, 2009. p. 122.
(201) BASSI, Franco. *Lezioni di diritto amministrativo*. 8. ed. Milão: Giuffrè, 2008. p. 68-69.
(202) ITÁLIA. *Costituzione della repubblica Italiana*. Disponível em: <http://www.governo.it> Acesso em: 2.9.2011.
(203) "Os órgãos públicos são ordenados segundo disposições de lei, de modo que sejam assegurados o bom andamento e a imparcialidade da administração (tradução nossa)."

interesse público, considerando uma relação de coerência e congruência entre a atuação da Administração Pública e o fim a ser perseguido, quanto a tempestividade dos atos administrativos. Por outro lado, impõe também os deveres de economicidade (menor custo), eficácia e eficiência. É importante ressalvar que a eficiência administrativa seria aqui determinada pela razão entre resultados obtidos e quantidade de recursos utilizados, enquanto a eficácia, no entanto, representaria a capacidade de atingir concretamente as metas que tinha de antemão fixado[204].

Deste princípio do bom andamento, voltado inicialmente para a perspectiva do próprio Estado em sua atuação, na Itália se evoluiu ao princípio da boa administração, em função da defesa de direitos dos cidadãos quando em confronto com o Poder Público, alcançando diversas outras garantias constitucionais ou legais, tais como o direito de acesso à Administração e ser ouvido, o direito à motivação das decisões administrativas e o direito de apresentar defesa perante um juiz. Possui relação ainda com a imparcialidade, a razoabilidade, a equidade, a objetividade, a coerência, a proporcionalidade e a ausência de discriminação[205].

De acordo com a Corte Constitucional italiana, a determinação do art. 97 foi considerada, pela Assembleia Constituinte, como condição para garantir o sucesso e a equidade da administração, reconhecendo os meios para conseguir uma distribuição racional, estável e predeterminada de tarefas, no interesse do serviço, além de garantir ao cidadão, em caso de conflito com a Administração Pública, a ciência do órgão responsável, de seus poderes e de sua responsabilidade[206].

Ademais, o princípio do bom andamento deve orientar a disciplina da organização e das atividades da Administração Pública, bem assim das suas relações com terceiros. Os correspondentes procedimentos devem ser adequados a perseguir a melhor realização do interesse público, desde que com respeito aos legítimos direitos e interesses das partes envolvidas com a atividade administrativa[207].

O princípio da eficiência administrativa, por seu turno, é explicado por uma série de regras, que vão desde a organização racional dos serviços até aquelas que asseguram o seu correto funcionamento, a regularidade e a continuidade da ação administrativa e dos serviços públicos, bem assim a que obriga os dirigentes a realizar verificações periódicas acerca do respeito aos princípios da imparcialidade, da

---

(204) CASSESE, Sabino. *Istituzioni di diritto amministrativo. Corso di diritto amministrativo*. 3. ed. Corso di diritto amministrativo. Milão: Giuffrè, 2009. v. 1, p. 13-14.
(205) CASSESE, Sabino. *Istituzioni di diritto amministrativo*..., cit., p. 14-15.
(206) ITÁLIA. *Corte costituzionale della Repubblica italiana*. Sentença n. 14/1962. Relator: Juiz Giuseppe Chiarelli. Roma, 7.3.1962. GU 12.3.1962. Disponível em: <http://www.cortecostituzionale.it> Acesso em: 2.9.2011.
(207) ITÁLIA. *Corte costituzionale della Repubblica italiana*. Sentença n. 40/1998. Relator: Juiz Cesare Mirabelli. Roma, 25.2.1998. GU 11.3.1998. Disponível em: <http://www.cortecostituzionale.it> Acesso em: 2.9.2011.

funcionalidade, da flexibilidade e da transparência e a prestar contas dos resultados em razão dos objetivos prefixados[208].

Vale registrar que, em 5 de março de 2009, foi publicada em solo italiano a Lei n. 15/2009, que versa, em seu art. 6º, sobre produtividade, transparência e eficiência da Administração Pública, estabelecendo inclusive, entre diversos outros dispositivos, princípios e critérios para o bom exercício da gestão pública, tendo em vista uma melhoria na organização do trabalho e progressiva qualidade dos serviços prestados ao público, utilizando critérios de gestão e avaliação próprios do setor privado, para alcançar níveis adequados de produtividade do trabalho e promover o reconhecimento público dos méritos e deméritos[209].

4.4.2. Boa administração na Comunidade Europeia

No âmbito da Comunidade Europeia, o princípio da boa administração conta com razoável disciplina, o que vincula e serve de parâmetro aos Estados-membros.

Foi editado, em 13 de setembro de 2000, o código de boa conduta administrativa para o pessoal da comissão europeia nas suas relações com o público, no qual foram consignados, em seu item 1, os princípios gerais de boa administração:

a) Legalidade, pela conformação da atuação com o Direito e aplicação das regras e procedimentos previstos na legislação comunitária.

b) Não discriminação e igualdade de tratamento dos administrados, independentemente da sua nacionalidade, sexo, origem racial ou étnica, religião ou crença, deficiência, idade ou orientação sexual.

c) Proporcionalidade, em relação aos objetivos que se pretende atingir e para que não haja imposição de encargos administrativos ou orçamentais desproporcionados em relação aos benefícios esperados.

d) Coerência, em relação à sua conduta administrativa habitual.[210]

Mais adiante, em 18 de dezembro de 2000, o Parlamento Europeu, o Conselho da União Europeia e a Comissão Europeia proclamaram a Carta dos Direitos Fundamentais da União Europeia (Carta de Nice), que prescreveu, no art. 41, o direito a uma boa administração.

Ficou assim consignado que todas as pessoas passaram a ter direito a que os seus assuntos sejam tratados pelas instituições e órgãos da União Europeia de forma

---

(208) ITÁLIA. *Corte costituzionale della Repubblica italiana*. Sentença n. 104/2007. Relator: Juiz Sabino Cassese. Roma, 19.3.2007. GU 28.3.2007. Disponível em: <http://www.cortecostituzionale.it> Acesso em: 2.9.2011.
(209) ITÁLIA. *Legge 4 marzo 2009, n. 15*. Disponível em: <http://www.camera.it> Acesso em: 2.9.2011.
(210) COMUNIDADE EUROPEIA. *Código de boa conduta administrativa*: relações com o público. Disponível em: <http://ec.europa.eu> Acesso em: 2.9.2011.

imparcial, equitativa e num prazo razoável. Assim, qualquer pessoa deve ser ouvida antes de ser tomada qualquer medida individual que a afetasse desfavoravelmente. Também deve ter acesso aos processos que se lhe refiram, com respeito aos legítimos interesses da confidencialidade e do segredo profissional e comercial. Tem direito a decisões fundamentadas por parte da Administração, bem assim ao ressarcimento, por parte da Comunidade, pelos danos causados pelas suas instituições ou pelos seus agentes no exercício das respectivas funções, de acordo com os princípios gerais comuns às legislações dos Estados-Membros[211].

4.4.3. Eficiência administrativa nas constituições de outros países

Algumas das cartas constitucionais mais recentes demonstram especial atenção às garantias de uma prestação eficiente dos serviços públicos, seja pela perspectiva da Administração Pública em si mesma, seja pelo enfoque do atuar dos servidores públicos.

A Constituição alemã de 1949, em sua seção destinada à contabilidade financeira, apesar de não se referir propriamente à eficiência (*Effizienz*), trata da economicidade (*Wirtschaftlichkeit*) da gestão orçamentária e econômica, disciplinando que esta deverá ser fiscalizada e controlada pelo Tribunal Federal de Contas (art. 114, 2)[212].

Nos termos da Constituição da Nação Argentina de 1994, os consumidores e usuários de bens e serviços têm direito, na relação de consumo, à proteção à saúde, à segurança e aos interesses econômicos, à informação adequada e veraz, à liberdade de escolha e a condições de trato equitativo e digno, sendo que, para tanto, a Administração Pública proverá a proteção à qualidade e à eficiência dos serviços públicos (art. 42)[213].

A Constituição da República Popular da China de 1982, dentro da perspectiva de um Estado socialista e consequentemente da propriedade pública dos meios de produção, prescreve que, em todos os órgãos do Estado são aplicados o princípio de uma administração simples e eficiente, o sistema de responsabilidade pelo trabalho e a formação de funcionários de modo a avaliarem o seu trabalho com vista à melhoria regular da qualidade e da eficiência administrativa e ao combate à burocracia. Na mesma linha, disciplina ainda que órgãos e servidores públicos devem confiar no apoio do povo, mantendo-se em contato com ele, acolhendo

---

(211) COMUNIDADE EUROPEIA. *Carta dos direitos fundamentais da União Europeia*. Disponível em: < http://www.europarl.europa.eu> Acesso em: 2.9.2011.
(212) ALEMANHA. *Grundgesetz für die Bundesrepublik Deutschland*. Disponível em: <http://www.bundestag.de> Acesso em: 2.9.2011.
(213) ARGENTINA. *Constitucion de la Nacion Argentina*. Disponível em: <www.argentina.gov.ar> Acesso em: 2.9.2011.

suas sugestões e opiniões, aceitando o seu controle e trabalhando esforçadamente para servi-lo (art. 27)[214].

Na Colômbia, a Constituição Política de 1991 erige a eficiência administrativa, entre outros, como critério para o controle financeiro, de gestão e de resultados do Estado, a cargo da Controladoria Geral da República (art. 267). Ademais, prevê que o descumprimento dos requisitos de eficiência ensejará a venda ou a liquidação dos monopólios do Estado e outorgará a terceiros o desempenho de suas atividades (art. 336). Indica ainda que o princípio da eficiência administrativa conforma os serviços de previdência social (art. 48), saúde e saneamento ambiental (art. 49) e o sistema tributário (art. 363). Por fim, estabelece que a eficiência administrativa de cada entidade territorial é critério para distribuição do gasto social (art. 350), das receitas fiscais (art. 356) e receitas correntes da nação (art. 357)[215].

A Constituição espanhola de 1978, por seu turno, no âmbito da disciplina tributária, fixa os critérios de eficiência e economia como parâmetros para programação e execução do gasto público, a partir de uma repartição equitativa dos recursos públicos (art. 31.2)[216].

A Constituição Política dos Estados Unidos Mexicanos de 1917 estabelece que o princípio da eficiência regulará a atuação das instituições policiais responsáveis pela segurança pública (art. 21). Por outro lado, os atos ou omissões que afetem a eficiência que deva ser observada no desempenho de sua função ensejarão sanções administrativas aos servidores públicos, inclusive de caráter pecuniário, de acordo com os benefícios pessoais obtidos e os danos e prejuízos patrimoniais causados (arts. 109 e 113). Por fim, fixa que os recursos estatais serão administrados de forma eficiente, eficaz e proba para cumprir os objetivos a que se destinam (art. 134)[217].

Em Portugal, a Constituição da República de 1976 disciplina que incumbe prioritariamente ao Estado, em âmbito econômico e social, assegurar a plena utilização das forças produtivas, designadamente zelando pela eficiência do setor público (art. 81, c). Ordena ainda que, nas instituições de saúde públicas e privadas, devem ser assegurados adequados padrões de eficiência e de qualidade, por intermédio da disciplina e da fiscalização pelo Estado das formas empresariais e privadas da medicina, articuladas com o serviço nacional de saúde (art. 64, 3, d). Pela Carta, deve ser evitada a burocratização da Administração Pública, aproximando os serviços da população e assegurando a participação dos interessados na sua gestão efetiva. O processamento da atividade administrativa será objeto de lei

---

(214) CHINA. *Constituição da República Popular da China*. Disponível em: <http://bo.io.gov.mo> Acesso em: 2.9.2011.
(215) COLÔMBIA. *Constitucion Politica de Colombia*. Disponível em: <http://www.banrep.gov.co> Acesso em: 2.9.2011.
(216) ESPANHA. *Constitución española*. Disponível em: <http://www.congreso.es> Acesso em: 2.9.2011.
(217) MÉXICO. *Constitución Política de los Estados Unidos Mexicanos*. Disponível em: <http://www.diputados.gob.mx> Acesso em: 2.9.2011.

especial, que assegurará a racionalização dos meios a utilizar pelos serviços e a participação dos cidadãos na formação das decisões ou deliberações que lhes disserem respeito (art. 267)[218].

A Constituição da República do Uruguai de 1967 prevê a criação do serviço civil da Administração Central, dos entes autônomos e serviços descentralizados que deverão se pautar por uma gestão eficiente (art. 60). Prescreve também que, quando a jurisdição administrativa declarar a nulidade de ato administrativo impugnado por causar lesão a um direito subjetivo do demandante, tal decisão produzirá efeito apenas no processo, ao passo que, quando a nulidade do ato ocorrer no interesse da lei ou da boa administração, a decisão produzirá efeitos gerais e absolutos (art. 311)[219].

Pode ser observado, porém, que Constituições importantes para a democracia ocidental, como, a francesa de 1958[220] e a norte-americana do século XVIII[221], sequer fazem menção ao princípio da eficiência administrativa.

4.5. ELEMENTOS PARA CONCEITUAÇÃO DO PRINCÍPIO DA EFICIÊNCIA ADMINISTRATIVA

Não há uniformidade de entendimento quanto à delimitação do conceito do princípio da eficiência administrativa, conquanto seja possível observar nas diversas concepções alguns elementos de convergência.

Consoante leciona Fernando Leal, caracterizada sob o enfoque econômico, a visão mais tradicional promove a sua identificação com a economicidade, vale dizer, melhores combinação de meios e distribuição de recursos que conduzem ao melhor resultado. Segundo o ângulo da práxis jurídica, porém, é alcançada pela maior satisfação das necessidades em função do peso racionalmente atribuído pelo agente aos diversos bens pretendidos. A rigor, não se trata aqui propriamente de eficiência, mas sim do conceito econômico de maximização ou do conceito administrativo de eficácia. Eficiente poderia ser, conforme a concepção que seja adotada, tanto o resultado que se encontra além de determinado patamar de qualidade na direção do fim almejado, quanto o atingir do fim ao máximo. Sob o enfoque jurídico, entretanto, a eficiência transcende à economicidade. Não é

---

(218) PORTUGAL. *Constituição da República portuguesa*. Disponível em: <http://www.parlamento.pt> Acesso em: 2.9.2011
(219) URUGUAI. *Constitución de la República*. Disponível em: <http://www.parlamento.gub.uy> Acesso em: 2.9.2011.
(220) FRANÇA. *Constitution de la République française*. Disponível em: < http://www.legifrance.gouv.fr> Acesso em: 2.9.2011.
(221) ESTADOS UNIDOS. *The Constitution of the United States*. Disponível em: <http://www.usconstitution.net> Acesso em: 2.9.2011.

suficiente ter em consideração somente os custos, mas sempre as finalidades e o atendimento de requisitos materiais mínimos[222].

A qualificação da eficiência como princípio estaria vinculada à diferenciação entre fins internos e externos. Não estaria, portanto, no mesmo nível dos princípios da legalidade ou da publicidade, mas junto ao dever de moralidade, orientando qualquer conduta da Administração Pública que vise ao alcance de finalidades públicas: uma consideração da metafinalidade com as subfinalidades. Trata-se, portanto, de um princípio destinado a um amplo estado de coisas que, por seu turno, abrange outros mais restritos. Para além de um princípio, contudo, o dever de eficiência pode ser visualizado como um instrumento de estruturação de como a atuação da Administração Pública deve alcançar suas finalidades[223].

Humberto Ávila destaca que, sob o ângulo da eficiência administrativa, a escolha do meio que proporcione o menor dispêndio financeiro não pode implicar necessariamente a opção menos custosa. Ao contrário, havendo alternativas, embora mais custosas, que apresentem outras vantagens, a menos custosa somente deve ser adotada se as vantagens das demais não superarem o benefício financeiro desta. O menor custo é somente, portanto, um dos diversos elementos em consideração, não havendo dever absoluto de escolha pelo meio que lhe corresponda, pois a medida pode até ser menos dispendiosa e ainda assim menos eficiente. Em verdade, a escolha apenas deve recair sobre o meio menos dispendioso quando se mantiverem inalteradas, em relação a todos os meios disponíveis, tanto a restrição de direitos dos administrados quanto o grau de realização dos fins administrativos[224].

Segundo Diogo de Figueiredo Moreira Neto, por seu turno, a eficiência administrativa não pode mais ser entendida contemporaneamente no seu conceito econômico, como mero incremento da produção de bens e serviços, com a redução de insumos e aumento de lucros. Pelo contrário, precisa ser reconhecida por uma percepção mais ampla, como uma eficiência socioeconômica, vale dizer, um complexo de resultados em prol da sociedade. Trata-se de produzir, da forma mais célere possível, bens e serviços de melhor qualidade e na maior quantidade possíveis, a partir dos menores custos para a sociedade[225].

No conjunto de novas perspectivas oriundas da pós-modernidade, a eficiência é verdadeiro desafio a ser pela Administração Pública superado, em prol da busca

---

(222) LEAL, Fernando. Propostas para uma abordagem teórico-metodológica do dever constitucional de eficiência. *Revista Eletrônica de Direito Administrativo Econômico (REDAE)*, Salvador: Instituto Brasileiro de Direito Público, n. 15, ago./set./out. 2008. Disponível em: <http://www.direitodo estado.com.br/redae.asp> Acesso em: 15.9.2010. p. 4-5.
(223) LEAL, Fernando. Propostas para uma abordagem teórico-metodológica do dever constitucional de eficiência..., cit., p. 11-12.
(224) ÁVILA, Humberto. Moralidade, razoabilidade e eficiência na atividade administrativa..., cit., p. 20-21.
(225) MOREIRA NETO, Diogo de Figueiredo. *Quatro paradigmas do direito administrativo pós-moderno*: legitimidade, finalidade, eficiência, resultados. Belo Horizonte: Fórum, 2008. p. 103.

pela mais razoável e a menos conflituosa orientação científica, sem simpatias políticas ou emocionais, mas apenas pautada pela preservação da liberdade e pela realização dos direitos fundamentais, tendo em mira o desenvolvimento econômico e social[226].

Odete Medauar defende que:

> o vocábulo liga-se à ideia de ação, para produzir resultado de modo rápido e preciso. Associado à Administração Pública, o princípio da eficiência determina que a Administração deve agir, de modo rápido e preciso, para produzir resultados que satisfaçam as necessidades da população. Eficiência contrapõe-se a lentidão, a descaso, a negligência, a omissão — características habituais da Administração Pública, com raras exceções.[227]

Na concepção de Manoel Jorge e Silva Neto, entretanto, a partir dos estudos de Epicuro na antiguidade, há uma ligação entre os princípios da eficiência e da economicidade, salientando que este último seria uma decorrência do pensamento hedonista na conduta administrativa, uma vez que

> o hedonismo produz reflexos no contexto da atuação da Administração Pública, pois ao cometer ao ser humano a tarefa de prover as suas necessidades com a menor quantidade possível de esforço e sacrifício, impinge-a a realizar o máximo em termos de consecução do interesse público com o mínimo de dispêndio de tempo e de recursos, razão pela qual se vê conduzida pelo princípio da economicidade, que outra coisa não é que o pensamento hedonista transportado para o atuar administrativo.[228]

Para Fernanda Marinela, a eficiência administrativa requer presteza, perfeição e rendimento funcional do desempenho da atividade administrativa, que deve buscar resultados práticos de produtividade e de economicidade. Em consequência, haverá redução de desperdício do dinheiro público e rendimentos típicos da iniciativa privada, sendo que, no setor público, o benefício é direcionado ao interesse comum. Quanto aos serviços públicos, o princípio impõe o aperfeiçoamento em sua prestação, que deve ser eficiente, seja em relação aos meios para implementar, seja quanto aos resultados obtidos[229].

---

(226) MOREIRA NETO, Diogo de Figueiredo. *Quatro paradigmas do direito administrativo pós-moderno...*, cit., p. 121-122.
(227) MEDAUAR, Odete. *Direito administrativo moderno*. 12. ed. rev. e atual. São Paulo: Revista dos Tribunais, 2008. p. 145.
(228) SILVA NETO, Manoel Jorge e. *Curso de direito constitucional*. 3. ed. Rio de Janeiro: Lumen Juris, 2008. p. 441.
(229) SANTOS, Fernanda Marinela de Souza. *Direito administrativo*. 2. ed. rev. e atual. Salvador: Juspodivm, 2006. p. 45.

Conforme informa Dirley da Cunha Júnior,

> a atividade administrativa deve ser desempenhada de forma rápida, para atingir os seus propósitos com celeridade e dinâmica, de modo a afastar qualquer ideia de burocracia. Deve ser, outrossim, perfeita, no sentido de satisfatória e completa. Uma Administração morosa e deficiente se compromete perante o administrado com o dever de indenização pelos danos causados e decorrentes da falta de rapidez e perfeição. Ademais, é preciso ser rentável, pois ela deve atuar da forma menos onerosa possível, porém com a máxima produtividade, para alcançar resultados ótimos.[230]

A Administração Pública, consoante explica Onofre Alves Batista Júnior, encontra-se vinculada à busca pelo bem comum e à necessidade de assegurar a dignidade humana aos cidadãos, motivo pelo qual deve fomentar o arranjo otimizado de interesses públicos envolvidos no caso concreto, atuando de forma eficiente nas prestações estatais que garantam condições mínimas de existência digna[231].

Hely Lopes Meirelles identifica que a eficiência administrativa corresponde ao mais moderno princípio do direito administrativo, pois não apenas se conforma com a legalidade, como igualmente busca resultados positivos para o serviço público e satisfatórios no atendimento das necessidades coletivas. Para ele,

> a eficiência funcional é, pois, considerada em sentido amplo, abrangendo não só a produtividade do exercente do cargo ou da função, como a perfeição do trabalho e a sua adequação técnica aos fins visados pela Administração, para o que se avaliam os resultados, confrontam-se os desempenhos, a aperfeiçoa-se o pessoal através de seleção e treinamento. Assim, a verificação da eficiência atinge os aspectos quantitativo e qualitativo do serviço, para aquilatar do seu rendimento efetivo, do seu custo operacional, e da sua real utilidade para os administrados e para a Administração. Tal controle desenvolve-se, portanto, na tríplice linha administrativa, econômica e técnica.[232]

De acordo com Diógenes Gasparini, a eficiência da conduta administrativa deve ser alcançada, ao se considerar que:

> as atribuições devem ser executadas com perfeição, valendo-se das técnicas e conhecimentos necessários a tornar a execução a melhor possível, evitando sua repetição e reclamos por parte dos administrados.

---

(230) CUNHA JÚNIOR, Dirley da. *Curso de direito administrativo*. 8. ed. rev. ampl. e atual. Salvador: Juspodivm, 2009. p. 44.
(231) BATISTA JÚNIOR, Onofre Alves. *Princípio constitucional da eficiência administrativa*. Belo Horizonte: Mandamentos, 2004. p. 129-130.
(232) MEIRELLES, Hely Lopes. *Direito administrativo brasileiro*. 26. ed. Atualizada por Eurico de Andrade Azevedo, Délcio Balestero Aleixo e José Emmanuel Burle Filho. São Paulo: Malheiros, 2001. p. 90-91.

Ademais, a realização cuidadosa das atribuições evita desperdício de tempo e de dinheiro públicos, tão necessários na época atual. Por fim, tais competências devem ser praticadas com rendimento, isto é, com resultados positivos para o serviço público e satisfatórios para o interesse da coletividade. Resultados positivos não significam lucros, embora, em alguns casos, possam existir. Deve-se com esse desempenho, rápido e perfeito, atingir um maior número de beneficiados. Procura-se maximizar os resultados em toda e qualquer intervenção da alçada da Administração Pública. Qualquer ação ou decisão deve ter essa preocupação. evitando-se as que não têm ou que não atendam a esse princípio. É, pois, a relação custo-benefício que deve presidir todas as ações públicas.[233]

Para fins de fixação de uma definição conceitual e de seus limites, Egon Bockmann Moreira defende que pode ser entendido que o princípio da eficiência apresenta como atributos:

> a) Estrita vinculação aos demais princípios constitucionais da Administração Pública, servindo assim de máxima instrumental para o alcance das demais previsões constitucionais.
>
> b) Direcionamento à maximização do respeito à dignidade humana, considerando que as finalidades da lei devem sempre ter em vista qualidades humanas e sociais positivas.
>
> c) Atuação como diretriz de controle interno da Administração Pública, enquanto modo de avaliação do desempenho funcional dos servidores públicos.
>
> d) Conformação ao controle de metas previamente estabelecidas em âmbito normativo (legal, regulamentar ou contratual), significando o dever de desenvolver, verificar e fiscalizar a atividade administrativa pública.[234]

Alexandre de Moraes, por fim, aponta uma série de características que entende próprias ao princípio da eficiência:

> a) Direcionamento da atividade e dos serviços à efetividade do bem comum, pois o objetivo fundamental da República Federativa do Brasil de promover o bem de todos deve servir como vetor de interpretação à Administração Pública, seja na produção de leis e atos normativos, seja na aplicação da norma.

---

(233) GASPARINI, Diógenes. *Direito administrativo*. 8. ed. rev. e atual. São Paulo: Saraiva, 2003. p. 20.
(234) MOREIRA, Egon Bockmann. *Processo administrativo*: princípios constitucionais e a Lei n. 9.784/1999. 4. ed. atual. rev. e aum. São Paulo: Malheiros, 2010. p. 204-208.

b) Imparcialidade, com base na lição de Maria Teresa de Melo Ribeiro, como garantia da exclusão de finalidades alheias ao interesse público e de interferências exteriores indevidas na atuação da Administração Pública, especialmente no que tange ao procedimento administrativo.

c) Neutralidade, de acordo com João Baptista Machado, não no sentido de abstenção, mas como isenção na valoração de todos os interesses em conflito, fazendo prevalecer o ideal de justiça e fixando regras justas.

d) Transparência, estabelecendo condutas positivas contra a corrupção e o tráfico de influência, bem assim afastando o favorecimento e a discriminação.

e) Participação e aproximação dos serviços públicos da população, garantindo-se a participação do usuário na Administração Pública, a partir de um desdobramento do princípio da soberania popular.

f) Eficácia, tanto em termos materiais, no adimplemento das competências ordinárias e na execução e no cumprimento dos objetivos próprios da Administração Pública; quanto em termos formais, no âmbito do procedimento administrativo com a obrigatoriedade de impulso e resposta do ente público em relação ao peticionar dos administrados.

g) Desburocratização, evitando-se, conforme José Joaquim Gomes Canotilho, a rotina e a demora na resolução dos conflitos.

h) Busca pela qualidade, com a otimização dos resultados e tendência à condição de melhoria permanente, seja pelo treinamento e desenvolvimento do serviço público, seja pelo seu reaparelhamento e racionalização.[235]

Ao final, como síntese, conceitua este último autor que:

> princípio da eficiência é o que impõe à administração pública direta e indireta e a seus agentes a persecução do bem comum, por meio do exercício de suas competências de forma imparcial, neutra, transparente, participativa, eficaz, sem burocracia e sempre em busca de qualidade, primando pela adoção dos critérios legais e morais necessários para a melhor utilização possível dos recursos públicos, de maneira a evitarem-se desperdícios e garantir-se maior rentabilidade social. Note-se que não se trata da consagração da tecnocracia, mas, muito pelo contrário, o princípio da eficiência dirige-se para a razão e fim maior do Estado, a prestação dos serviços sociais essenciais à população, visando à adoção

---

(235) MORAES, Alexandre de. Constitucionalização do direito e princípio da eficiência. In: FIGUEIREDO, Carlos Maurício; NÓBREGA, Marcos (orgs.). *Administração pública*: direito administrativo, financeiro e gestão pública: prática, inovações e polêmicas. São Paulo: Revista dos Tribunais, 2002. p. 32-36.

de todos os meios legais e morais possíveis para satisfação do bem comum.[236]

Em suma, as normas nacionais e estrangeiras que tratam da matéria e os diferentes conceitos propostos pela doutrina parecem apontar — como característica comum — a um imperativo de maximização da funcionalidade da Administração Pública, ou seja, potencializar a sua atuação no sentido da consecução do interesse público e salvaguarda dos direitos dos cidadãos.

Trata-se de um compromisso permanente e obrigatório do agente público, em qualquer de suas atribuições, contra a má utilização e o desperdício de tempo e recursos materiais e humanos. É o direcionamento da gestão pública à consecução da boa administração em todos os seus aspectos práticos. Agir de forma eficiente no setor público significa assim empregar não mais que os procedimentos, as medidas e os recursos suficientes e estritamente necessários ao tempestivo e perfeito alcance da finalidade pública almejada em cada hipótese concreta.

O princípio da eficiência administrativa pode ser então aqui conceituado como aquele que *direciona a Administração Pública a potencializar, na melhor medida possível de acordo com as circunstâncias fáticas e jurídicas, os meios idôneos a obter a solução ótima à consecução do interesse público e a concretização de direitos fundamentais.*

4.6. Eficiência administrativa como postulado normativo aplicativo

Há quem entenda que a norma constitucional que enuncia a eficiência administrativa sequer seria rigorosamente um princípio, mas um "postulado normativo aplicativo", vale dizer, uma norma instrumental que estabeleceria a estrutura de aplicação para outras normas.

Humberto Ávila sustenta uma espécie de relação entre proporcionalidade (em sentido lato) e eficiência, dois postulados normativos aplicativos. Para ele, no exame da adequação, a Administração Pública teria o dever de comparar os meios disponíveis em termos quantitativos (qual promove mais o fim), qualitativos (qual promove melhor o fim) ou probabilísticos (qual promove com mais certeza o fim), mas não seria necessário escolher o meio mais intenso, melhor ou mais seguro, e sim apenas aquele que promovesse minimamente o fim[237].

Diferentemente da observância da simples adequação do meio, o dever de eficiência corresponderia à exigência mínima de promoção dos fins atribuídos à Administração Pública, razão pela qual a esta seria vedada somente a escolha de

---
(236) MORAES, Alexandre de. Constitucionalização do direito e princípio da eficiência..., cit., p. 37.
(237) ÁVILA, Humberto. Moralidade, razoabilidade e eficiência na atividade administrativa..., cit., p. 21-23.

meios que não promovesse os fins de forma satisfatória em termos quantitativos, qualitativos e probabilísticos. Para além da mera adequação dos meios aos fins, seria exigida do administrador, pela eficiência, a promoção minimamente intensa e certa do fim[238].

Conforme Virgílio Afonso da Silva, no entanto, a proporcionalidade tem "a estrutura de uma regra, porque impõe um dever definitivo: se for o caso de aplicá-la, essa aplicação não está sujeita a condicionantes fáticas e jurídicas do caso concreto. Sua aplicação é, portanto, feita no todo"[239]. Não é essa, contudo, a mesma natureza da norma que disciplina a eficiência administrativa, que, pelo contrário, exige que o seu valor substancial seja realizado na maior medida possível diante das possibilidades fáticas e jurídicas.

Entender diversamente implicaria esvaziar o próprio conteúdo do princípio da eficiência, na medida em que, ao praticamente se confundir com a máxima da adequação em caráter complementar, sua finalidade de perseguir uma maximização de resultados da gestão administrativa reduzir-se-ia, pelo contrário, à salvaguarda de um mínimo, aqui correspondente ao meramente satisfatório.

Conforme as circunstâncias que se apure caso a caso, em cotejo com os demais princípios que atendem a uma perspectiva mais ampla de juridicidade ao qual a Administração Pública está submetida, o princípio da eficiência pode ser concretizado em maior ou menor medida. O que o Estado Democrático de Direito verdadeiramente condiciona é que a Administração Pública fomente a potencialização, da melhor forma possível, de meios idôneos a obter a solução ótima à consecução do interesse público.

Enquanto uma atuação administrativa simplesmente é ou não proporcional em termos estritamente binários, o princípio da eficiência determina que a Administração Pública identifique a solução ótima a atender ao caso concreto, que empreste eficiência no maior grau possível neste processo.

4.7. SINDICABILIDADE DA CONDUTA EFICIENTE

A eficiência administrativa é um conceito indeterminado.

Os conceitos indeterminados, cuja utilização em caráter bem mais abrangente é uma marca característica do pós-positivismo jurídico[240], correspondem basicamente a expressões constantes da norma cujos valores semânticos são vagos ou imprecisos. Embora, sob os influxos desta nova concepção, estejam cada vez

---

(238) ÁVILA, Humberto. Moralidade, razoabilidade e eficiência na atividade administrativa..., cit., p. 23-24.
(239) SILVA, Virgílio Afonso da. *Direitos fundamentais*: conteúdo essencial, restrições e eficácia. São Paulo: Malheiros, 2009. p. 168.
(240) Seção 2.4.

mais presentes no âmbito das regras, os conceitos indeterminados apresentam residência habitual em sede dos princípios, espécies normativas estas diretamente relacionadas a valores cuja fluidez de conteúdo é fator determinante.

Destaque-se que o recurso a conceitos indeterminados é técnica legislativa motivada tanto pela conveniência de permitir a constante atualização valorativa do conteúdo normativo, quanto pela impossibilidade concreta de prever em abstrato a multiplicidade de efeitos concretos em pormenores. O legislador delega e posterga ao agente público a tarefa de preencher de conteúdo determinado conceito, de modo a tornar a norma a mais adequada possível aos valores e aos fatos de cada momento, trazendo com isso maior correção por ocasião da aplicação do Direito.

A expressão "eficiência", em si mesma, não remete o seu aplicador a limites precisos de interpretação em torno do que seja exatamente uma conduta eficiente ou mesmo quais as medidas ou os parâmetros que tornem possível aferir tal característica ou um grau desta.

Diante desta fluidez conceitual se torna necessário investigar se é possível a sindicabilidade do atuar eficiente e se este implica exercício discricionário das atribuições administrativas, o que pressupõe, por seu turno, uma análise da relação entre conceitos indeterminados e discricionariedade.

4.7.1. Revisita à relação entre conceitos indeterminados e discricionariedade

Conforme anota António Francisco de Sousa, a doutrina dos conceitos indeterminados surgiu nos países germânicos no século XIX, juntamente com a discussão em torno de se saber se estes seriam ou não passíveis de controle pelos tribunais administrativos[241]. A partir daí, foram propostas as teorias da multivalência e da univalência do suposto fático, que reverberam ao final na possibilidade ou não de exercício de poder discricionário para preencher o conteúdo de tais conceitos.

4.7.1.1. Teoria da multivalência do suposto fático

Na doutrina, há quem entenda que o exercício do poder discricionário é decorrência necessária do trabalho interpretativo com o conceito indeterminado, sob o fundamento de que o suposto fático da norma que o contenha admite várias soluções corretas, em detrimento logicamente da possibilidade de controle. Haveria, portanto, vinculação conceitual entre os dois fenômenos, que, ao final, representariam dois enfoques de uma mesma e única figura jurídica.

---

(241) SOUSA, António Francisco de. *Op. cit.*, p. 34.

A primeira manifestação da teoria da multivalência, segundo relata António Francisco de Sousa, surgiu com Bernatzik na Áustria de 1886, quando propôs que certos conceitos indeterminados apenas poderiam ser preenchidos a partir de um complexo processo de interpretação em cadeia, que denominava de "discricionariedade técnica". Não existindo, para este último autor, critérios seguros de interpretação e de controle deste processo, a saída seria considerar que os conceitos indeterminados atribuiriam discricionariedade à autoridade administrativa[242].

Conquanto não tenha sido tese predominante nos países germânicos, na Alemanha do pós-Guerra a teoria da multivalência teve seus seguidores e foi defendida principalmente por Ernst Forsthoff, que situou os conceitos de valor em contraponto aos controles empíricos. Enquanto estes reclamariam uma simples operação lógica para fixar o seu real conteúdo, os conceitos de valor, pelo contrário, demandariam uma conduta de eleição no quadro de uma realização de valores, o que justificaria assim a discricionariedade[243].

Em solo brasileiro, argumenta Celso Antônio Bandeira de Mello que os conceitos dos quais faz uso a lei, ou dizem respeito ao mundo da natureza, ou, pelo contrário, ao da cultura, da causalidade ou do valor. Aqueles primeiros, porquanto determináveis no plano das ciências que se embasam no valor teorético da verdade, são unissignificativos. Quanto aos conceitos atinentes ao mundo da razão prática e da sensibilidade, são plurissignificativos, se ressentindo de certa fluidez e de alguma incerteza. Como a norma não pode se furtar a manipular conceitos destas duas ordens, ora traz em si delimitações rigorosas e objetivas, ora abriga em seu bojo a indeterminação e a fluidez dos conceitos práticos. A discricionariedade assistiria precisamente neste último campo; enquanto a vinculação, ao primeiro[244]. Segundo este autor, "a discrição administrativa pode residir na hipótese da norma, no caso da ausência de indicação explícita do pressuposto de fato, ou no caso de o pressuposto de fato ter sido descrito através de palavras que recobrem conceitos vagos, fluidos ou imprecisos"[245].

Por sua vez, José Eduardo Martins Cardozo afirma que, embora os conceitos indeterminados não gerem necessária e ordinariamente um poder discricionário em todos os casos, remanesceria ainda tal possibilidade, pois "muitas vezes, em decorrência de sua exegese, a norma indicará vários sentidos possíveis, aceitáveis, razoáveis que somente poderão ser objeto de uma escolha a partir de uma valoração notoriamente subjetiva e pessoal do seu aplicador"[246].

---

(242) SOUSA, António Francisco de. *Op. cit.*, p. 34-35.
(243) SOUSA, António Francisco de. *Op. cit.*, p. 41-42.
(244) MELLO, Celso Antônio Bandeira de. *Curso de direito administrativo*. 26. ed. rev. e atual. São Paulo: Malheiros, 2009. p. 956.
(245) MELLO, Celso Antônio Bandeira de. *Discricionariedade e controle jurisdicional*. 2. ed. São Paulo: Malheiros, 1993. p. 20.
(246) CARDOZO, José Eduardo Martins. A discricionariedade e o estado de direito. In: GARCIA, Emerson (org.). *Discricionariedade administrativa*. Rio de Janeiro: Lumen Juris, 2005. p. 74.

José dos Santos Carvalho Filho, por seu turno, ainda que declare o propósito de não contestar a tese da única solução, pondera que esta deve ser apreciada em termos, pois, em muitos casos, justamente em razão da zona de incerteza oriunda da própria natureza destes conceitos, não haveria elementos verdadeiramente precisos para se alcançar este tipo de resposta. Ademais, a própria ideia de solução justa já acarretaria em si certo grau de subjetividade, o que permitiria alguma margem de apreciação pelo agente público, conquanto tal não representasse o mero exercício de sua livre vontade. Assim, no processo de interpretação dos conceitos indeterminados, ainda que de forma mais limitada do que na discricionariedade, o aplicador teria que se valer de algum juízo valorativo visando à identificação do enquadramento da situação fática. Diante destas circunstâncias chega à conclusão de que não haveria precisão suficiente ao controle de legalidade pelo Poder Judiciário[247].

Gustavo Binenbojm recorda que, nos anos 1970, a doutrina alemã dos conceitos indeterminados encontrou forte reação, uma vez que o excesso de controle gerou um efeito reverso ao extremo, o que denominou de "indesejável judicialização da atividade administrativa", contrariando assim as noções de eficiência e especialização funcional, além de comprometer o sistema de separação dos poderes[248].

Os conceitos indeterminados apresentam zonas de certeza positiva e certeza negativa acerca dos fatos que se enquadram no enunciado, que tornam o controle judicial plenamente possível. Por outro lado, haveria ainda uma zona intermediária de penumbra entre as duas anteriores, local em que ficaria o cerne da indeterminação.

Para este autor, é justamente nesta zona de incerteza que residiria a margem de apreciação administrativa, que não poderia ser substituída pela apreciação do Poder Judiciário. Por outro lado, o parcial controle jurisdicional, no que se refere às duas zonas de certeza, seria demarcado pelos princípios constitucionais da Administração Pública e pelos princípios gerais do Direito[249].

Sendo assim, no controle da aplicação dos conceitos indeterminados, o juiz não verificaria se o resultado teria sido correto, mas exclusivamente se foi motivado e justificado, a partir das circunstâncias do caso concreto, mostrando-se sustentável[250].

Dentro da perspectiva de várias soluções corretas para a interpretação de um conceito indeterminado, seria possível uma gradação da intensidade do controle, nos seguintes termos:

---

(247) CARVALHO FILHO, José dos Santos. A discricionariedade: análise de seu delineamento jurídico. In: GARCIA, Emerson (org.). *Discricionariedade administrativa*. Rio de Janeiro: Lumen Juris, 2005. p. 30-31.
(248) BINENBOJM, Gustavo. *Op. cit.*, p. 216-217.
(249) BINENBOJM, Gustavo. *Op. cit.*, p. 222.
(250) BINENBOJM, Gustavo. *Op. cit.*, p. 224.

a) Quanto maior o grau de objetividade do enunciado do conceito indeterminado, mais intenso o grau de controle judicial, prestigiando os valores da legitimidade democrática, da segurança jurídica e da racionalidade sistêmica.

b) Quanto maior o grau de tecnicidade da matéria, menos intenso o grau de controle judicial, prestigiando os valores da especialização funcional e da eficiência.

c) Quanto maior o grau de politicidade da matéria, menos intenso o grau de controle judicial, prestigiando os valores da legitimidade democrática.

d) Quanto maior o grau de efetiva participação social, menos intenso o grau de controle judicial, prestigiando a legitimidade democrática.

e) Quanto maior o grau de restrição imposto a direitos fundamentais, mais intenso o grau de controle judicial.[251]

4.7.1.2. TEORIA DA UNIVALÊNCIA DO SUPOSTO FÁTICO

Há também quem entenda, porém, que o conceito indeterminado não acarreta exercício de poder discricionário, na medida em que o suposto fático da norma que contém aquele conceito apenas admite uma única solução correta para fixação de seu conteúdo, o que implica necessariamente vinculação da conduta do agente.

De acordo com António Francisco de Sousa, o contraponto marcante a Bernatzik foi, ainda em solo austríaco, representado por Friedrich Tezner. Para este último, qualquer conceito legal, ao qual fossem enquadrados fatos, poderia pressupor cadeias de pensamento altamente complexas, havendo apenas uma *diferença do grau de insegurança* da palavra entre os conceitos determinados e os indeterminados. Logo, não haveria por que excluir nenhum deles do controle jurisdicional[252].

Segundo Eduardo García de Enterria e Tomás-Ramón Fernández, os conceitos indeterminados não acarretam o exercício de poder discricionário. Quanto a estes, se a norma não lhes estipula com exatidão os limites, é justamente porque tais não admitem rigorosa quantificação ou determinação, sendo, porém, manifesto que estas hipóteses de realidade admitem ser determinadas no momento de sua aplicação. E, ao se referir efetivamente a hipóteses concretas, a aplicação de tais conceitos não admitirá mais que uma solução.

---

(251) BINENBOJM, Gustavo. *Op. cit.*, p. 239-240.
(252) SOUSA, António Francisco de. *Op. cit.*, p. 35.

Noutras palavras, "a indeterminação do enunciado não se traduz em uma indeterminação das aplicações do mesmo, as quais só permitem uma 'unidade de solução justa' em cada caso". Trata-se da aplicação da própria norma, pois, por intermédio de um processo intelectivo de compreensão, certas circunstâncias reais são subsumidas em uma categoria normativa, não obstante sua imprecisão de limites e sem a interferência da vontade pura e simples do aplicador. Pelo contrário, a conduta discricionária aceita uma pluralidade de soluções ou alternativas igualmente justas ou mesmo entre indiferentes jurídicos, na medida em que a correspondente decisão estaria fundada em critérios extrajurídicos (de oportunidade, econômicos, entre outros), remetidos ao julgamento subjetivo do agente público[253].

Em igual direcionamento pontua António Francisco de Sousa que, ao Poder Legislativo não é dado, com frequência, uma real possibilidade de escolha entre fazer uso de conceitos determinados ou indeterminados, na medida em que o recurso a estes últimos se mostra absolutamente necessário diante de determinadas circunstâncias. Logo, não se lhe afigura legítimo entender que o legislador tenha empregado um conceito indeterminado com o propósito de atribuir alguma margem de apreciação em favor do agente público, pois "não se podem extrair presunções de vontade, quando elas não existam". Sob o enfoque do Poder Público, não há, portanto, nenhum espaço de livre atuação no ambiente dos conceitos indeterminados, apenas sendo possível uma única decisão certa, embora, em sede de controle *a posteriori*, seja necessário aceitar como certa qualquer decisão *sustentável* em seus próprios fundamentos.

É que a natureza da conduta vinculada não se pode alterar apenas porque os fatores de decisão não são integralmente determinados. A tese da sustentabilidade, porém, apenas apresenta validade como instrumento à disposição do juiz para uma triagem das decisões ilegais. Não é suficiente, por si só, como critério definitivo de controle, uma vez que muitas serão as decisões sustentáveis, enquanto a decisão correta será apenas uma, motivo pelo qual será imperioso que o juiz se valha de critérios adicionais[254].

Por seu turno, Rita Tourinho destaca que os conceitos indeterminados versam sobre valor (boa-fé, probidade, justo preço) ou experiência (premeditação, força irresistível), os quais dependem de exercício interpretativo para definição do sentido. Ainda que variável no tempo e no espaço, este sentido será alcançado a partir de um *entendimento consensual* na sociedade, o que representa uma única solução para o caso concreto[255].

---

[253] ENTERRIA, Eduardo García de; FERNÁNDEZ, Tomás-Ramón. *Curso de direito administrativo*. Traduzido por Arnaldo Setti. São Paulo: Revista dos Tribunais, 1990. p. 393-394. Tradução de Curso de derecho administrativo.
[254] SOUSA, António Francisco de. *Op. cit.*, p. 57-59.
[255] TOURINHO, Rita. A principiologia jurídica e o controle jurisdicional da discricionariedade administrativa. In: GARCIA, Emerson (coord.). *Discricionariedade administrativa*. Rio de Janeiro: Lumen Juris, 2005. p. 105.

Celso Luiz Braga de Castro concorda que não há atrelamento entre os conceitos indeterminados e a discricionariedade administrativa. Para ele, a indeterminação de conceitos não confere amplitude de ação ao agente público, mas apenas *postura de interpretação*. Enquanto isso, a discricionariedade apenas ocorrerá à medida que a lei a estabeleça, não como forma de conferir liberdade, mas como meio de avaliar contemporaneamente a conduta mais adequada aos fatos.

Recorre a dois exemplos no Direito brasileiro para demonstrar a tese da independência entre estes fenômenos jurídicos: por um lado, na hipótese de nomeação dos dois juízes de direito integrantes do Tribunal Regional Eleitoral[256], o conceito de juiz de direito é determinado, mas a escolha é discricionária; por outro lado, na hipótese da inimputabilidade na seara penal[257], diferentemente, o conceito de inimputável é indeterminado, mas a ausência de aplicação da pena é conduta vinculada[258]. Enquanto o lugar do conceito indeterminado é na previsão ou suposto fático (*Tatbestand*), a conduta discricionária é encontrada na consequência (*Rechtsfolge*), não havendo como se confundir um com outra[259].

No mesmo sentido é também o entendimento de José Carlos Barbosa Moreira, para quem

> os conceitos indeterminados integram a descrição do "fato", ao passo que a discricionariedade se situa toda no campo dos efeitos. Daí resulta que, no tratamento daqueles, a liberdade do aplicador se exaure na fixação da premissa: uma vez estabelecida, *in concreto*, a coincidência ou a não coincidência entre o acontecimento real e o modelo normativo, a solução estará, por assim dizer, predeterminada. Sucede o inverso, bem se compreende, quando a própria escolha da consequência é que fica entregue à decisão do aplicador.[260]

Uma vez evidenciada a distinta localização destes dois fenômenos em questão no enunciado normativo, o que significa uma diferenciação da própria natureza de cada um, não há como se admitir que, por um lado, a discricionariedade assistiria ao campo da fluidez dos conceitos indeterminados, e, por outro, que idênticos seriam os seus efeitos no labor interpretativo do operador do Direito.

---

(256) BRASIL. *Constituição da República Federativa do Brasil*, art. 120, "§ 1º Os Tribunais Regionais Eleitorais compor-se-ão: I — mediante eleição, pelo voto secreto: [...] b) de dois juízes, dentre juízes de direito, escolhidos pelo Tribunal de Justiça".
(257) BRASIL. *Código penal*, "art. 26. É isento de pena o agente que, por doença mental ou desenvolvimento mental incompleto ou retardado, era, ao tempo da ação ou da omissão, inteiramente incapaz de entender o caráter ilícito do fato ou de determinar-se de acordo com esse entendimento".
(258) CASTRO, Celso Luiz Braga de. *Desvio de conduta na administração pública*. Dissertação (Mestrado em Direito) — Faculdade de Direito, Universidade Federal da Bahia, 1995. p. 40-41.
(259) CASTRO, Celso Luiz Braga de. *Op. cit.*, p. 45-46.
(260) MOREIRA, José Carlos Barbosa. Regras da experiência e conceitos juridicamente indeterminados. In: MOREIRA, José Carlos Barbosa. *Temas de direito processual*. 2. série. 2. ed. São Paulo: Saraiva, 1988. p. 66.

Ressalve-se que o exercício de um poder discricionário pode até estar associado, por hipótese, à previsão de um conceito indeterminado no enunciado de uma mesma norma, mas esta associação jamais será considerada, em termos abstratos, uma relação genérica e necessária a abranger todos os casos de manifestação destes dois fenômenos jurídicos. Isso porque, estando no âmbito do suposto fático, a plurissignificância dos conceitos indeterminados não interfere na consequência jurídica que lhe seja correlacionada.

Ademais, a *aparente* existência de vários sentidos possíveis, aceitáveis e razoáveis para um mesmo conceito indeterminado, tal como no caso da eficiência administrativa, não autoriza a entender que haja ou possa haver rigorosamente uma escolha discricionária do operador do Direito, pois a delimitação de sentido envolverá sempre um componente derivado de um entendimento consensual.

Em verdade, a única solução correta possível para o preenchimento dos conceitos indeterminados pressupõe, em sua origem, uma postura de interpretação que considere a apreciação racional do conjunto de normas do ordenamento jurídico, sistema este cujas notas de unidade e coerência são baseadas em princípios gerais[261] e não permite, portanto, que se possa concluir pela diversidade de tratamento para casos concretos singulares idênticos.

4.7.2. Controle sobre a eficiência administrativa

Estabelecidas as premissas retro fica evidenciado que agir de forma eficiente no setor público não se configura (e nem pode se configurar) como mero exercício discricionário das atribuições administrativas. Se o conceito indeterminado correspondente à eficiência administrativa pressupõe necessariamente o direcionamento da Administração Pública a potencializar, na melhor medida possível, de acordo com as circunstâncias fáticas e jurídicas, os meios idôneos a obter a solução ótima à consecução do interesse público e a concretização de direitos fundamentais, não é possível no plano lógico verificar uma pluralidade de soluções ou alternativas igualmente justas.

Conforme Eduardo García de Enterria e Tomás-Ramón Fernández, a aplicação de um conceito indeterminado é caso de interpretação da lei que traz consigo o conceito, motivo pelo qual cabe sim ao juiz fiscalizar tal aplicação, avaliando se foi reconhecida a única solução justa que a lei permite. Embora esta avaliação parta de uma situação de fato determinada, sua apreciação jurídica é a partir do conceito legal[262].

Desde que lhe sejam apresentados processualmente os fatos relevantes e as perícias oportunas para sua avaliação, o juiz poderá revisar a aplicação inicial do

---

(261) Seção 3.2.
(262) ENTERRIA, Eduardo García de; FERNÁNDEZ, Tomás-Ramón. *Op. cit.*, p. 394-395.

conceito indeterminado e julgar sua adequação à lei. Com esse pronunciamento é reduzida a zona de incerteza e reconduzido o caso concreto a uma das duas zonas de certeza, ou seja, a mesma atividade que desempenha diante de qualquer problema de interpretação, pois "a existência de incerteza, de imprecisão ou de dúvidas, é consubstancial em todo litígio"[263].

Para António Francisco de Sousa, as noções de boa administração e de "caráter técnico" de certas decisões são realidades inegáveis na Administração moderna, sempre devendo ser, porém, integradas no mundo jurídico. A lei quer e impõe a boa administração, sendo que as regras técnicas nada mais são do que instrumentos para se chegar a essa mesma boa administração. A escolha do critério ou regra técnica é uma questão igualmente técnica e integrada no mundo jurídico, não havendo quanto a elas verdadeira escolha, mas pura e simples vinculação ao critério correto ou, no mínimo, ao mais adequado[264].

Como adverte Diogo de Figueiredo Moreira Neto, não é possível alegar dificuldade ou impossibilidade de controle sobre o atuar eficiente na Administração Pública, na medida em que há muito tempo o setor privado o faz, por intermédio de fixação de metas e índices de desempenho e pelo estabelecimento de padrões de resultado, bastando não mais que disseminar a experiência e a cultura da responsabilidade[265].

A eficiência não pode significar nenhuma amplitude de ação para o agente público, porém verdadeira postura de interpretação em direção a uma gestão de resultados. Trata-se de preencher, a partir das peculiaridades fáticas e jurídicas de cada caso concreto, o espaço de fluidez do correspondente conceito indeterminado, identificando o que instrumentalmente seja mais o adequado (a única solução correta) a garantir a *finalidade* característica e preponderante do setor público, circunstância esta que pode efetivamente caracterizar um parâmetro de controle.

O que traz legitimidade à conduta da Administração Pública, conforme ensina Cármen Lúcia Antunes Rocha, é "a realização efetiva e eficiente de interesse público determinado, demonstrado e exposto concretamente em cada situação administrativa e que se identifica, na maioria das vezes, com a prestação do serviço público". A finalidade é elemento essencial do princípio da juridicidade, já que a Administração Pública não atua porque quer, mas pelo dever de atingir o fim previsto no ordenamento jurídico. É a legitimidade do interesse público que fundamenta a validade do cometimento público. Esta realização deve levar em conta a sintonia da alteração produzida na realidade para com os anseios da sociedade, bem assim que seu aperfeiçoamento ocorra da forma mais adequada, com o custo mais razoável

---

(263) ENTERRIA, Eduardo García de; FERNÁNDEZ, Tomás-Ramón. *Op. cit.*, p. 397.
(264) SOUSA, António Francisco de. *Op. cit.*, p. 100.
(265) MOREIRA NETO, Diogo de Figueiredo. *Quatro paradigmas do direito administrativo pós-moderno*: legitimidade, finalidade, eficiência, resultados. Belo Horizonte: Fórum, 2008. p. 121.

e com resultados os mais abrangentes possíveis a universalizar a prestação do serviço público[266].

Segundo Celso Antônio Bandeira de Mello, se a Administração Pública se encontra vinculada a cumprir uma finalidade com o exato atendimento que a norma tutela, é porque esta possui necessariamente um dever de boa administração. Existe uma relação lógica entre o atendimento de um interesse e a adequação das medidas necessárias a alcançá-lo. Por via de consequência, existe em favor do administrado um direito a que a providência administrativa esteja ajustada a estes parâmetros de idoneidade[267]. Para ele:

> dado que para apurar-se esta violação é indispensável uma investigação ampla sobre a adequação ou inadequação do ato administrativo ao parâmetro da "boa administração" e tendo em conta que esta substancia um "dever jurídico", segue-se que pertence ao campo de atribuições do juiz proceder a esta investigação.[268]

Embora a Administração Pública moderna necessite, especialmente diante de sua intervenção crescente — por exemplo, no domínio da planificação administrativa —, possuir instrumentos ágeis para responder tempestiva e adequadamente às imponderáveis demandas com as quais se confronta, esta motivação jamais implicará ausência de proteção ou diminuição das garantias do cidadão[269].

Para Onofre Alves Batista Júnior, uma das principais dificuldades em torno do controle judicial do agir eficiente da Administração Pública diz respeito à necessidade de o juiz estar habilitado não apenas a reproduzir o processo lógico correspondente a todo o *iter* decisório do administrador público — numa "consideração holística dos interesses envolvidos" —, como também a poder traçar o padrão de resultados que poderia ser reconhecido por ineficiente em uma zona de certeza. Dessa forma, entende como imprescindível o recurso a peritos e assistentes técnicos, bem assim a participação do Ministério Público na apuração dos fatos em sede de inquérito[270].

Torna-se assim inequívoca a possibilidade efetiva de controle sobre o agir eficiente do administrador, o que deve levar em conta uma apreciação complexa entre os vários interesses envolvidos, sob a ótica fundamental finalística que aponte em direção à efetiva realização do interesse público envolvido. A racionalidade da

---

(266) ROCHA, Cármen Lúcia Antunes. *Princípios constitucionais da administração pública...*, cit., p. 110-111.
(267) MELLO, Celso Antônio Bandeira de. *Grandes temas de direito administrativo*. São Paulo: Malheiros, 2009. p. 161-162.
(268) MELLO, Celso Antônio Bandeira de. *Grandes temas de direito administrativo...*, cit., p. 162.
(269) SOUSA, António Francisco de. *Op. cit.*, p. 111.
(270) BATISTA JÚNIOR, Onofre Alves. *Op. cit.*, p. 521-522.

atuação administrativa deve tender sempre a concretizar da forma mais aproximada possível a conduta que melhor atenda a esta necessidade.

4.8. EFICIÊNCIA COMO CONTROLE DA DISCRICIONARIEDADE ADMINISTRATIVA

No Estado de Direito toda conduta do agente público é, em regra, rigorosamente regulada pelo ordenamento jurídico, de modo a restringir a sua liberdade à prática do ato, seja em seus aspectos formais, seja quanto ao conteúdo. É assim fixada a premissa clássica, pela qual, se ao particular é possível agir conforme tudo aquilo que não lhe seja proibido, a Administração Pública, ao revés, deve permanecer restrita ao quanto expressamente permitido.

Para o desempenho de suas funções no organismo estatal, a Administração Pública dispõe de deveres-poderes que lhe asseguram posição de preponderância sobre o particular e sem os quais ela não conseguiria atingir os seus fins. Na concepção liberal do Estado de Direito, tais poderes estariam limitados pela lei, para impedir os abusos e as arbitrariedades a que as autoridades pudessem ser levadas.

Tratava-se, portanto, na concepção teórica da modernidade, do que se entendia por vinculação do ato administrativo: uma decorrência direta da vinculação à legalidade antes mencionada, como garantia em favor da sociedade, na medida em que, não eliminando, ao menos poderia limitar significativamente o subjetivismo individualista ou egoístico na gestão pública.

Segundo Eduardo García de Enterria e Tomás-Ramón Fernández, a necessidade de apreciações de circunstâncias particulares em cada caso, bem assim de avaliação de oportunidade no exercício do poder público, estimula a técnica da delegação de poderes discricionários, o que corresponde substancialmente à política. Em razão deste fundamento, explicam eles, é que existem determinadas atribuições da Administração Pública que, por sua própria natureza, ou seja, pela insuscetibilidade de emolduramento em fórmulas fixas, não podem deixar de envolver alguma conduta discricionária[271].

A função administrativa depara frequentemente com situações concretas imprevisíveis e que demandam uma rápida reação do Estado, o que justifica a necessidade do poder discricionário. Recorrendo a um exemplo extremado, diante da ocorrência de uma catástrofe climática de difícil ou impossível previsão, é necessário conferir ao agente público poderes para adotar as providências que melhor atendam à consecução do interesse público, independentemente de uma previsão expressa de qualquer rol de condutas cabíveis.

---

(271) ENTERRIA, Eduardo García de; FERNÁNDEZ, Tomás-Ramón. *Op. cit.*, p. 391.

Em âmbito do direito administrativo, se a vinculação aos rigores da lei era assim a regra geral para o agente público, em outra mão se tornava necessário deixar a este mesmo agente alguma margem ao poder discricionário. Não se concorda que no exercício deste poder o agente teria *liberdade* para atuar de acordo com um juízo de conveniência e oportunidade, de tal forma que, havendo duas alternativas, o administrador poderia optar por uma delas, escolhendo a que em seu entendimento melhor preservasse o interesse público.

Como pondera Kaline Ferreira Davi, não é característica própria da discricionariedade a livre atuação do agente público, mas o dever de avaliação do caso concreto até que seja encontrada a única solução correta. Verificada a impossibilidade de tal procura diante de total falta de critérios objetivos, é aceito, apenas então, algum nível de liberdade ao administrador público[272].

O raciocínio é, portanto, inverso. Mesmo no campo em que é aparente um poder de escolha do administrador, apenas haverá efetiva margem de liberdade em caráter estritamente excepcional e residual, diante de eventual inexistência absoluta de qualquer base que sustente uma escolha racional e objetiva. Em regra, "conveniência" e "oportunidade" são extraídas objetivamente da demanda concreta, na situação sob análise do agente público, de modo que não há liberdade, nem opção subjetiva ou arbitrária, mas imposição da realidade.

Consoante Odete Medauar, o estudioso do direito administrativo deve rejeitar o equívoco da linguagem corrente acerca da utilização do termo "discricionário" com o sentido de "arbitrário", pois, se o poder discricionário, ainda que caracterizado como escolha de uma entre várias soluções, é conferido por normas legais, deve atender então a parâmetros no seu exercício. Em verdade, adverte essa autora, o que há é uma espécie de "discricionariedade vinculada", porque orientada pela satisfação do interesse público[273].

Massimo Severo Giannini informa que, no século XIX, a discricionariedade administrativa era considerada como uma esfera reservada à Administração Pública, na qual o Poder Judiciário não poderia ingressar. Tal limitação era derivada da interpretação ali vigente do princípio da tripartição dos poderes. Mais tarde, porém, primeiro na França e depois na Alemanha, as cortes administrativas passaram a contemporizar este amplo espectro de liberdade concedida ao administrador no agir discricionário, reconhecendo, respectivamente, o vício de desvio de poder e o controle dos motivos determinantes[274].

Assim, discricionariedade já não mais seria confundida com arbítrio, mas com uma liberdade restrita em alguns aspectos. Não era dado ao agente público escolher,

---

(272) DAVI, Kaline Ferreira. *A dimensão política da administração pública*: neoconstitucionalismo, democracia e procedimentalização. Porto Alegre: Sergio Antonio Fabris, 2008. p. 128.
(273) MEDAUAR, Odete. *Direito administrativo moderno*. 12. ed. rev. e atual. São Paulo: Revista dos Tribunais, 2008. p. 108.
(274) GIANNINI, Massimo Severo. *Istituzioni di diritto amministrativo*. 2.ed. Milano: Giuffrè, 2000. p. 265.

baseado em seu livre querer, a solução de cada caso. O agir discricionário não poderia se pautar em discordância com as finalidades da Administração Pública, além do que, uma vez eleita uma determinada motivação para a conduta discricionária, a ela estaria vinculado o administrador. Esta passou a ser a concepção predominante, ainda sob os influxos do modelo teórico da modernidade.

Aliás, como adverte o mesmo autor italiano, a decisão discricionária se articularia um uma complexa ponderação de interesses. O interesse público ao qual a Administração estaria obrigada a satisfazer seria apenas o *interesse primário* que orientasse a conduta do administrador no exercício da discricionariedade, sendo que, em abstrato, a autoridade deveria se pautar pelo cânone de sua maximização. Em concreto, porém, especialmente naquelas atividades de maior importância, o interesse público primário não apareceria isolado, mas concorreria com outros interesses públicos secundários, motivo pelo qual o conteúdo da atividade discricionária se tornaria fruto de uma ponderação comparativa entre eles. Poderia ocorrer, inclusive, que a consistência de determinados interesses secundários fosse de tal grau que os fizesse prevalecer sobre o primário, quando então este último deveria ser restringido ou adaptado àqueles[275].

Acrescente-se, acompanhando Sabino Cassese, que a técnica de ponderação no âmbito da atividade discricionária deveria levar em conta não apenas interesses públicos (primários ou secundários), mas também os privados que o ordenamento acolhesse como dignos de tutela. É dado o exemplo da construção de um hospital público, em que, ao lado do interesse público primário relacionado à saúde da população, coexistem os interesses públicos secundários de planejamento urbanístico e viabilidade financeira, bem como os privados do eventual proprietário particular da área na qual venha a ser construído[276].

É por isso que, numa perspectiva mais geral, Ricardo Maurício Freire Soares aponta que o conceito de discricionariedade encontrar-se-ia ligado à ideia de *interpretação*. Superada a concepção de que o agir discricionário fosse sinônimo de liberdade absoluta e de que resultasse necessariamente da simples indeterminação da norma, seria possível conceituá-lo como o dever-poder do aplicador, após o exercício da interpretação subjetiva para estabelecer qual seria, no caso concreto, a decisão que melhor atendesse à vontade da lei[277].

Conforme pontua Celso Luiz Braga de Castro, no entanto, se a Administração Pública, ao estabelecer parâmetros e limites para garantir a liberdade de uns, cerceia a de outros no exercício de um poder em função do qual se aparelha para o cumprimento do dever administrativo, não pode haver em seu favor liberdade de

---

(275) GIANNINI, Massimo Severo. *Op. cit.*, p. 266.
(276) CASSESE, Sabino. *Op. cit.*, p. 237-238.
(277) SOARES, Ricardo Maurício Freire. *Curso de introdução ao estudo do direito*. Salvador: Juspodivm, 2009. p. 103.

nenhuma espécie e em sentido próprio. Isso porque a ninguém é dada a liberdade de tirar a liberdade de outrem[278].

Em verdade, a realização da situação fática moldurada da norma seria a oportunidade em que o administrador deveria identificar a melhor solução possível, conduta esta plenamente vinculante em relação ao administrador público. A discricionariedade decorreria, portanto, de uma ciência ou percepção do legislador acerca da impossibilidade de previsão, que resultaria no deslocamento da atividade de apreciação para o momento contemporâneo ao fato. Neste sentido, na discricionariedade a obtenção da melhor solução transcenderia o valor da segurança jurídica, quanto à previsibilidade da conduta. A margem de segurança resultaria, por outro lado, do refinamento da argumentação justificante e das circunstâncias específicas do caso concreto, cuja observância é possível diante da obrigatoriedade constitucional de motivação das decisões administrativas.

Em outras palavras, discricionariedade configurar-se-ia apenas como uma resultante da insuficiência de diagnóstico. Haveria, dessa maneira, maior qualidade das normas discricionárias em relação aos seus efeitos, o que se traduziria em uma maior especificidade. Não se trataria de escolha, e sim de método e cálculo ou, em última análise, de um dever de adequação. Sendo assim, a discricionariedade não poderia ser tecnicamente confundida com o arbítrio. Configurar-se-ia, no máximo, como uma liberdade meramente aparente, pois não seria permitido ao agente público escolher, baseado em seu livre e exclusivo querer, a solução que mais conveniente ou oportuno lhe parecesse em cada caso. A conveniência e a oportunidade seriam verdadeiramente da sociedade, e não do agente público.

Em um ambiente de constante mutação fático-valorativa, quanto mais distante estiver o momento de concreção da norma em relação ao momento de sua produção, maior será logicamente a possibilidade de uma aplicação divorciada da solução mais adequada e correta. A busca pela Administração Pública em prol da otimização de resultados é que leva, em determinados momentos, a que a solução seja preestabelecida pela lei com traços mais nítidos e, noutros, a que seja fixada *a posteriori*, assegurando uma interação mais rica com a realidade fática futura. A discricionariedade não se reflete ontologicamente, portanto, em nenhuma margem de escolha em favor do administrador[279]. Ainda para Celso Luiz Braga de Castro, "a discricionariedade é o manto preferencial no qual a arbitrariedade busca abrigo. Quanto mais se puder elastecer a ideia de discricionário, mais se protegerá o arbítrio"[280].

A partir de tais considerações e levando em conta que o pós-positivismo jurídico, como já referido, acarretou uma série de transformações no Direito,

---

(278) CASTRO, Celso Luiz Braga de. *Op. cit.*, p. 16.
(279) CASTRO, Celso Luiz Braga de. *Op. cit.*, p. 23.
(280) CASTRO, Celso Luiz Braga de. *Op. cit.*, p. 30.

oriundas da complexidade crescente dos sistemas constitucionais contemporâneos, da correção moral do Direito e da força normativa dos princípios, o que, por seu turno, fez derivar uma nova concepção da legalidade — princípio da juridicidade[281] —, se torna certo que a própria noção originária da extensão e dos limites do exercício do poder discricionário passou a carecer de necessária e urgente atualização.

Assim é que a emergência da juridicidade administrativa, tal como anota Gustavo Binenbojm, proporciona a vinculação da Administração Pública diretamente à Constituição, motivo pelo qual se afasta a dicotomia entre atos vinculados e atos discricionários, se tratando agora de *diferentes graus de vinculação dos atos administrativos à juridicidade*. Logo, a discricionariedade deixa de corresponder a um campo de liberdade decisória externa ao Direito, imune ao controle jurisdicional. Pelo contrário, tal sindicabilidade será proporcional a um maior ou menor grau de vinculação à juridicidade, o que não atende a uma lógica meramente normativa, mas também a uma dinâmica distributiva funcionalmente adequada de tarefas e responsabilidades entre a Administração Pública e o Poder Judiciário. Nos campos de alta complexidade técnica ou quando os atos administrativos demandem um lastro de legitimação democrática e um procedimento amplo e efetivo dos administrados, por exemplo, pode ser justificada uma menor intensidade de controle pelo Poder Judiciário, se evitando os riscos de uma judicialização administrativa. Por outro lado, o grau de controle poderá ser mais denso quando a atuação administrativa ou legislativa importar em maior restrição a direitos fundamentais[282].

Para esse autor, a discricionariedade administrativa "deixa de ser um espaço de liberdade decisória para ser entendida como um campo de ponderações proporcionais e razoáveis entre os diferentes bens e interesses jurídicos contemplados na Constituição"[283].

É que o mérito administrativo no ato discricionário passa a se vincular aos princípios constitucionais, substituindo a clássica dicotomia dos atos entre vinculado e discricionário pela classificação de *graus de vinculação à juridicidade, em escala decrescente de densidade normativa vinculativa*[284]. A teoria do desvio de poder não importa em controle do mérito, mas um estreitamento de seu âmbito, uma diminuição do espaço de escolha do administrador, o mesmo se dando com a verificação do atendimento da proporcionalidade, da moralidade e da eficiência. Não há conveniência e oportunidade fora destes limites[285].

De acordo com Cármen Lúcia Antunes Rocha, a discricionariedade nos moldes atuais, ao invés de vedar, antes exige que haja controle sobre o desempenho no

---

(281) Seção 2.4.2
(282) BINENBOJM, Gustavo. *Op. cit.*, p. 39-40.
(283) BINENBOJM, Gustavo. *Op. cit.*, p. 71.
(284) BINENBOJM, Gustavo. *Op. cit.*, p. 209.
(285) BINENBOJM, Gustavo. *Op. cit.*, p. 210.

qual ela se mostre. Não apenas recrudesceu o espaço da discricionariedade, como o direito do cidadão de exercer o controle se afirmou e se ampliou. Para ela, "o que predomina hoje na concepção de discricionariedade é que o administrador público está sempre sujeito ao Direito, e o Direito jamais está sujeito ao administrador público, nem mesmo quando este atua discricionariamente"[286].

Ao se redesenhar a vinculação à legalidade, para uma relação mais abrangente e de imprescindível conformidade com o conjunto sistemático do ordenamento jurídico, é evidente que o espaço de liberdade para atuação discricionária na esfera tipicamente administrativa tende naturalmente a diminuir. Mesmo diante da previsão legal do poder discricionário, o agente público se encontra hoje vinculado à concretização do arcabouço de princípios implícitos e explícitos decorrentes do sistema jurídico, vale dizer, às balizas da juridicidade. A rigor, se encontra superado o clássico antagonismo entre conduta vinculada e conduta discricionária, passando a somente se tratar de graus distintos de vinculação dos atos administrativos à juridicidade.

Neste quadro pós-positivista, o princípio da eficiência administrativa se apresenta, portanto, como um dos critérios de controle deste poder discricionário redesenhado. Trata-se de avaliar se, no exame da conveniência e da oportunidade em favor da sociedade, o agente público potencializou, na melhor medida possível, de acordo com as circunstâncias fáticas e jurídicas que envolviam o caso concreto, os meios idôneos para a efetivação da solução que melhor atenda ao interesse público.

4.9. Eficiência administrativa e legalidade: uma dicotomia?

Estabelecido o papel do princípio da eficiência administrativa como vetor de sindicabilidade da concepção pós-positivista de atos discricionários ou de baixo grau de vinculação à legalidade, resta abordar o controle possível dos atos vinculados propriamente ditos.

Há quem entenda em sede doutrinária que a eficiência administrativa jamais poderá sobrepor à legalidade. Celso Antônio Bandeira de Mello, por exemplo, disserta que:

> tal princípio [da eficiência] não pode ser concebido (entre nós nunca é demais fazer ressalvas óbvias) senão na intimidade do princípio da legalidade, pois jamais uma suposta busca de eficiência justificaria postergação daquele que é o dever administrativo por excelência.[287]

---

(286) ROCHA, Cármen Lúcia Antunes. *Princípios constitucionais da administração pública...*, cit., p. 119-120.
(287) MELLO, Celso Antônio Bandeira de. *Curso de direito administrativo*. 26. ed. rev. e atual. São Paulo: Malheiros, 2009. p. 122.

Paulo Modesto, por seu turno, destaca o seguinte:

> ao contrário de contrastar com o princípio da legalidade, ou legitimar sua atenuação, penso que o princípio da eficiência pode ser percebido como componente da própria legalidade, percebida sob um ângulo material e não apenas formal. [...] O princípio da eficiência compõe uma das faces materiais do princípio da legalidade da administração pública, destacado pela Constituição por razões pragmáticas e políticas.[288]

Entende-se aqui, porém, que a vinculação à legalidade não possui a natureza de um princípio, mas de uma regra instrumental que visa concretizar o princípio que lhe é subjacente, o da segurança jurídica[289].

A segurança jurídica exige que não sejam frustradas as expectativas da sociedade, tanto em relação ao cumprimento dos comportamentos regrados, quanto na atuação do Estado de forma eficiente e garantindo resultados úteis. Em última análise, a certeza do cidadão quanto a uma resposta eficiente do aparato estatal também é materialização da segurança jurídica, tendo em vista o princípio da confiança na Administração, motivo pelo qual rigorosamente não há falar em dicotomia entre os valores da eficiência administrativa e da segurança jurídica.

Por outro lado, a simples denominação expressa de "princípio" no seio de um enunciado normativo não tem o poder de transformar uma regra em princípio[290]. Observe-se inclusive que o denominado "princípio da legalidade", enquanto regra que autenticamente o é, não admite, por si só, nenhuma contemporização em sua interpretação ou aplicação.

Noutros termos, a conduta concreta apenas pode se mostrar binariamente: como legal, porque consoante a regra que a autorize, ou como ilegal, em caso contrário. Não existem assim, de outra forma, graus distintos de ajustamento à legalidade, circunstância esta que afronta a própria concepção de princípio aqui adotada, como mandamento de otimização caracterizado pela possibilidade de satisfação em graus variados[291]. A vinculação à legalidade, portanto, é norma jurídica da espécie *regra*, pautando a conduta da Administração Pública e do agente público à observância das estritas autorizações legais para atuação.

Enquanto regra, a vinculação à legalidade pode ser harmonizada com o princípio da eficiência administrativa, especialmente no ambiente do pós--positivismo jurídico em que há predominância da técnica jurídica de inserir normas de textura aberta no ordenamento jurídico, como forma de torná-lo mais maleável às transformações da sociedade, resguardando o valor da correção do Direito[292].

---

(288) MODESTO, Paulo. *Op. cit.*, p. 6.
(289) Seção 2.2.
(290) Seção 3.3.
(291) Seção 3.6.
(292) Seção 2.4.

Se o princípio da eficiência, enquanto mandamento de otimização, vetoriza a interpretação do Direito em sua direção e sentido, cabe ao intérprete preencher as normas de caráter aberto que direcionam o atuar administrativo conferindo-lhe eficiência na maior medida possível.

Onofre Alves Batista Júnior não chega a propor que a Administração Pública se desvincule dos rigores da lei, mas que a atividade administrativa esteja sujeita às regras e aos princípios, em especial por meio de uma compreensão funcional, e não meramente formal, dentro da perspectiva de uma normatização administrativa que sopese as considerações de legalidade e eficiência. Assim é que, na colisão entre estes dois interesses, não havendo sacrifício desproporcional ao primeiro, não deve ser anulado o ato eficiente apenas diante do propósito de se cumprir uma ritualística procedimental[293].

Como destaca Gustavo Binenbojm, redesenhando a vinculação à legalidade no novo paradigma, porém, a faceta mais importante da constitucionalização do direito administrativo diz respeito à vinculação da Administração Pública aos princípios constitucionais, enquanto núcleos de condensação de valores, o que afasta o seu caráter autoritário e a torna democrática e comprometida com os direitos humanos. Dessa forma, a atividade administrativa obedece: a) à lei, quando for esta constitucional (*secundum legem*); b) diretamente à constituição, independentemente ou além da lei (*praeter legem*); ou c) diretamente à constituição, mesmo que contra a lei (*contra legem*). Os princípios e regras constitucionais densificam o ambiente decisório do administrador, ao tempo que amenizam o risco da normatização burocrática[294].

Pode ocorrer da conduta do administrador público não depender de uma norma de textura aberta, mas de um enunciado fechado por conceitos perfeitamente determinados, não havendo assim margem nenhuma ao ajustamento de seu conteúdo ao princípio da eficiência administrativa. E, nessa hipótese, também pode acontecer de a conduta estritamente regulada por esta norma fechada se mostrar manifestamente ineficiente, apresentando, portanto, uma autêntica colisão entre os princípios da segurança jurídica e da eficiência administrativa, ambos de foro constitucional.

Encontrando-se os valores abstratos no mesmo nível, na medida em que ambos sustentam igualmente os alicerces fundamentais da atuação do próprio Estado Democrático de Direito, a questão deve ser resolvida pelo estabelecimento de uma relação de precedência condicionada, na qual a solução do conflito espelhe necessariamente o sopesamento dos interesses em choque, de modo a definir qual apresente um peso maior conforme as circunstâncias do caso concreto.

Não se trata aqui — é importante frisar, para impedir um raciocínio reducionista — do afastamento puro e simples da regra de vinculação do administrador público à legalidade, todavia de uma atividade complexa de ponderação diante de

---

(293) BATISTA JÚNIOR, Onofre Alves. *Op. cit.*, p. 354-356.
(294) BINENBOJM, Gustavo. *Op. cit.*, p. 37-38.

manifesta ineficiência administrativa que *poderá*, conforme as circunstâncias do caso concreto, conduzir a este resultado. Como já sustentado, para afastar a aplicação de uma regra, devem ser também superados os princípios que fixam que as regras criadas pelas autoridades legitimadas devam ser seguidas e que a prática reiterada não deve ser relativizada sem motivos[295].

Nos moldes pós-positivistas do Direito, a concretização da segurança jurídica reclama não mais uma vinculação estrita aos termos da lei, mas sim princípios e consensos de argumentação entre os aplicadores do Direito[296].

Neste processo interpretativo, não é somente necessário apreciar o sentido e o alcance do princípio da segurança jurídica no caso concreto. Ao revés, entendendo que, por definição, não existem princípios absolutos, de modo a desconstituir a relação condicionada de precedência como solução do conflito entre princípios, deve ser também cotejada a importância de direcionar a Administração Pública a potencializar, na melhor medida possível, os meios idôneos a obter a solução ótima à consecução do interesse público e a concretização de direitos fundamentais.

4.10. Princípio da eficiência no Supremo Tribunal Federal

Em seus julgados o Supremo Tribunal Federal tem recorrido ao princípio da eficiência administrativa como razões de fundamentação. Seguem alguns exemplos.

Na Ação Declaratória de Constitucionalidade ADC n. 12/DF[297], foi pleiteada a declaração da constitucionalidade da Resolução n. 7/2005, do Conselho Nacional de Justiça, que disciplinava a vedação da prática de nepotismo no âmbito de todos os órgãos do Poder Judiciário[298].

Em seu voto, o Ministro relator Carlos Ayres Britto entendeu que as limitações impostos pela norma em questão, ao mesmo tempo que não atentavam contra a liberdade de prover e desprover cargos em comissão e funções de confiança, também traduziam rigorosamente as mesmas restrições constantes da Constituição de 1988, dedutíveis dos princípios republicanos da eficiência, bem assim da impessoalidade, da igualdade e da moralidade.

Sobre o mesmo tema, no julgamento do Recurso Extraordinário RE n. 579.951/RN[299], o Ministro Relator Ricardo Lewandowski ressaltou que a nomeação de

---

(295) Seção 3.6.1.
(296) Seção 3.9.
(297) BRASIL. *Supremo Tribunal Federal*. Tribunal Pleno. ADC n. 12/DF. Relator: Ministro Carlos Britto. Brasília, 20.8. 2008. DJ 18.12.2009. Disponível em: <http://www.stf.jus.br> Acesso em: 2.9.2011.
(298) BRASIL. Conselho Nacional de Justiça. *Resolução n. 5, de 18 de outubro de 2005*. Disponível em: <http://www.cnj.jus.br> Acesso em: 2.9.2011.
(299) BRASIL. *Supremo Tribunal Federal*. Tribunal Pleno. RE 579.951-4/RN. Relator: Ministro Ricardo Lewandowski. Brasília, 20.8.2008. DJ 24.10.2008. Disponível em: <http://www.stf.jus.br> Acesso em: 2.9.2011.

parentes para cargos e funções que não exigem concurso público vulnera o princípio da eficiência administrativa, na medida em que, no mais das vezes, estes não se mostram preparados para o exercício de tais atribuições. Ademais, para ele:

> tendo em conta a expressiva densidade axiológica e a elevada carga normativa que encerram os princípios abrigados no *caput* do art. 37 da Constituição, não há como deixar de concluir que a proibição do nepotismo independe de norma secundária que obste formalmente essa reprovável conduta. [...] Admitir que apenas ao Legislativo ou ao Executivo é dado exaurir, mediante ato formal, todo o conteúdo dos princípios constitucionais em questão, seria mitigar os efeitos dos postulados da supremacia, unidade e harmonização da Constituição, subvertendo-se a hierarquia entre a Lei Maior e a ordem jurídica em geral [...].

Por outro lado, na Questão de Ordem suscitada em sede de Recurso Extraordinário RE-QO n. 413.478-1/PR[300], foram discutidos os efeitos que a greve dos membros da advocacia pública federal poderia gerar em termos de suspensão dos feitos em tramitação no Supremo Tribunal Federal.

Em seu voto, o Ministro Carlos Ayres Britto sustentou que o direito de greve dos servidores públicos fomenta o princípio da eficiência administrativa, na medida em que são buscadas melhores condições de trabalho no setor público, o que se reflete em melhorias no próprio serviço público prestado.

Na Questão de Ordem em sede de Ação Cautelar AC n. 200 QO/SP[301], o Supremo Tribunal Federal, sob a relatoria do Ministro Carlos Ayres Britto, resolveu conferir efeito suspensivo a recurso extraordinário interposto em processo em que se discutia a validade de um processo seletivo público para a contratação de pessoal.

Na correspondente decisão foi entendido que a exoneração imediata da maioria dos servidores ingressos mediante aquele procedimento comprometeria não apenas a continuidade do serviço público, como o próprio princípio da eficiência administrativa. Considerou-se que a permanência dos servidores, ainda que desprovido mais adiante o recurso extraordinário, seria menos danosa à Administração Pública do que a exoneração e a posterior reintegração no caso de sucesso do Município apelante.

Na Ação Direta de Inconstitucionalidade ADI n. 2.979/ES[302], foi entendida a constitucionalidade de Lei estadual que regulava promoção de praças da polícia

---

(300) BRASIL. *Supremo Tribunal Federal*. Tribunal Pleno. RE-QO n. 413.478-1/PR. Relator: Ministro Carlos Britto. Brasília, 22.3.2004. DJ 4.6.2004. Disponível em: <http://www.stf.jus.br> Acesso em: 2.9.2011.
(301) BRASIL. *Supremo Tribunal Federal*. Tribunal Pleno. AC n. 200 QO/SP.Relator: Ministro Carlos Britto. Brasília, 12.5. 2004. DJ 4.6.2004. Disponível em: <http://www.stf.jus.br> Acesso em: 2.9.2011.
(302) BRASIL. *Supremo Tribunal Federal*. Tribunal Pleno. ADI n. 2.979/ES. Relator: Ministro Cezar Peluso. Brasília, 15.4.2004. DJ 4.6.2004. Disponível em: <http://www.stf.jus.br> Acesso em: 2.9.2011.

militar e do corpo de bombeiros, considerando, em recurso à técnica da interpretação conforme a Constituição, que cada promoção só poderia se efetivar quando existisse, na classe ou nível superior, cargo vago.

Segundo o Ministro relator Cezar Peluso, ao subordinar as promoções ao preenchimento simultâneo de requisitos impessoais e severos, de tempo de serviço, comportamento militar, antecedentes funcionais, condições físicas e aproveitamento em cursos específicos, a norma incentiva os servidores públicos, de modo contínuo, ao aperfeiçoamento pessoal e ao eficiente desempenho de suas atribuições, em proveito do serviço e dos interesses públicos.

5. A Aplicação do Princípio da Eficiência na Atividade Jurisdicional como Decorrência do Novo Papel do Poder Judiciário na Sociedade Brasileira

5.1. Eficiência na atividade jurisdicional e acesso à Justiça

Anteriormente foi reconhecido que o princípio da eficiência administrativa direciona a Administração Pública a potencializar os meios idôneos no sentido da solução ótima à concretização de direitos fundamentais[303]. Sendo assim, ao se tratar de uma eventual aplicação do princípio da eficiência administrativa na atividade jurisdicional típica, é forçoso concluir preliminarmente que esta possuirá vinculação direta com o princípio de acesso à Justiça, na medida em que apenas pode ser considerado Poder Judiciário *eficiente* aquele que fomente a plena concretização deste direito constitucional e do princípio, que lhe é correlacionado, da efetividade processual.

Dito em outros termos, o Poder Judiciário que tende à eficiência no exercício de sua atividade-fim deve ser aquele que pauta os meios idôneos, necessários e proporcionais à consecução de um processo efetivo, em direção e sentido ao pleno acesso à Justiça em sua mais ampla concepção. Em razão disso, surge o interesse em investigar tal matéria, como ponto de partida.

Ter acesso à Justiça é um direito fundamental. Mais que isso, é um direito fundamental que garante, em potencial multiplicativo, os demais direitos fundamentais.

Para Mauro Cappelletti e Bryant Garth,

> o direito ao acesso efetivo tem sido progressivamente reconhecido como sendo de importância capital entre os novos direitos individuais e sociais,

---

(303) Seção 4.5.

uma vez que a titularidade de direito é destituída de sentido, na ausência de mecanismos para sua efetiva reivindicação. O acesso à Justiça pode, portanto, ser encarado como o requisito fundamental — o mais básico dos direitos humanos — de um sistema jurídico moderno e igualitário que pretenda garantir, e não apenas proclamar os direitos de todos.[304]

Na mesma linha, adiante, Boaventura de Sousa Santos adverte que, se destituídos de meios que efetivamente fizessem impor respeito, os novos direitos sociais e econômicos nada teriam além de valor retórico, razão pela qual a tramitação processual não pode ser reduzida à sua dimensão técnica e socialmente neutra, tal como concebidas ordinariamente pela teoria processualista clássica[305].

Como acentua Alessandra Facchi, sob uma perspectiva não simplesmente formalista, é necessária uma distinção entre ser declarado titular de um direito e ter acesso efetivo a esse direito. Não é suficiente declarar ou mesmo prever uma norma para sua atuação se esta não se encontra adequada às condições reais do indivíduo titular. É necessário prover ao cidadão as condições de concretamente conseguir reclamar seu direito em juízo[306].

O acesso à Justiça não se confunde, para Cândido Rangel Dinamarco, apenas com o mero ingresso em juízo, mas com o acesso a uma *ordem jurídica justa*, sendo necessário que as pretensões apresentadas perante o Poder Judiciário cheguem efetivamente ao julgamento de fundo, sem a exacerbação de fatores capazes de truncar a tramitação do processo[307].

A postura de realçar o direito de ação — sem preocupação com os objetivos concretos a realizar — se encontra superada pela noção de *processo de resultados*, com enfoque claro em suas utilidade e legitimidade sociais. A preferência dos cientistas do Direito gira agora em torno de discutir não mais a ação, contudo a própria tutela jurisdicional, como representação das projeções metaprocessuais das atividades realizadas no processo, vocacionadas sempre a uma utilidade[308].

Conforme Luiz Guilherme Marinoni, imaginar que o direito de acesso à tutela jurisdicional seja simplesmente poder ir a juízo por intermédio do procedimento legalmente fixado, independentemente de sua idoneidade à efetiva tutela dos direitos, seria o mesmo que inverter a lógica da relação entre o direito material e o

---

(304) CAPPELLETTI, Mauro; GARTH, Bryant. *Acesso à justiça*. Traduzido por Ellen Gracie Northfleet. Porto Alegre: Sergio Antonio Fabris, 1988. p. 11-12. Tradução de Access do justice: the worldwide movement to make rights effective.
(305) SANTOS, Boaventura de Sousa. *Pela mão de Alice*: o social e o político na pós-modernidade. 12. ed. São Paulo: Cortez, 2008. p. 167-168.
(306) FACCHI, Alessandra. *Breve storia dei diritti umani*. Bolonha: Il Mulino, 2007. p. 125.
(307) DINAMARCO, Cândido Rangel, *Instituições de direito processual civil*. 3. ed. rev. e atual. São Paulo: Malheiros, 2003. v. I, p. 115.
(308) DINAMARCO, Cândido Rangel, *Instituições de direito processual civil*..., cit., p. 108.

direito processual, sendo que o processo então daria os contornos do direito material, e não o contrário[309].

Para Cármen Lúcia Antunes Rocha, "é insuficiente que o Estado positive a jurisdição como direito, enunciando-o na fórmula principiológica da inafastabilidade do controle judicial, mas não viabilize as condições para que este direito seja exercido pelos seus titulares de modo eficiente e eficaz"[310].

Dessa forma, o que contemporaneamente se entende por acesso à Justiça transcende em muito a simples facilidade para o ajuizamento de uma ação, se espraiando ao longo de toda a relação processual até a plena efetivação da entrega da prestação jurisdicional, pacificando a sociedade e realizando a justiça. Esta garantia constitucional é materializada e cumprida, nestes termos, em cada ato processual ou cada providência do Estado-juiz que vise à consecução de resultados efetivamente úteis no processo.

Segundo Kazuo Watanabe, "o direito de acesso à Justiça é [...] direito de acesso a uma Justiça adequadamente organizada e o acesso a ela deve ser assegurado pelos instrumentos processuais aptos à efetiva realização de direito"[311].

Se o processo representa o instrumento do qual se serve o Poder Judiciário para promover a pacificação social, explica José Roberto dos Santos Bedaque, é fundamental que este atue segundo a técnica adequada e apta a permitir que este fim seja atingido. A técnica processual deve garantir o processo justo[312]. Para ele, "ignorar a natureza instrumental do processo favorece o formalismo, na medida em que confere relevância exagerada à técnica e à forma, em detrimento dos objetivos do instrumento como um todo e dos atos especificamente considerados"[313].

Tendo o processo natureza pública, pois visa preservar o interesse público, é importante encontrar os meios idôneos a possibilitar que a relação processual se desenvolva da forma mais adequada possível, tendo em vista a obtenção rápida, segura e efetiva do resultado[314].

No mesmo sentido, Andrea Proto Pisani afirma que, para que seja assegurada a tutela jurisdicional, não é suficiente a disciplina, em sede processual, de um determinado procedimento qualquer, mas que o cidadão possa utilizar um

---

(309) MARINONI, Luiz Guilherme. O direito à tutela jurisdicional efetiva na perspectiva da teoria dos direitos fundamentais. *Jus Navigandi*, Teresina, ano 9, n. 378, p. 12, 20 jul. 2004. Disponível em: <http://jus.uol.com.br/revista> Acesso em: 2.9.2011.
(310) ROCHA, Cármen Lúcia Antunes. O direito constitucional à jurisdição. In: TEIXEIRA, Sálvio de Figueiredo (coord.). *As garantias do cidadão na justiça*. São Paulo: Saraiva, 1993. p. 34.
(311) WATANABE, Kazuo. Acesso à justiça e sociedade moderna. *In:* GRINOVER, Ada Pelegrini; DINAMARCO, Cândido Rangel; WATANABE, Kazuo (coords.). *Participação e processo*. São Paulo: RT, 1988. p. 134.
(312) BEDAQUE, José Roberto dos Santos. *Efetividade do processo e técnica processual...*, cit., p. 26.
(313) BEDAQUE, José Roberto dos Santos. *Efetividade do processo e técnica processual...*, cit., p. 27.
(314) BEDAQUE, José Roberto dos Santos. *Efetividade do processo e técnica processual...*, cit., p. 34.

procedimento estruturado e adequado a poder lhe permitir o acesso à tutela efetiva, e não meramente formal de seu direito. A predisposição desse procedimento idôneo dependerá da existência e do modo de existência do direito substancial, razão pela qual a instrumentalidade do processo não significa a neutralidade deste em relação àquele[315].

Luigi Paolo Comoglio sustenta que o acesso à Justiça deve ser ativamente assegurado e concretamente prestado pelo Estado, uma vez que *plays the leading role* em qualquer sistema judicial, inserindo-se assim no núcleo essencial e inviolável de um processo equitativo e justo, de modo a concretizar os seguintes corolários de princípio:

> a) Em um sentido meramente "formal", todos (sem distinção de sexo, raça, língua, opinião política ou religiosa, ou condições pessoais e sociais) devem ter livre e igual acesso a qualquer tribunal, para invocar a tutela de seus direitos ou interesses legítimos reconhecidos pelo ordenamento;
>
> b) Em um sentido "substancial", qualquer processo judicial, em que todas as partes gozem de direitos iguais de ação e defesa, em pleno e efetivo contraditório entre si, deve ser tecnicamente idôneo a acarretar provimentos cogentes, que, por sua vez, na variedade das formas prescritas e dos casos concretos, possuam a idoneidade intrínseca (bem como uma vocação finalística) a expressar decisões individual e socialmente justas.[316]

Este imperativo de adequação de técnica e meios disponíveis no processo para o alcance do pleno acesso à Justiça representa um desdobramento necessário do princípio da eficiência administrativa, justamente porque este vetoriza a potencialização, na melhor medida possível, de meios idôneos à obtenção da plena consecução do interesse público.

A ineficiência do Estado quanto à garantia do pleno acesso à Justiça pode ser caracterizado como o que José Joaquim Gomes Canotilho denomina de *defeito de proteção*, ou seja, "quando as entidades sobre quem recai um dever de protecção (*Schutzpflicht*) adoptam medidas insuficientes para garantir uma protecção constitucionalmente adequada dos direitos fundamentais"[317]. Para ele, o direito ao acesso à Justiça visa também garantir uma melhor definição das relações entre Estado e cidadão, bem como quanto aos particulares entre si, assegurando a defesa de direitos segundo os meios e métodos de um processo juridicamente adequado e impondo ao Poder Legislativo que confira operacionalidade prática à defesa desses direitos[318].

---

(315) PISANI, Andrea Proto. *Lezioni di diritto processuale civile*. 4. ed. Nápoles: Jovene, 2002. p. 6.
(316) COMOGLIO, Luigi Paolo. *Etica e tecnica del "giusto processo"*. Torino: Giappichelli, 2004. p. 14-15.
(317) CANOTILHO, José Joaquim Gomes. *Op. cit.*, p. 273.
(318) CANOTILHO, José Joaquim Gomes. *Op. cit.*, p. 275.

Cármen Lúcia Antunes Rocha disserta que a própria inserção no rol de direitos constitucionais do direito de ter acesso à Justiça já é um imperativo a reposicionar o direito à jurisdição, não mais a partir da perspectiva do prestador estatal da tutela jurisdicional, mas o dimensionando normativamente em torno do homem, enquanto ponto de partida e de chegada para o direito como realização da justiça na sociedade[319].

Na atual concepção de acesso à Justiça, por conseguinte, a atividade do Poder Judiciário passa a ser concebida com foco no homem — elemento central da atuação jurisdicional —, o que direciona interpretação e aplicação do Direito para a perfeita concretização do princípio da dignidade humana. Busca-se então o sujeito destinatário da tutela, e não mais o simples atendimento às exigências da forma processual. O reconhecimento de tal conteúdo moral do Direito reflete, em âmbito de normas processuais, na materialização de um processo justo em favor do cidadão que busca a tutela do Estado.

Por outro lado, tendo o Estado retirado do cidadão a autotutela e chamado a si o dever de dizer o Direito, não é possível entender que a sociedade tenha delegado ao Poder Judiciário prerrogativas e competências para que realize menos do que o máximo possível e alcançável na entrega da prestação jurisdicional, diante das possibilidades fáticas e jurídicas de cada caso concreto. Em outras palavras, trata-se de uma exigência inerente a toda atividade pública, aqui entendida como necessariamente racional-instrumental e voltada a servir ao público, na justa proporção das necessidades coletivas.

O princípio da eficiência administrativa é reconhecido, dessa maneira, como diretriz primordial a orientar os mecanismos processuais ou mesmo como um parâmetro constitucional de interpretação da norma processual, sempre com destino à concretização do acesso à Justiça na condição de direito fundamental, finalidade precípua da atuação do Poder Judiciário. É assim que esse Poder — enquanto Administração — obedece ao princípio da eficiência administrativa em favor do jurisdicionado — enquanto administrado.

5.1.1. Acesso à Justiça no pós-positivismo jurídico

A discussão em torno do direito a ter acesso à Justiça encontra-se precisamente situada na emergência da pós-modernidade, na qual reside o pós-positivismo jurídico[320]. Essa nova concepção tem gerado profundas transformações na sociedade contemporânea, refletindo efeitos sobre o fenômeno jurídico e sobre as relações entre processo, eficiência, efetividade e justiça social.

---

(319) ROCHA, Cármen Lúcia Antunes. O direito constitucional à jurisdição. In: TEIXEIRA, Sálvio de Figueiredo (coord.). *As garantias do cidadão na justiça*. São Paulo: Saraiva, 1993. p. 46.
(320) Seção 2.4.

O modelo processual da modernidade, de índole liberal e individualista, começou a declinar quando passou a se observar obstáculos iniciais ao acesso efetivo à Justiça nas ordens econômica, social e cultural.

Conforme Boaventura de Sousa Santos, em termos econômicos foi constatado que, embora a Justiça fosse dispendiosa para os cidadãos em geral, era proporcionalmente mais cara para aqueles economicamente mais débeis, justamente os interessados nas ações de menor valor financeiro, o que configuraria o fenômeno da dupla vitimização das classes populares diante da administração da Justiça. Verificou-se ainda ser essa vitimização verdadeiramente tripla, na medida em que um dos outros obstáculos investigados, qual seja, a lentidão dos processos, poderia ser facilmente convertido em mais um custo econômico, proporcionalmente mais gravoso para os cidadãos de menos recursos[321].

Em termos sociais e culturais, destaca que os cidadãos de menor padrão aquisitivo tendem a não conhecer de forma adequada os seus direitos, tendo assim mais dificuldades em reconhecer um problema que os afeta como sendo de ordem jurídica, podendo ignorar tanto os direitos em jogo, quanto as possibilidades de reparação. Por outro lado, mesmo reconhecendo o problema como a violação de um direito, ainda seria imprescindível que se dispusesse a ajuizar a ação. A realidade mostra, todavia, que, pelo contrário, os indivíduos das classes mais baixas hesitam muito mais que os demais em recorrer aos tribunais[322].

No âmbito do novo enfoque ao processo, José Roberto Freire Pimenta destaca que, com a superação do conceitualismo positivista pelo instrumentalismo substancial, a partir da segunda metade do século XX, bem assim com a colocação da luta pela universalização da tutela jurisdicional e pela ampliação do acesso à Justiça no centro das preocupações dogmáticas e metodológicas do processo civil, foram buscadas novas e mais adequadas soluções para a baixa efetividade da prestação jurisdicional, preordenando novos institutos e procedimentos capazes de atender às novas necessidades das modernas e democráticas sociedades de massa pós-industriais[323].

Quanto às transformações operadas no âmbito do direito processual, Ricardo Maurício Freire Soares reconhece ali as cinco características que informam o fenômeno jurídico:

> a) Pluralidade, deixando o processo de se restringir somente aos conflitos de índole individual, para alcançar também e especialmente aqueles de natureza coletiva.

---

(321) SANTOS, Boaventura de Sousa. *Pela mão de Alice...*, cit., p. 168.
(322) SANTOS, Boaventura de Sousa. *Pela mão de Alice...*, cit., p. 170.
(323) PIMENTA, José Roberto Freire. A tutela metaindividual trabalhista: uma exigência constitucional. *Revista Trabalhista Direito e Processo*, Brasília: Anamatra; Rio de Janeiro: Forense, n. 28, ano 7, p. 38, out./dez. 2008.

b) Reflexividade, diante da abertura do campo do sistema jurídico aos novos valores e fatos sociais, quedando a clássica dicotomia entre direito material e direito processual.

c) Prospectividade, pela progressiva utilização de cláusulas gerais e princípios constitucionais, estruturas estas mais flexíveis e propensas a acompanhar a evolução histórico-social dos direitos fundamentais.

d) Discursividade, em face da valorização da natureza retórica do processo, na qual se situa a crescente importância dos consensos de argumentação da comunidade jurídica e da própria sociedade.

e) Relatividade, pela aceitação do papel ativo do julgador na construção hermenêutica das normas jurídicas, rejeitando-se a suposição de uma postura de neutralidade.[324]

Não é possível, portanto, dentro deste complexo paradigma, compreender e interpretar o direito a ter acesso à Justiça simplesmente com a perspectiva — em estado terminal — do fenômeno jurídico na modernidade, olvidando-se do perfil plural, reflexivo, prospectivo, discursivo e relativo do novo direito processual, com clara finalidade instrumental e utilitarista porque tendente a potencializar os mecanismos processuais que permitam eficientemente alcançar soluções para o problema da baixa efetividade da prestação jurisdicional.

A eficiência administrativa aplicada ao Poder Judiciário em todas as suas funções se mostra então como pressuposto desta instrumentalidade e desta nova racionalidade, ambas direcionadas ao atendimento do jurisdicionado na justa proporção de sua demanda.

5.1.2. Eficiência para cumprir uma promessa-síntese das garantias no processo

O acesso à Justiça, objetivo do atuar eficiente do Poder Judiciário, sintetiza as garantias constitucionais do processo.

Em sede constitucional brasileira, a garantia a ter acesso à Justiça se configura, na expressão de Cândido Rangel Dinamarco, como a *promessa-síntese* das demais promessas instrumentais relativas às garantias processuais, sendo certo que toda a tutela constitucional do processo converge para o aprimoramento do sistema processual como meio idôneo a oferecer decisões justas e efetivas a quem delas necessite[325]. É um norte para o qual o Poder Judiciário eficiente direciona a sua

---

(324) SOARES, Ricardo Maurício Freire. *O devido processo legal*: uma visão pós-moderna. Salvador, Juspodivm: 2008. p. 26-30.
(325) DINAMARCO, Cândido Rangel. *Instituições de direito processual civil*. 3. ed. rev. e atual. São Paulo: Malheiros, 2003. v. I, p. 109; DINAMARCO, Cândido Rangel. *Nova era do processo civil*. 3. ed. rev. atual. e aum. São Paulo: Malheiros, 2009. p. 21-22.

argumentação no âmbito de suas próprias decisões diante das possibilidades jurídicas e fáticas em cada caso concreto.

A qualificação como "síntese" importa em dizer que ter acesso à Justiça é possuir necessariamente direito: a não ser processado nem sentenciado senão pela autoridade competente, ao devido processo legal, ao contraditório e à ampla defesa, à inadmissibilidade da prova ilícita, à razoável duração do processo e aos meios que garantam a celeridade de sua tramitação, à publicidade dos atos processuais, à fundamentação das decisões, entre outras garantias constitucionais de índole processual que, em seu conjunto, assegura ao cidadão um processo justo.

Cada uma dessas garantias processuais complementares, por si só, é condição necessária, embora não absoluta ou suficiente, à consecução do efetivo acesso à Justiça, na medida em que este apenas se configura a partir da *síntese harmônica* de todas elas. Assim, por exemplo, da mesma forma que não haverá acesso à Justiça sem o respeito ao devido processo legal, também não o haverá se a jurisdição for exercida para além da razoável duração do processo, sem celeridade na tramitação do feito.

Sob o enfoque aqui defendido, concretizar o direito fundamental a ter acesso à Justiça é também o resultado da concretização em equilíbrio ponderado de todas as garantias processuais de foro constitucional, interpretadas e parametrizadas necessariamente em cotejo com o princípio da eficiência administrativa aplicada ao Poder Judiciário. O conjunto das garantias processuais deve ser pensado de forma instrumental, portanto, em direção a um processo de efetivos resultados.

Fredie Didier Jr. destaca que:

> ao processo cabe a realização dos projetos do direito material, em uma relação de complementaridade que se assemelha àquela que se estabelece entre o engenheiro e o arquiteto. O direito material sonha, projeta; ao direito processual cabe a concretização tão perfeita quanto possível desse sonho. A instrumentalidade do processo pauta-se na premissa de que o direito material coloca-se como o valor que deve presidir a criação, a interpretação e a aplicação das regras processuais.[326]

Neste ponto é fundamental destacar que ter acesso à Justiça, enquanto uma garantia manifestamente instrumental, jamais será um fim em si mesmo. O processo é, ao lado da autocomposição e das demais formas de heterocomposição, apenas *um* meio para obter, de acordo com Ovídio Baptista Silva e Fábio Gomes, a defesa do direito subjetivo e a paz jurídica[327].

---

[326] DIDIER JR., Fredie. *Introdução ao direito processual civil e processo de conhecimento*. Curso de direito processual civil. 14. ed. rev., ampl. e atual. Salvador: Juspodivm, 2012. v. I, p. 26-27.
[327] SILVA, Ovídio A. Baptista; GOMES, Fábio. *Teoria geral do processo civil*. 2. ed. rev. e atual. São Paulo: Revista dos Tribunais, 2000. p. 43.

Em visão marcadamente instrumental, Cândido Rangel Dinamarco defende, por seu turno, o abandono da visão puramente jurídica do processo, chamando a atenção para os escopos sociais de pacificação com justiça e educação da sociedade, bem assim ao escopo político de estabilidade das instituições estatais e participação dos cidadãos na vida e nos destinos do Estado[328].

Por outro lado, também não pode ser esquecido que o exercício da função jurisdicional *não* é o caminho natural para a resolução dos conflitos, mas sempre uma atividade de *substituição* (Chiovenda): o Poder Judiciário substitui, por intermédio de uma atividade pública sua, a atividade das partes envolvidas no conflito[329], a partir do pressuposto lógico de que estas não consigam no caso concreto resolvê-lo pelo mero ajuste de vontades.

Não é por outro motivo que a doutrina identifica o interesse de agir em juízo no binômio "adequação e necessidade", sendo que, segundo Antônio Carlos de Araújo Cintra, Ada Pellegrini Grinover e Cândido Rangel Dinamarco,

> repousa a necessidade da tutela jurisdicional na impossibilidade de obter a satisfação do alegado direito sem a intercessão do Estado — ou porque a parte contrária se nega a satisfazê-lo, sendo vedado ao autor o uso da autotutela, ou porque a própria lei exige que determinados direitos só possam ser exercidos mediante prévia declaração judicial (são as chamadas ações constitutivas necessárias, no processo civil e a ação penal condenatória, no processo penal).[330]

Em suma, o direito fundamental de ter acesso à Justiça, que é uma promessa-síntese das demais garantias processuais de foro constitucional, não é um fim em si mesmo e se encontra intrinsecamente limitado pelo próprio caráter da jurisdição, na medida em que substituta da atividade das partes envolvidas no conflito. A noção de eficiência, que se vincula diretamente a uma racionalização de métodos e procedimentos destinados à otimização de resultados[331], não prescinde da consciência do magistrado acerca destas notas de instrumentalidade e substitutividade, que deve permear todo o procedimento argumentativo durante a realização de sua função.

5.2. REDIMENSIONAMENTO DO PODER JUDICIÁRIO E EFEITOS COLATERAIS

Os efeitos da produção normativa nem sempre se limitam àqueles pretendidos pelo Poder Legislativo e pela própria sociedade. A complexidade e as inúmeras

---

(328) DINAMARCO, Cândido Rangel. *A instrumentalidade do processo*. 14. ed. rev. e atual. São Paulo: Malheiros, 2009. p. 187-207.
(329) ALVIM, José Eduardo Carreira. *Elementos de teoria geral do processo*. 7. ed. rev. ampl. e atual. Rio de Janeiro: Forense, 2000. p. 10-13
(330) CINTRA, Antônio Carlos de Araújo; GRINOVER, Ada Pellegrini; DINAMARCO, Cândido Rangel. *Teoria geral do processo*. 26. ed. rev. e atual. São Paulo: Malheiros, 2010. p. 281.
(331) Seção 4.1.

variáveis da dinâmica social acarretam dificuldade ou mesmo impossibilidade de prognósticos precisos de todos os reflexos colaterais possíveis. Também assim ocorreu com o tratamento do direito de ter acesso à Justiça, em momento posterior à redemocratização que a sociedade brasileira experimentou após a Constituição Federal de 1988.

No Brasil, enquanto o princípio da eficiência administrativa apenas foi incorporado expressamente ao texto constitucional a partir da Emenda n. 19/1998 à atual Constituição, o direito a ter acesso à Justiça, por seu turno, teve previsão expressa em redação idêntica nas Constituições de 1946[332], 1967[333] e 1969[334], embora esta última posteriormente alterada pela Emenda Constitucional n. 7/1977[335]. Ganhou, porém, maior foro de representatividade quando inserida na Constituição de 1988[336], pois, em sua gênese, este diploma representou, inclusive no plano simbólico, um verdadeiro rito de passagem do autoritarismo que marcou o período do regime militar para o esperado Estado Democrático de Direito.

Como salienta Eliane Botelho Junqueira, os motivos que suscitaram o interesse do tema do acesso à Justiça em solo brasileiro no início dos anos 1980 não estiveram relacionados ao movimento internacional de ampliação do acesso à Justiça, mas ao processo político e social da abertura política e na emergência do movimento social que então se iniciava[337]. Elucidativa é a recordação de Dirley da Cunha Júnior:

> era uma tarde de quarta-feira, um dia ansiado por todos os brasileiros, ávidos por um novo Brasil e uma nova sociedade, plural e aberta, na qual todos, depois de anos de sombra e escuridão, pudessem nascer, viver e conviver livres e iguais em dignidade e direitos. Às 16:00 horas do dia 5 de outubro de 1988, um dia diferente e especial para o Brasil e todos os brasileiros, promulgou-se a nova Constituição do País, a

---

(332) BRASIL. *Constituição da República Federativa do Brasil de 1947*, art. 141, "§ 4º A lei não poderá excluir da apreciação do Poder Judiciário qualquer lesão de direito individual". Disponível em: <http://www.planalto.gov.br/ccivil_03/Leis/_lei-principal.htm> Acesso em: 2.9.2011.
(333) BRASIL. *Constituição da República Federativa do Brasil de 1967*, art. 150, "§ 4º A lei não poderá excluir da apreciação do Poder Judiciário qualquer lesão de direito individual". Disponível em: <http://www.planalto.gov.br/ccivil_03/Leis/_lei-principal.htm> Acesso em: 2.9.2011
(334) BRASIL. *Constituição da República Federativa do Brasil de 1969*, art. 153, "§ 4º A lei não poderá excluir da apreciação do Poder Judiciário qualquer lesão de direito individual". Disponível em: <http://www.planalto.gov.br/ccivil_03/Leis/_lei-principal.htm> Acesso em: 2.9.2011.
(335) BRASIL. *Constituição da República Federativa do Brasil de 1969*, art. 153, "§ 4º A lei não poderá excluir da apreciação do Poder Judiciário qualquer lesão de direito individual. O ingresso em juízo poderá ser condicionado a que se exauram previamente as vias administrativas, desde que não exigida garantia de instância, nem ultrapassado o prazo de cento e oitenta dias para a decisão sobre o pedido". Disponível em: <http://www.planalto.gov.br/ccivil_03/Leis/_lei-principal.htm> Acesso em: 2.9.2011.
(336) BRASIL. *Constituição da República Federativa do Brasil*, art. 5º, "XXXV — A lei não excluirá da apreciação do Poder Judiciário lesão ou ameaça a direito".
(337) JUNQUEIRA, Eliane Botelho. Acesso à justiça: um olhar retrospectivo. *Revista Estudos Históricos*, n. 18, CPDOC/FGV, p. 2, 1996.

Constituição da esperança, da democracia, da felicidade, do ser humano: a Constituição cidadã, como assim intitulada por quem presidia a tão emocionada e histórica Sessão da Assembleia Nacional Constituinte.[338]

Observando o contexto histórico da redemocratização, se torna compreensível o porquê, ali, de o resgate da cidadania passar necessariamente por um chamado ao acesso à Justiça: o chamado à garantia de plena eficácia do rol de direitos fundamentais outrora negados à sociedade brasileira. Logo, era também coerente que a concretização da norma enunciada no inciso XXXV do art. 5º da nova Constituição Federal reclamasse uma interpretação ampla e irrestrita, sem concessões.

E a sociedade brasileira efetivamente atendeu ao chamado.

Consoante as estatísticas do movimento processual nos anos de 1940 a 2012 no Supremo Tribunal Federal, disponíveis no site dessa Corte, pode ser verificado que, em 1988, foram ali protocolados 21.328 processos novos, sendo que, em 2011, este número já alcançava a cifra de 64.018 (agora diretamente autuados)[339], representando atualmente o aumento percentual de aproximadamente 200%.

Gráfico 1: Comparação entre processos novos no Supremo Tribunal Federal em 1988 e 2012

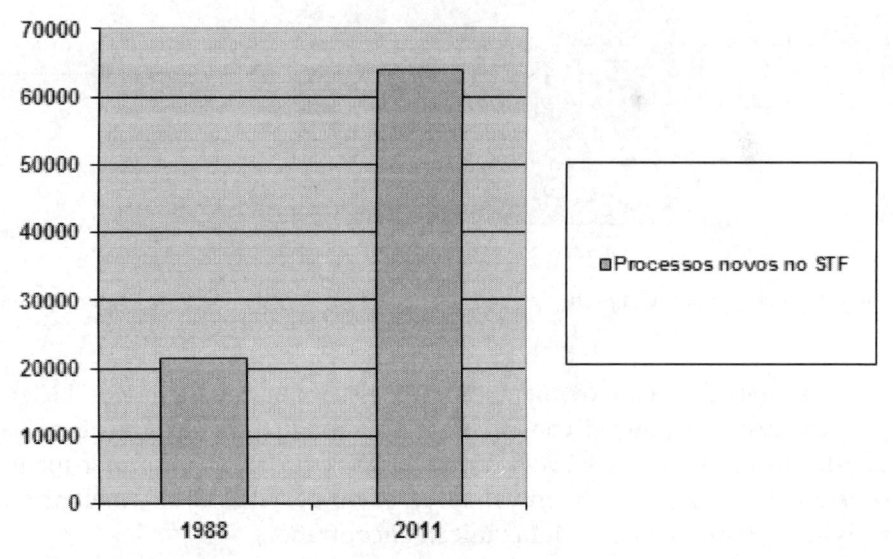

Fonte: Gráfico construído a partir de dados disponíveis no *site* do Supremo Tribunal Federal.

---

(338) CUNHA JÚNIOR, Dirley da. *Curso de direito constitucional*. 3. ed. rev. ampl. e atual. Salvador: Juspodivm, 2009. p. 500.
(339) BRASIL. Supremo Tribunal Federal. *Movimento Processual nos anos de 1940 a 2012*. Disponível em: <http://www.stf.jus.br> Acesso em: 2.9.2011.

Por outro lado, com base nas estatísticas da movimentação processual do Superior Tribunal de Justiça (devendo ser observado que, embora criado pela Constituição de 1988, apenas foi efetivamente instalado em abril de 1989), disponíveis no *site* dessa Corte, pode ser verificado que, em 1990, foram ali distribuídos ao longo de todo o ano 14.087 processos novos. Em 2011, todavia, passados vinte e dois anos de sua instalação, este mesmo número de distribuição de feitos já alcançava então a cifra de 338.394[340], representando, dessa maneira, o expressivo aumento percentual de aproximadamente 2.302%, vale dizer, mais de vinte e três vezes a carga inicial.

Gráfico 2: Comparação entre processos novos no Superior Tribunal de Justiça em 1990 e 2011

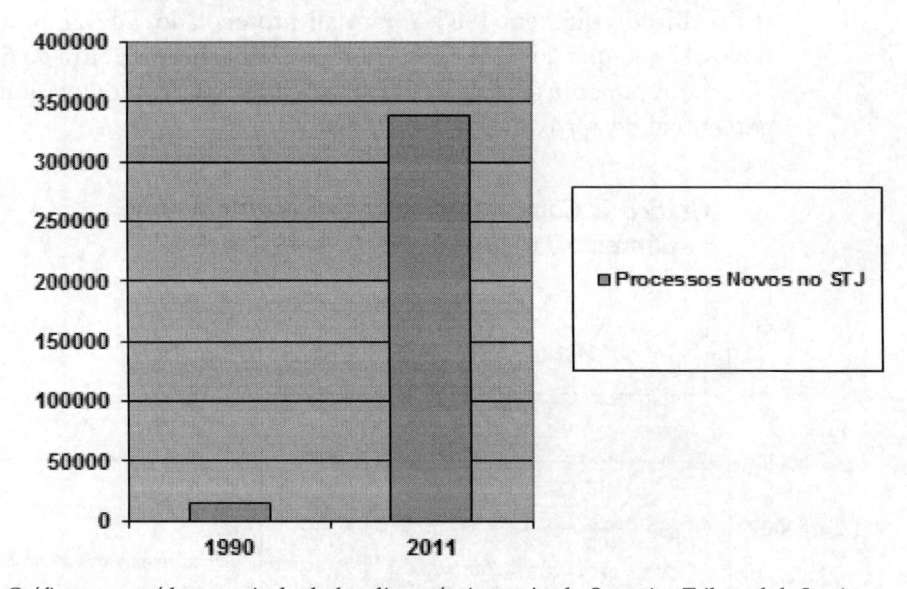

Fonte: Gráfico construído a partir de dados disponíveis no *site* do Superior Tribunal de Justiça.

As estatísticas da movimentação processual por ano da Justiça do Trabalho, por seu turno, disponíveis no *site* do Tribunal Superior do Trabalho, apontam 17.607 processos novos em 1988 contra 211.734 em 2011, significando um também expressivo incremento percentual aproximado de 1.1021%[341], melhor dizendo, mais de dez vezes aquele volume inicial encontrado.

---

(340) BRASIL. Superior Tribunal de Justiça. *Relatório Estatístico Ano: 2011*. Disponível em: <http://www.stj.jus.br> Acesso em: 2.9.2011.
(341) BRASIL. Tribunal Superior do Trabalho. *Estatísticas da movimentação processual por ano (desde 1941) da Justiça do Trabalho*. Disponível em: <http://www.tst.jus.br> Acesso em: 2.9.2011.

Gráfico 3: Comparação entre processos novos no Tribunal Superior do Trabalho em 1988 e 2009

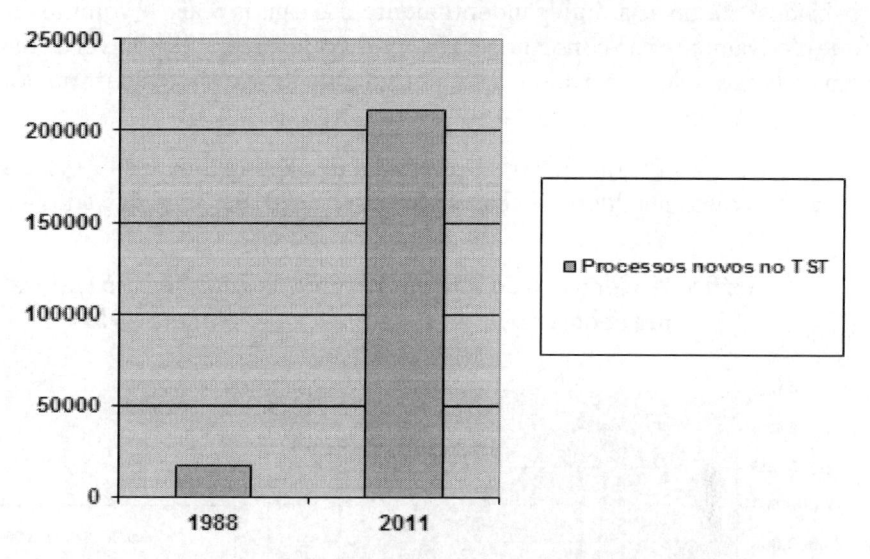

Fonte: Gráfico construído a partir de dados disponíveis no *site* do Tribunal Superior do Trabalho.

De forma mais pormenorizada, cabe neste ponto identificar os indicadores estatísticos referentes aos índices de congestionamento e da carga de trabalho por magistrado, em relação aos três ramos do Poder Judiciário com maior volume processual.

Embora não venha a ser efetuado aqui um aprofundamento no tratamento dos dados estatísticos envolvidos, a análise de tais apontadores assume especial pertinência aos propósitos deste estudo, tendo em vista que permite avaliar, em certa medida, o grau concreto de rendimento do Poder Judiciário em face da demanda que lhe é ordinariamente submetida à apreciação e julgamento.

Noutros termos, podem aqui ser identificados alguns elementos concretos, idôneos a permitir verificar se há ou não eficiência na entrega da prestação jurisdicional, de modo a justificar, sendo o caso, a abordagem de aplicação deste princípio constitucional como ora proposta.

5.2.1. Justiça federal

Na Justiça Federal, o Relatório "Justiça em Números 2010" informa que a taxa de congestionamento da Justiça Federal no 2º grau de jurisdição foi de aproximadamente 68,3%.

Em termos gerais, este indicador permite identificar o percentual em que as novas demandas e os casos pendentes de períodos anteriores deixam de ser finalizados ao longo do ano. Aponta assim, em última análise, em termos práticos, o resíduo de processos que deixam de ser resolvidos (na atualidade, deixam de ser baixados[342]), ou seja, independentemente das causas reais, o volume de trabalho que efetivamente não consegue ser absorvido pelo quadro disponível de magistrados em cada ramo do Poder Judiciário, por grau de jurisdição e, conforme o caso, por etapa de cognição ou de execução.

Quanto ao 2º grau de jurisdição na Justiça Federal, para 445.141 casos novos e 959.528 casos pendentes de baixa anteriores a 2010, foram baixados 445.264[343].

Gráfico 4: Comparação entre processos baixados e casos novos e pendentes no 2º grau da Justiça Federal em 2010

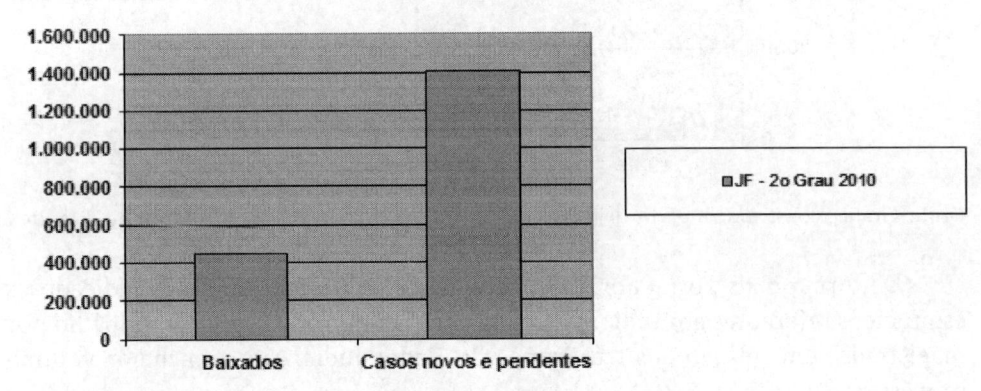

Fonte: Gráfico construído a partir de dados disponíveis no *site* do Conselho Nacional de Justiça.

Na Justiça Federal no 1º grau de jurisdição e nos Juizados Especiais, por outro lado, na fase de conhecimento, para 2.282.601 casos novos e 6.345.559 casos pendentes de baixa anteriores a 2010, foram baixados 2.528.146[344]. Verificou-se, portanto, uma taxa de congestionamento da Justiça Federal no 1º grau de jurisdição e nos Juizados Especiais de aproximadamente 70,7%

---

(342) Observe-se que os termos "processos pendentes de baixa" e "processos baixados" são decorrência da Resolução n. 76, de 12 de maio de 2009, do Conselho Nacional de Justiça, que alterou o critério anteriormente adotado na apuração do total de processos pendentes. Até 2008, era considerado como base de cálculo o estoque de processos pendentes de julgamento. A partir de 2009, passaram a ser considerados os processos pendentes de baixa na instância em questão. A mudança objetivou analisar o fluxo de entrada e de saída dos processos do Poder Judiciário sob a perspectiva do jurisdicionado que aguarda a resolução de uma demanda de conflito, em vez da ótica da produtividade do magistrado. *Conferere* BRASIL. Conselho Nacional de Justiça. *Resolução n. 76, de 12 de maio de 2009*. Disponível em: <http://www.cnj.jus.br> Acesso em: 2.9.2011.
(343) BRASIL. Conselho Nacional de Justiça. *Relatório Justiça em Números 2010*. Disponível em: <http://www.cnj.jus.br> Acesso em: 2.9.2011. p. 154.
(344) BRASIL. Conselho Nacional de Justiça. *Relatório Justiça em Números 2010*..., cit., p. 160.

Gráfico 5: Comparação entre processos baixados e casos novos e pendentes na cognição no 1º grau da Justiça Federal em 2010

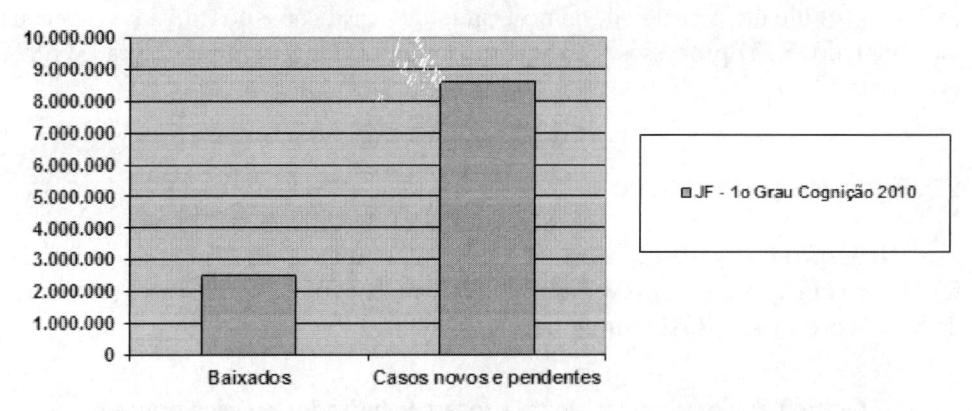

□ JF - 1o Grau Cognição 2010

Baixados   Casos novos e pendentes

Fonte: Gráfico construído a partir de dados disponíveis no *site* do Conselho Nacional de Justiça.

Na fase de execução, a taxa de congestionamento na Justiça Federal apresenta-se razoavelmente menor (53,6%), quando comparado à etapa de cognição neste mesmo ramo. Assim, para 182.807 casos novos e 558.076 casos pendentes de baixa anteriores a 2010, foram baixados 343.806[345]. É importante salientar, porém, que estes índices encontram-se estruturalmente conjugados: havendo uma redução da taxa de congestionamento em cognição, a tendência é que haja um incremento no número de casos novos em execução.

Gráfico 6: Comparação entre processos baixados e casos novos e pendentes na execução no 1º grau da Justiça Federal em 2010

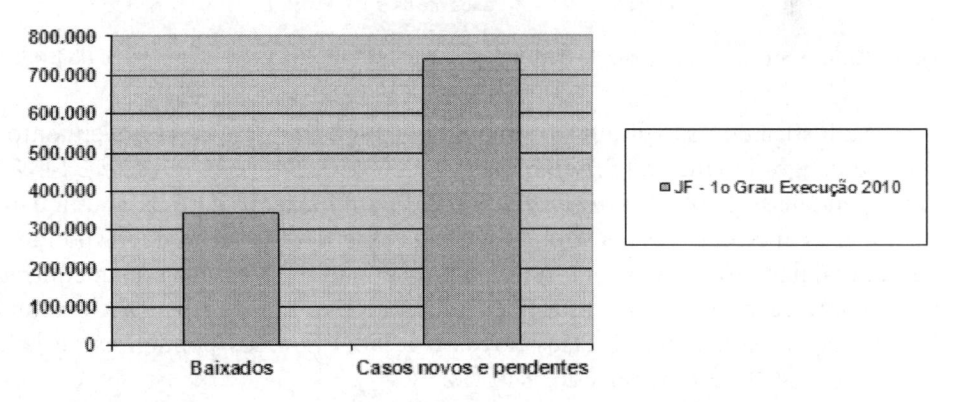

□ JF - 1o Grau Execução 2010

Baixados   Casos novos e pendentes

Fonte: Gráfico construído a partir de dados disponíveis no *site* do Conselho Nacional de Justiça.

---

(345) BRASIL. Conselho Nacional de Justiça. *Relatório Justiça em Números 2010...*, cit., p. 163.

Por outro lado, o índice carga de trabalho reflete a quantidade de processos que estavam em andamento por magistrado durante o exercício de 2010. Para cada magistrado da Justiça Federal no 1º grau de jurisdição e nos juizados especiais são apontados 5.757 processos[346], enquanto para cada magistrado no 2º grau, 11.896 processos[347].

5.2.2. Justiça do trabalho

Na Justiça do Trabalho, a taxa de congestionamento no 2º grau de jurisdição foi de aproximadamente 27,6%. Para 560.180 casos novos e 244.598 casos pendentes de baixa anteriores a 2010, foram baixados 582.054[348].

Gráfico 7: Comparação entre processos baixados e casos novos e pendentes no 2º grau da Justiça do Trabalho em 2010

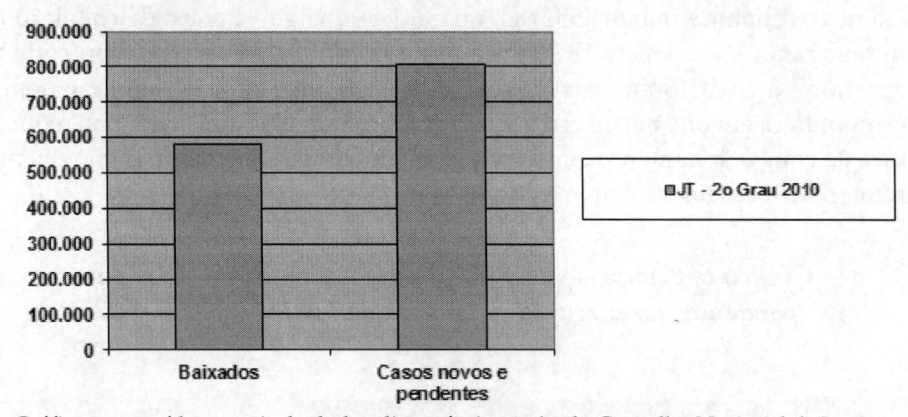

Fonte: Gráfico construído a partir de dados disponíveis no *site* do Conselho Nacional de Justiça.

Na Justiça do Trabalho no 1º grau de jurisdição, na fase de conhecimento, a taxa de congestionamento foi de 35,7%. Para 2.020.034 casos novos e 1.143.845 casos pendentes de baixa anteriores a 2010, foram baixados 2.032.210. Enquanto isso, a taxa média de congestionamento na fase de execução corresponde ao percentual de 68%, ou seja, um índice significativamente superior ao encontrado em cognição, sendo um relevante obstáculo ao efetivo acesso à Justiça neste ramo. Na execução, para 736.751 casos novos e 1.890.475 casos pendentes de baixa anteriores a 2010, foram baixados 840.192[349].

---

(346) BRASIL. Conselho Nacional de Justiça. *Relatório Justiça em Números 2010...*, cit., p. 166.
(347) BRASIL. Conselho Nacional de Justiça. *Relatório Justiça em Números 2010...*, cit., p. 159.
(348) BRASIL. Conselho Nacional de Justiça. *Relatório Justiça em Números 2010...*, cit., p. 106.
(349) BRASIL. Conselho Nacional de Justiça. *Relatório Justiça em Números 2010...*, cit., p. 121.

Gráfico 8: Comparação entre processos baixados e casos novos e pendentes na cognição no 1º grau da Justiça do Trabalho em 2010

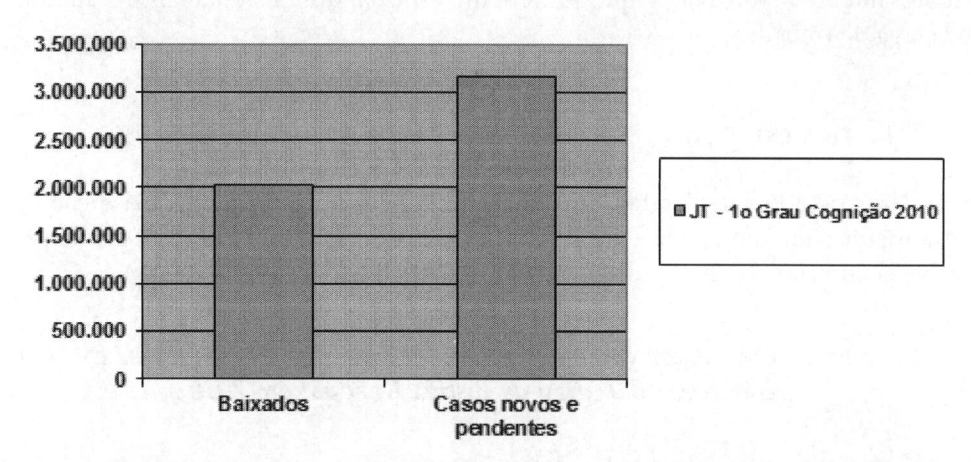

[Gráfico de barras: Baixados ~2.000.000; Casos novos e pendentes ~3.200.000 — JT - 1o Grau Cognição 2010]

Fonte: Gráfico construído a partir de dados disponíveis no *site* do Conselho Nacional de Justiça.

Gráfico 9: Comparação entre processos baixados e casos novos e pendentes na execução no 1º grau da Justiça do Trabalho em 2010

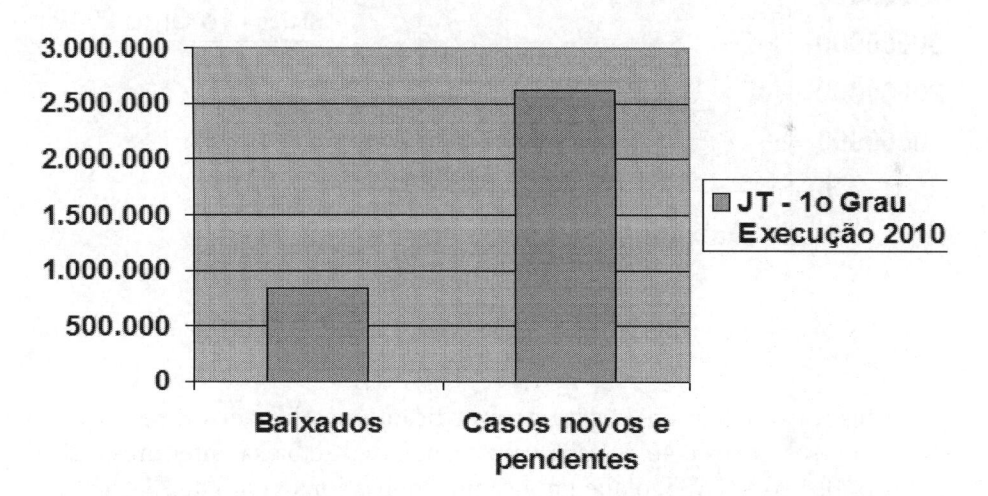

[Gráfico de barras: Baixados ~850.000; Casos novos e pendentes ~2.600.000 — JT - 1o Grau Execução 2010]

Fonte: Gráfico construído a partir de dados disponíveis no *site* do Conselho Nacional de Justiça.

Quanto ao índice carga de trabalho, cada magistrado no 1º grau de jurisdição ficou responsável por uma carga de trabalho de 2.450 processos passíveis de julgamento[350], enquanto cada magistrado de 2º grau com 1.877 processos[351]. É de

---
(350) BRASIL. Conselho Nacional de Justiça. *Relatório Justiça em Números 2010*. Disponível em: <http://www.cnj.jus.br> Acesso em: 2.9.2011. p. 129.
(351) BRASIL. Conselho Nacional de Justiça. *Relatório Justiça em Números 2010...*, cit., p. 112.

se ressaltar que, no caso da Justiça do Trabalho, os processos dependem, em grande medida, da produção da prova oral, reduzindo a possibilidade de decisões rigorosamente repetitivas, o que confere um especial dimensionamento à questão da carga de trabalho.

5.2.3. Justiça estadual

Na Justiça Estadual, a taxa de congestionamento no 2º grau de jurisdição foi de aproximadamente 48,2%. Para 1.860.106 casos novos e 1.440.772 casos pendentes de baixa anteriores a 2010, foram baixados 1.707.872[352].

Gráfico 10: Comparação entre processos baixados e casos novos e pendentes no 2º grau da Justiça Estadual em 2010

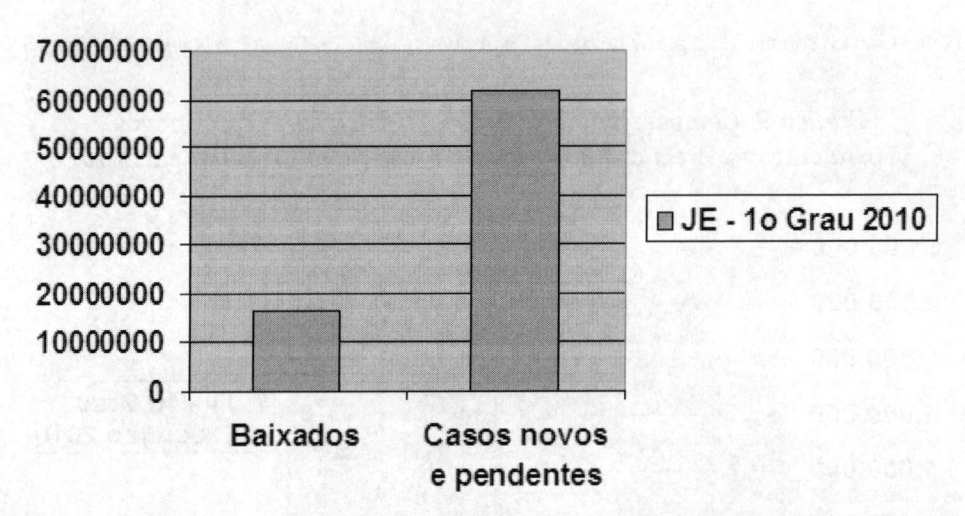

Fonte: Gráfico construído a partir de dados disponíveis no *site* do Conselho Nacional de Justiça.

Na Justiça Estadual no 1º grau de jurisdição e nos Juizados Especiais, para 15.486.985 casos novos e 46.341.239 casos pendentes de baixa anteriores a 2010, foram baixados 16.441.935, o que implica um congestionamento de 73,4%[353].

---

(352) BRASIL. Conselho Nacional de Justiça. *Relatório Justiça em Números 2010...*, cit., p. 42.
(353) BRASIL. Conselho Nacional de Justiça. *Relatório Justiça em Números 2010...*, cit., p. 56.

Gráfico 11: Comparação entre processos baixados e casos novos e pendentes no 1º grau da Justiça Estadual em 2010

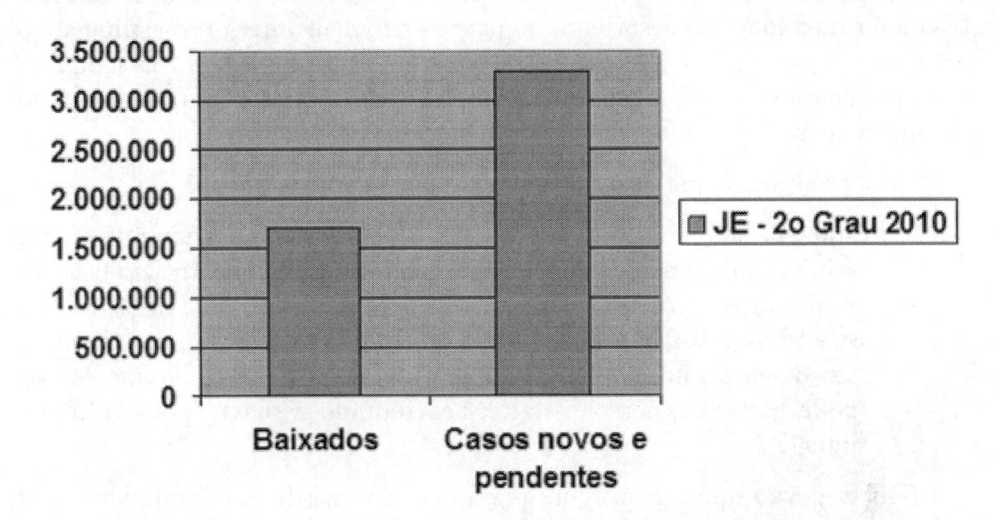

Fonte: Gráfico construído a partir de dados disponíveis no *site* do Conselho Nacional de Justiça.

Quanto ao índice carga de trabalho, cada magistrado no 1º grau de jurisdição e juizados especiais ficou responsável por 6.099 processos passíveis de julgamento[354], enquanto cada magistrado de 2º grau com 2.353 processos[355].

5.2.4. Considerações gerais

Os dados estatísticos permitem concluir facilmente que são extrapolados os limites de absorção de demanda para a entrega da prestação jurisdicional. Nos três ramos do Poder Judiciário destacados há, com algumas variações setoriais e por grau de jurisdição, uma evidente desproporção entre a quantidade de novas demandas e casos pendentes e o que efetivamente é baixado ao final do ano nos dois primeiros graus de jurisdição, circunstância que indica com precisão que não é proporcionado o acesso à tutela jurisdicional efetiva.

Tal constatação mais se confirma, na medida em que é observada, por ano, por magistrado, uma quantidade média de processos na casa dos milhares, ou seja, extremamente superior, a partir de parâmetros mínimos de razoabilidade, à capacidade de absorção para a entrega de uma prestação jurisdicional com qualidade.

É interessante observar que Andrea Proto Pisani, ao analisar recentemente a situação da Corte de Cassação italiana, encarregada de prolatar cerca de trinta mil

---

(354) BRASIL. Conselho Nacional de Justiça. *Relatório Justiça em Números 2010...*, cit., p. 68.
(355) BRASIL. Conselho Nacional de Justiça. *Relatório Justiça em Números 2010...*, cit., p. 49.

decisões por ano, indica que, nestes termos (volume extremamente inferior aos Tribunais brasileiros analisados), é "impensável" que este tribunal possa cumprir a tarefa de assegurar a uniformidade da lei. Ao invés de ser uma fonte de orientação, passa a ser uma fonte de desorientação para os tribunais inferiores, estimulando um aumento nos recursos, já que assim, diante desta sobrecarga, há sempre a esperança de provimento, seja por uma simples distração dos revisores ou mesmo por uma mudança consciente da jurisprudência majoritária[356].

De acordo com o que sustenta Cármen Lúcia Antunes Rocha,

> a jurisdição é direito de todos e dever do Estado, à maneira de outros serviços públicos que neste final de século se tornaram obrigação positiva de prestação afirmativa necessária da pessoa estatal. A sua negativa ou a sua oferta insuficiente quanto ao objeto da prestação ou ao tempo de seu desempenho é descumprimento do dever positivo de que se não pode escusar a pessoa estatal, acarretando a sua responsabilidade integral.[357]

Não se deve esquecer, porém, que a decisão jurisdicional, enquanto ato precipuamente intelectual, em razão de suas peculiaridades conformativas, não se ajusta a procedimentos mecânicos equivalentes a uma linha de produção fabril. Ademais, no pós-positivismo jurídico, o novo papel do juiz implica necessariamente uma tarefa cada vez mais complexa e constantemente depurativa das regras de argumentação em prol da otimização da racionalidade da fundamentação das decisões.

5.3. CRISE DO PODER JUDICIÁRIO E POSSÍVEIS CAUSAS

A partir do diagnóstico de uma evidente situação de crise a envolver o Poder Judiciário podem ser identificadas algumas de suas possíveis causas, na perspectiva direta que interessa à aplicação do princípio da eficiência administrativa em sede das decisões jurisdicionais.

Consoante Rodolfo de Camargo Mancuso, ao assumir os conflitos instaurados, e não auto ou heterocompostos, não foi inicialmente direcionado ao Estado-juiz uma preocupação com a boa gestão do gigantesco volume de processos que isso acarretaria, tampouco foi efetuado um controle da efetividade da prestação jurisdicional. Na ciência da administração, em organização e método, é dito que "quem quer os fins, deve dar os meios". No caso brasileiro, houve a absorção do monopólio da distribuição de justiça, sem o correspondente empenho de dotar o

---

(356) PISANI, Andrea Proto. Principio d'eguaglianza e ricorso per cassazione. *Revista de Processo*, São Paulo: Revista dos Tribunais, n. 191, ano 36, p. 202, jan. 2011.
(357) ROCHA, Cármen Lúcia Antunes. O direito constitucional à jurisdição. In: TEIXEIRA, Sálvio de Figueiredo (coord.). *As garantias do cidadão na justiça*. São Paulo: Saraiva, 1993. p. 34.

Poder Judiciário de meios pessoais e materiais idôneos a produzir um resultado final de qualidade. Não foram fomentadas as condições concretas para uma resposta jurisdicional justa, tecnicamente consistente e fundamentada, econômica, tempestiva e razoavelmente previsível[358].

As sucessivas alterações na lei processual e os investimentos na estrutura do Poder Judiciário, enquanto maneiras utilizadas pelo Estado brasileiro para atenuar o problema do excesso de processos, não foram satisfatórios. Atingiram as consequências, e não as causas[359].

Como acentua Pierpaolo Cruz Bottini, a lentidão na solução das lides torna evidente um autêntico déficit de legitimidade do Poder Público no que se refere ao exercício da função jurisdicional. A consolidação de uma nação está amparada na consistência e na fiabilidade de suas instituições, criadas e mantidas com a finalidade de propiciar segurança no âmbito dos diversos relacionamentos sociais, tanto por meio da elaboração, quanto da preservação de regras de convivência. Sendo assim, a lentidão do Judiciário e a demora em exercer suas tarefas típicas acabam por mitigar o contexto estável que se necessita para o aprimoramento das relações indispensáveis ao convívio social[360].

Para além das deficiências legislativas e da precariedade de sua estrutura, entre as possíveis causas da crise do Poder Judiciário podem ser apontadas:

    a) A cultura demandista e os litigantes habituais.

    b) A circunstância de que nem todos os jurisdicionados almejam a solução rápida do processo.

    c) A complexidade crescente de teses e litígios.

    d) A formação do juiz.

5.3.1. CULTURA DEMANDISTA E LITIGANTES HABITUAIS

Por demandismo se entende o apelo exagerado e desmedido ao Poder Judiciário para solução de toda e qualquer controvérsia, invertendo-se a perspectiva precipuamente da lógica do caráter substitutivo da jurisdição.

No que tange à cultura demandista, conforme Rodolfo de Camargo Mancuso, esta se instalou na sociedade brasileira a partir de uma visão exacerbada e ingênua do direito de ter acesso à Justiça, pelo qual o processo serve como destino natural de toda e qualquer pretensão resistida ou insatisfeita, inclusive controvérsias que

---

(358) MANCUSO, Rodolfo de Camargo. *Op. cit.*, p. 51-52.
(359) MANCUSO, Rodolfo de Camargo. *Op. cit.*, p. 88-89.
(360) BOTTINI, Pierpaolo Cruz. A justiça do trabalho e a reforma do judiciário. In: CHAVES, Luciano Athayde (org.). *Direito processual do trabalho*: reforma e efetividade. São Paulo: LTr, 2007. p. 100.

beiram ao mero capricho. Ocorre que casos destituídos de maior gravidade, porém, não precisariam chegar à Justiça, cabendo até mesmo, em determinadas circunstâncias, uma postura de tolerância ou renúncia de modo a preservar o convívio pacífico em sociedade. É importante frisar que não se está a exigir uma dosimetria arbitrária para o ingresso em juízo, mas apenas uma postura racional e realista para o dimensionamento do interesse de agir[361].

Um sintoma bem claro desta questão é a banalização dos processos em que se pleiteia o pagamento de indenização por danos morais. É representativo o processo que chegou até o Superior Tribunal de Justiça, em sede de recurso especial, no qual se discutia a suposta ofensa moral sofrida pelo autor, diante da simples circunstância de, ao efetuar compras em um supermercado no valor de R$ 22,50, ter havido a recusa de seu cartão de crédito em virtude de problemas no sistema de informática. A Quarta Turma daquela Corte, sob a relatoria do Ministro César Asfor Rocha, entendeu que "o mero dissabor não pode ser alçado ao patamar do dano moral, mas somente aquela agressão que exacerba a naturalidade dos fatos da vida, causando fundadas aflições ou angústias no espírito de quem ela se dirige"[362].

É possível entender que hipóteses frequentes como esta antes relatada — embora sob outras roupagens —, para além da configuração do abuso de direito de ação, apenas contribuem para congestionar ainda mais as atividades do Poder Judiciário, em prejuízo daqueles que efetivamente sofreram danos morais e esperam pela necessária reparação.

Por outro lado, Pierpaolo Cruz Bottini chama atenção para a circunstância de que o excesso de demandas judiciais também decorre da utilização indevida do Poder Judiciário por poucos atores, dentre os quais o próprio Poder Público, as concessionárias prestadoras de serviço e as instituições financeiras[363].

Segundo Mauro Cappelletti e Bryant Garth, estes entes são os que Galanter classifica como *litigantes habituais*, ou seja, as partes encontradas com frequência no sistema judicial, que possuem, em seu favor, as seguintes vantagens de sucesso na lide:

    a) Maior experiência com o Direito, o que permite melhor planejamento do litígio.

    b) Economia de escala, considerando a extensão do número de casos.

    c) Maior oportunidade de desenvolvimento de relações informais com os juízes.

---

(361) MANCUSO, Rodolfo de Camargo. *Op. cit.*, p. 98-99.
(362) BRASIL. *Superior Tribunal de Justiça.* Quarta Turma. Resp n. 403.919/MG. Relator: Ministro César Asfor Rocha. Brasília, 15.5.2003. DJ 4.8.2003. Disponível em: <http://www.stj.jus.br> Acesso em: 2.9.2011.
(363) BOTTINI, Pierpaolo Cruz. *Op. cit.*, p. 102.

d) Diluição dos riscos da demanda por um maior número de casos.

e) Possibilidade de teste de estratégias com determinados casos, de modo a garantir a expectativa mais favorável em relação a casos futuros.[364]

Em termos gerais, enquanto o adequado exercício do direito constitucional de ter acesso à Justiça, nos limites de razoabilidade e na justa medida de sua efetiva e real necessidade, demonstra o amadurecimento da sociedade para a verdadeira cidadania, permitindo ao Estado exercer o papel fundamental ao qual se destina, vale dizer, o de salvaguardar a ordem jurídica material e a paz social; o abuso e o exagero em sua utilização, em outra mão, conduzem à negação do instrumento pela ineficiência estrutural e sistêmica do aparato judicial, o que somente agrava e contribui para a crise do Poder Judiciário.

5.3.2. Celeridade para quem?

Nem todos que participam do processo desejam a sua célere solução.

Para Cármen Lúcia Antunes Rocha, "não há eficiência tardia. Não há justiça no atraso da prestação pleiteada. [...] Há que se buscar, pois, a eficiência da prestação jurisdicional, a fim de que tenha assegurado o direito constitucionalmente estabelecido e havido como 'inviolabilidade'"[365].

José Carlos Barbosa Moreira qualifica, no entanto, como "um mito" a ideia de que a solução rápida dos litígios é querida por todos os jurisdicionados, pois, na maioria dos casos, em termos reais e concretos, pelo menos um dos litigantes tem interesse que o feito se prolongue ao máximo possível[366].

A celeridade e a duração razoável do processo constituem-se objetivos, em primeiro lugar, do juiz na condução do processo, enquanto sujeito ao qual foi constitucionalmente endereçada a missão de pacificação social. É dele a perspectiva macroscópica do quanto uma postura ineficiente em cada processo individualmente considerado pode repercutir de forma muito mais grave nos processos sob a sua jurisdição quando conjuntamente considerados.

Ademais, como já observado anteriormente[367], na atualidade não cabe mais ao juiz mostrar indiferença às transformações sociais e aplicar mecanicamente a norma jurídica. Neste contexto, se é do juiz o papel de transformação da realidade, ele é que se mostra como o principal interessado na entrega em tempo razoável da prestação jurisdicional.

---

(364) CAPPELLETTI, Mauro; GARTH, Bryant. *Acesso à justiça*. Traduzido por Ellen Gracie Northfleet. Porto Alegre: Sergio Antonio Fabris, 1988. p. 25. Tradução de Access do justice: the worldwide movement to make rights effective.
(365) ROCHA, Cármen Lúcia Antunes. A reforma do poder judiciário. *Revista de Direito Administrativo*, Rio de Janeiro, Renovar, n. 211, p. 106, jan./mar. 1998.
(366) MOREIRA, José Carlos Barbosa. O futuro da justiça: alguns mitos..., cit., p. 3-4.
(367) Seção 2.4.3.

Em segundo lugar, interessa também, em princípio, à parte que teve o seu direito lesionado a rapidez na restituição ou no ressarcimento. O mesmo não pode ser dito, porém, da parte contrária, que tem ciência de que promoveu a lesão. Esta última não possui nenhum interesse em cooperar com a rápida solução do litígio, especialmente quando acredita na impunidade ou na probabilidade alta de que a protelação lhe renda maiores vantagens, seja ganhando tempo para tentar subtrair o patrimônio da esfera de constrição judicial, seja quando, em termos contábeis, a aplicação dos recursos, objeto da condenação, possa significar lucros superiores ao quanto pagará ao final como compensação legal pela demora do processo.

Em determinadas circunstâncias, no entanto, não apenas quem promoveu a lesão, mas também o próprio lesionado pode possuir interesse em procrastinar o feito e não cooperar com a Justiça. Basta imaginar, por exemplo, que a sentença lhe tenha sido desfavorável, motivo pelo qual oponha embargos de declaração manifestamente infundados apenas objetivando a interrupção do prazo recursal e acreditando na impunidade quanto à prática de tal conduta, baseado no escudo retórico justamente de que é quem mais tem interesse na rápida solução.

Outro exemplo seria aquele em que diante da iminência da preclusão em torno da oportunidade de produção de uma determinada prova, qualquer das partes, também confiante na impunidade, resolva tumultuar o feito com requerimentos que ensejem obliquamente a dilação do referido prazo ou mesmo fomentem mais adiante, em sede de recurso, a declaração de nulidade de todos os atos processuais, reabrindo o prazo para que aquela prova venha a ser produzida.

5.3.3. Complexidade crescente de teses e litígios

A complexidade de teses e litígios é uma decorrência lógica da natureza crítica do desenvolvimento de qualquer ciência. Pode também ser oriunda das facilidades da informática aplicadas ao processo.

Como explica Karl Popper, ao defender a tese da assimetria dos enunciados universais, a circunstância de serem observados inúmeros eventos singulares em um determinado sentido não autoriza logicamente a se concluir que efetivamente nunca possa existir nenhum evento singular em sentido contrário[368]. Logo, uma vez que um sistema apenas é reconhecido como científico se passível de comprovação pela experiência, o seu critério de demarcação não pode ser o da verificabilidade, mas sim o da falseabilidade[369].

Por seu turno, a possibilidade de se sujeitar à falseabilidade, ou seja, a própria condição de demarcação do conhecimento científico, significa a abertura de deter-

---

(368) POPPER, Karl. *A lógica da pesquisa científica*. Traduzido por Leonidas Hegenberg e Octanny Silveira da Mota. São Paulo: Cultrix, 2007. p. 27-28. Tradução de The logic of scientific discovery.
(369) POPPER, Karl. *A lógica da pesquisa científica*..., cit., p. 42.

minada teoria à crítica. Dessa forma, o método da ciência consiste inevitavelmente em tentativas experimentais para resolver os problemas por conjecturas, que, por seu turno, são controladas por severa crítica. Trata-se assim de um desenvolvimento crítico consciente do método de ensaio e erro[370]. Assim é que Claus-Wilhelm Canaris sustenta que "cada sistema científico é, [...], tão só um *projecto* de sistema, que apenas exprime o estado dos conhecimentos do seu tempo"[371]. Noutros termos, pode ser dito que é a constante tensão crítica entre o conhecimento nunca assentado, porque conjectural, e as correspondentes e infinitas refutações, que lhe são apresentadas, que confere dinamicidade à ciência.

Na ciência do Direito não é diferente. Para cada entendimento consolidado pela jurisprudência, a parte que é por ele prejudicada, tendo a oportunidade e os meios necessários, recorrerá a teses cada vez mais complexas e refinadas para sua refutação direta. Ou ainda, justificará que aquele caso atual não se enquadra na hipótese que derivou o entendimento pacificado. A argumentação jurídica é dinâmica e as suas possibilidades de desenvolvimento, como em qualquer ciência, são infinitas, o que reflete necessariamente em uma carga de trabalho, por litígio individualmente considerado, cada vez maior para o Poder Judiciário.

Sendo assim, a solução de cada problema possui em si, ainda que de forma implícita e latente, o germe de novos e maiores problemas, já que a atividade jurisdicional existe em razão do conflito.

Por outro lado, a inovação decorrente das ferramentas tecnológicas também favorece o aumento na complexidade. Se em determinado sentido permite uma evolução estrutural no Poder Judiciário, em outro também municia o cidadão a aumentar a demanda e tornar mais complexa a apreciação da cada causa. Não se trata aqui de assumir uma postura refratária à tecnologia, mas sim de constatar e ter clareza de que esta pode se traduzir ambiguamente tanto em solução quanto em fonte de novos problemas.

Na informática, os mesmos recursos de editores de texto, por exemplo, que permitem a economia de tempo de se copiar trechos inteiros de fundamentação de uma decisão para outra, de igual modo possibilitam que as laudas das petições sejam multiplicadas em escala gigantesca. Atualmente é comum encontrar peças nos autos, cuja fundamentação poderia ser sintetizada de forma concisa e sem nenhuma perda argumentativa em menos de cinco laudas, transformadas em mais de uma centena de páginas, inclusive preenchidas com textos repetidos ou que simplesmente não dizem respeito ao processo. Considerada em seu conjunto, a

---

(370) POPPER, Karl. *A lógica das ciências sociais*. 3. ed. Traduzido por Estevão de Rezende Martins, Apio Cláudio Muniz Acquarone Filho e Vilma de Oliveira Moraes e Silva. Rio de Janeiro: Tempo Brasileiro, 2004. p. 16.
(371) CANARIS, Claus-Wilhelm. *Pensamento sistemático e conceito de sistema na ciência do direito*. 3. ed. Traduzido por A. Menezes Cordeiro. Lisboa: Calouste Gulbenkian, 2002. p. 106. Tradução de Systemdenken und Systembegriff in der Jurisprudenz.

demanda de tempo necessária ao juiz para a apreciação deste tipo de postulação em cada processo apenas dificulta paradoxalmente (para os que agem de boa-fé) a própria apreciação das teses dos postulantes, agravando o congestionamento da estrutura como um todo.

Pode também ser considerado como outro exemplo a possibilidade de postulação pelo meio virtual.

A tecnologia da informação (TI), de acordo com Idalberto Chiavenato, atualmente invade e permeia a vida das organizações e das pessoas, provocando profundas transformações, entre as quais a compressão do tempo. Para ele,

> as comunicações tornaram-se móveis, flexíveis, rápidas, diretas e em tempo real, permitindo maior tempo de dedicação ao cliente. A instantaneidade passa a ser a nova dimensão temporal fornecida pela TI. O *Just-in-Time* (jIT) foi o resultado da convergência de tempos reduzidos no processo produtivo. A informação em tempo real e *on-line* permite a integração de vários processos diferentes nas organizações e passou a ser a nova dimensão temporal fornecida pela TI.[372]

Ao mesmo tempo em que a postulação virtual permite de forma positiva um desejável acesso mais cômodo e rápido da parte ao Órgão Julgador, também, em outra mão, encurta o tempo operacional necessário à reação (legítima ou não) diante da correspondente decisão pela parte que se sinta por ela prejudicada. Em consequência, no âmbito das decisões interlocutórias, por exemplo, a tendência é que tal facilidade favoreça a multiplicação (por unidade de tempo) de impugnações, pedidos de reconsideração e eventualmente de requerimentos com a finalidade meramente procrastinatória e tumultuária.

Em um universo de milhares de pontos de emissão (postulantes), quando se aumenta a velocidade de tráfego no canal de informação sem que haja suficiente e correspondente acréscimo de pontos de recepção e processamento (juízes), a decorrência lógica necessária é o congestionamento na capacidade destes últimos em absorver a demanda e emitir a resposta (prestação jurisdicional).

Isso ocorre porque a atividade do juiz não é mecânica, e sim intelectual, cuja velocidade de exercício, na medida em que dependente de limites humanos de processamento, não consegue acompanhar, em adequada proporção, a velocidade do trânsito virtual de dados emitidos por milhares de postulantes. A redução de tempos se opera aqui preponderantemente no que tange às entradas, não havendo o idêntico benefício em relação às saídas, reduzindo assim, por via lógica de consequência, a eficiência do sistema como um todo.

---

(372) CHIAVENATO, Idalberto. *Introdução à teoria geral da administração*: uma visão abrangente da moderna administração das organizações. 7. ed. rev. e atual. Rio de Janeiro: Elsevier, 2003. p. 428.

Em tese, partindo-se da premissa da irreversibilidade deste fenômeno — enquanto consequência da própria evolução tecnológica —, a relação processual tenderá a se assemelhar virtualmente cada vez mais a um diálogo presencial. Em termos individuais, esta circunstância pode até conduzir a uma aparência de maior correção das decisões jurisdicionais. O estimulante desafio que se impõe em face desta mudança completa de paradigmas ocasionada pelo processo eletrônico é buscar e desenvolver estratégias de equilíbrio para compatibilizar os fluxos de entradas e saídas, de modo a que, em termos macro e práticos, o sistema não seja afetado pelo incremento de tempo necessário ao juiz para atender a este contínuo crescente de conjecturas e refutações, especialmente considerando os milhares de processos a seu cargo por ano.

5.3.4. Formação do juiz

Trata-se de causa também diretamente relacionada ao incessante desenvolvimento científico do Direito. A argumentação jurídica é dinâmica e as suas possibilidades de desenvolvimento são infinitas, porque todo conhecimento do Direito é conjectural. Logo, a formação jurídica do juiz, testada e comprovada por intermédio da aprovação em específico concurso público, é idônea a resolver as questões discutidas na época do certame. Se o Direito evolui, é evidente que esta formação deve acompanhar tal evolução, pois, do contrário, as soluções passarão a se mostrar insatisfatórias para o tratamento das novas e mais complexas demandas da sociedade.

Some-se a esse quadro, por essencial, a emergência do pós-positivismo jurídico. Tal concepção teórica acarretou um aprofundamento na complexidade das soluções dos litígios e o necessário refinamento constante das técnicas de argumentação, pela interpretação e aplicação do Direito com o reconhecimento de seu conteúdo ético e moral, preenchendo normas de textura aberta, tendo em vista a noção mais abrangente de juridicidade.

A complexidade da atual função de julgar mais é acentuada ao se considerar que a Constituição agrega valores cambiantes não apenas do Direito, mas das categorias econômica, cultural, sociológica, política e filosófica, variáveis estas que influenciam inequivocamente o labor do intérprete e do aplicador. É necessária, dessa maneira, a formação permanente de toda a magistratura, inclusive com o avanço em outras áreas do conhecimento.

Não é por outros motivos que a Emenda Constitucional n. 45, de 8 de dezembro de 2004, inseriu no texto constitucional que a promoção e a remoção de juízes também deverá levar em conta a aferição do merecimento pela frequência e aproveitamento em cursos oficiais ou reconhecidos de aperfeiçoamento (art. 93, II, c e VIII-A). Por outro lado, devem ser previstos cursos oficiais de preparação, aperfeiçoamento e promoção de magistrados, devendo se constituir como etapa obrigatória do processo de vitaliciamento a participação em curso oficial ou reconhecido por escola nacional de formação e aperfeiçoamento de magistrados (art. 93, IV). Por fim, é previsto que, junto ao Superior Tribunal de Justiça, funcionará a Escola Nacional de Formação e Aperfeiçoamento de Magistrados, (art. 105, parágrafo único, I), ao passo que, junto ao Tribunal Superior do Trabalho, funcionará a Escola Nacional de Formação e Aperfeiçoamento de Magistrados do Trabalho, cabendo-lhes, dentre outras funções, regulamentar os cursos oficiais para o ingresso e a promoção na carreira (art. 111-A, § 2º, I)[373].

Como enfatiza Boaventura de Sousa Santos, são de importância crucial os sistemas de formação e de recrutamento dos magistrados, bem assim a necessidade de que estes propiciem e avaliem conhecimentos culturais, sociológicos e econômicos que os esclareçam sobre as suas próprias opções pessoais e sobre o significado político do corpo profissional a que pertencem, com vista a lhes possibilitar certo distanciamento crítico e uma atitude de prudente vigilância pessoal no exercício das suas funções numa sociedade cada vez mais complexa e dinâmica[374].

Para Graça Maria Borges de Freitas,

> a valorização do papel constitucional do juiz e o fortalecimento dos princípios do Estado Democrático de Direito devem perpassar toda a formação do magistrado, a fim de que os princípios fundantes da ordem jurídica nacional sejam reafirmados pelo juiz a cada vez que aplicar o direito a um caso concreto.[375]

Assim, na perspectiva da complexidade da sociedade atual e entendendo as escolas judiciais em seu papel fundamental de ampliar a capacidade do juiz de dialogar com diferentes atores e saberes, para melhor compreender os fatos e fenômenos sociais subjacentes às demandas que julga, afirma a mesma autora que

> a formação do juiz, [...], pressupõe a necessidade de dialogar com outros códigos, valores, saberes e conhecimentos subjacentes às demandas complexas que lhe são submetidas, o que lhe exige uma formação interdisciplinar, mas que, todavia, não deve ser entendida como enciclopédica, e sim como uma formação dialógica que lhe permita ter acesso à comunicação com outros conhecimentos e sujeitos, aliada a uma sólida formação jurídica que possibilite superar as limitações do positivismo jurídico e desenvolver uma nova racionalidade na aplicação do Direito e justificação das decisões no paradigma constitucional do Estado Democrático de Direito.[376]

---

(373) BRASIL. *Constituição da República Federativa do Brasil*.
(374) SANTOS, Boaventura de Sousa. *Pela mão de Alice...*, cit., p. 174.
(375) FREITAS, Graça Maria Borges de. Formação de magistrados no Brasil: um modelo educativo institucional em construção após a Constituição de 1988. *Revista do Tribunal Regional do Trabalho da 3ª Região*. Belo Horizonte, n. 76, p. 81-92, jul./dez. 2007.
(376) FREITAS, Graça Maria Borges de. A reforma do judiciário, o discurso econômico e os desafios da formação do magistrado hoje. *Revista do Tribunal Regional do Trabalho da 3ª Região*, Belo Horizonte, n. 72, p. 31-44, jul./dez. 2005.

Ocorre, no entanto, que, se, por um lado, a formação do juiz demanda constante atualização sob pena de agravamento da crise do Poder Judiciário, pela ausência de recursos às técnicas idôneas ao tratamento das novas e mais complexas demandas da sociedade; por outro, a excessiva carga de trabalho que caracteriza esta crise, tal como hoje dimensionada e ampliada, prejudica ou dificulta este mesmo dever de formação permanente, quando retira do juiz o tempo necessário ao seu aperfeiçoamento.

Há, portanto, um círculo vicioso em que os reflexos da crise do Poder Judiciário alimentam, também pelo ângulo da formação do juiz, o despreparo do Estado para o enfrentamento dos novos desafios contemporâneos ao pós-positivismo jurídico.

5.4. ATIVIDADE JURISDICIONAL EFICIENTE

A solução da crise vivenciada pelo Poder Judiciário, em suas causas fundantes antes referidas, demanda que a atuação finalística do Poder Judiciário esteja pautada por padrões de funcionalidade, que, por seu turno, emanam diretamente do princípio constitucional da eficiência administrativa.

Ao tratar das modificações operadas por um novo modelo de eficiência para o setor público, Diogo de Figueiredo Moreira Neto sustenta que:

> essas mudanças não poderiam deixar de se refletir sobre o mais conservador dos subsistemas estatais: o executor da função jurisdicional. A convocação da Administração Pública para cooperar para reduzir os conflitos com uma atuação vestibular de solução de controvérsias, não mais apenas no estrito controle da legalidade, que sempre a caracterizou, como nos controles ampliados da legitimidade e da licitude, é uma promissora providência para o desafogo das cortes judiciais e, por isso, acenando com um ganho de eficiência judicante dos juízos e tribunais. [...] É chegada, assim, a hora da consensualidade ser levada também à solução dos conflitos pelas amplas vias universalmente desenvolvidas da conciliação, da mediação e da arbitragem, afastando, de vez, a confusão persistente entre monopólio da jurisdição, de sentido coercitivo, e monopólio da justiça, em que a força do consenso das partes em conflito é que conduz à fórmula de composição.[377]

Em verdade, quando bem analisadas, é perfeitamente sustentável que as razões e a própria finalidade de eficiência tendam a nortear qualquer exercício das atividades de quaisquer dos Poderes da República. Observe-se, por exemplo, que também o Poder Legislativo se encontra igualmente vinculado ao princípio constitucional da eficiência administrativa no exercício de sua atividade típica de

---

(377) MOREIRA NETO, Diogo de Figueiredo. *Quatro paradigmas do direito administrativo pós-moderno*: legitimidade, finalidade, eficiência, resultados. Belo Horizonte: Fórum, 2008. p. 119-120.

legislar. Não é por outro motivo que o produto final de sua atividade, vale dizer, a legislação, pode ser judicialmente reconhecida como materialmente inconstitucional por acarretar a ineficiência do Estado em qualquer uma de suas funcionalidades.

A clássica divisão de poderes oriunda do Estado moderno ofuscou, em certa medida, a percepção de algo evidente: o Poder Judiciário, no exercício integral de todas as suas atividades, ou seja, não apenas daquelas tipicamente administrativas, mas *também e principalmente no que tangencia às precípuas e finalísticas,* integra efetivamente a Administração Pública.

Logo, considerando a força normativa do princípio da eficiência administrativa que é inerente ao próprio Estado Democrático de Direito, é possível concluir pela existência de um dever do Poder Judiciário, perante os seus administrados sob a perspectiva da atividade-fim — vale dizer, perante os seus jurisdicionados — de apresentar uma gestão de resultados efetivos em termos de acesso à Justiça, para a concretização de direitos fundamentais. O alcance de tais resultados, por seu turno, é diretamente fomentado pela observância da eficiência na própria prestação jurisdicional, nos próprios argumentos de fundamentação das decisões no âmbito jurisdicional.

Entende-se, sem controvérsias, que as relações administrativas intrínsecas a este Poder, na gestão de recursos financeiros, humanos e físicos, são objeto de fiscalização e apuração por órgãos de controle de âmbitos interno e externo. Quanto a este último, tal ocorre, tanto em nível administrativo, pela atuação dos Tribunais de Contas, quanto no ambiente judicial, quando provocado o Poder Judiciário a se manifestar, por exemplo, nos casos de improbidade administrativa. Por outro lado, a atividade das Corregedorias dos Tribunais, quando atuantes e nos estritos limites de sua atribuição funcional, sempre se restringiu basicamente, neste particular, à fiscalização do cumprimento de prazos e procedimentos no processo, o que também se traduz — como lhe é próprio — em uma atividade de natureza tipicamente administrativa. Enquanto isso, a prestação jurisdicional, em si mesma, nunca esteve sujeita a padrões efetivos de desempenho e eficiência a serem observados pelos magistrados, enquanto agentes públicos responsáveis pela sua condução e no espaço dos fundamentos de suas decisões definitivas ou interlocutórias no processo.

É necessário enfatizar que não se trata aqui do cumprimento de prazos legais para prolação de decisões jurisdicionais ou metas para tramitação e conclusão de processos judiciais, deveres estes que passaram a ter um acompanhamento organizado e sistemático em todo o Brasil a partir da criação do Conselho Nacional de Justiça com a Emenda Constitucional n. 45, de 8 de dezembro de 2004[378]. Tal como as Corregedorias, a atuação deste último órgão de controle se restringe evidentemente à atividade estritamente administrativa do Poder Judiciário, não

---

(378) BRASIL. *Constituição da República Federativa do Brasil*, art. 103-B.

podendo se imiscuir na atividade jurisdicional, sob pena de grave afronta ao princípio da independência da magistratura, um dos pilares de sustentação do Estado Democrático de Direito. O Supremo Tribunal Federal já decidiu, em sede de ação direta de inconstitucionalidade, que o Conselho Nacional de Justiça é órgão do Poder Judiciário de natureza meramente administrativa, com competência exclusivamente direcionada ao controle administrativo, financeiro e disciplinar, resguardadas a função jurisdicional típica e as condições materiais de seu exercício imparcial e independente[379].

Pelo contrário, o presente estudo propõe, dentro da perspectiva do pós-positivismo jurídico e diante da consequente força normativa dos princípios dele decorrente, o reconhecimento da aplicação do princípio da eficiência[380] na atividade jurisdicional típica. Sendo a separação de poderes uma técnica de caráter estritamente orgânico-funcional, ao Poder Judiciário cabe a observância da eficiência também no exercício da própria prestação jurisdicional em si mesma, devendo a argumentação utilizada nos fundamentos de suas decisões jurisdicionais ser vetorizada por esse princípio, na direção da plena concretização do direito de ter acesso à Justiça, o que, em última análise, confere condições concretas de fazer valer direitos fundamentais ao cidadão. Os valores da eficiência na atividade jurisdicional, do acesso à Justiça e dos direitos fundamentais se encontram encadeados sequencialmente da seguinte forma:

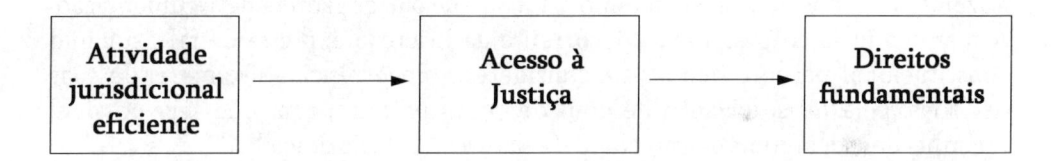

| Atividade jurisdicional eficiente | → | Acesso à Justiça | → | Direitos fundamentais |

É possível dizer assim que a eficiência aparelha o Poder Judiciário para consecução do acesso à Justiça como objetivo imediato e a concretização de direitos fundamentais como finalidade mediata. A eficiência na função jurisdicional aqui se conforma no Estado-juiz, enquanto Administração Pública, no exercício de sua própria atividade-fim — ou seja, na resolução do conflito no caso concreto —, prestar a jurisdição com atenção, em termos macro, às diferentes demandas da sociedade, fomentando a realização ou mesmo realizando o papel do Estado de transformador social ao concretizar direitos fundamentais.

É uma espécie de visão panorâmica da resolução dos conflitos, sempre atenta à viabilização, no âmbito da fundamentação de suas decisões e em ponderação

---

(379) BRASIL. *Supremo Tribunal Federal*. Tribunal Pleno. ADI n. 3.367/DF. Relator: Ministro Cezar Peluso. Brasília, 13.4.2005. DJ 17.3.2006. Disponível em: <http://www.stf.jus.br> Acesso em: 2.9.2011.
(380) Observe-se que, a partir desse momento, para ser evitado reducionismo, não se tratará mais de "eficiência administrativa", mas simples e concisamente de "eficiência", enquanto eficiência do Estado em todas as suas funções.

necessária com os demais princípios constitucionalmente garantidos, dos mecanismos finalisticamente considerados como necessários e adequados à consecução na maior medida possível do acesso à Justiça e, em última análise, da paz social. Tal eficiência almeja a efetividade no plano das lides (individuais ou coletivas) quando isoladamente consideradas, mas igualmente implica uma visão mais abrangente de cumprimento por parte do Estado de todos objetivos que lhe são constitucionalmente atribuídos.

Para José Roberto dos Santos Bedaque, "acesso efetivo ao sistema processual não significa, necessariamente, acesso à justiça, à ordem jurídica justa, que somente um sistema eficiente proporciona. Efetividade e eficiência não são sinônimos"[381].

Pelo cânone da eficiência na atividade jurisdicional, o Poder Judiciário projeta a si mesmo como objeto de suas próprias decisões, maximizando as possibilidades de uma entrega da prestação jurisdicional ágil e de qualidade na maior medida possível, com menor custo de tempo e recursos. Trata-se aqui de um olhar reflexivo na construção racional da argumentação que confere suporte às decisões. O Poder Judiciário decide visando um Poder Judiciário eficiente. Toda prestação jurisdicional eficiente tende a fomentar ao máximo a concretização do direito de ter acesso efetivo à tutela jurisdicional.

A eficiência administrativa aplicada ao Poder Judiciário normatiza as razões de política judiciária que informam a necessidade de favorecer o acesso à Justiça, trazendo-as à consideração no mesmo patamar que outros padrões de argumentação. A margem jurídico-pragmática decorrente da inserção expressa de tal princípio constitucional permite que o juiz considere as decorrências sistêmicas de suas decisões, pela jurisdicização de considerações práticas, sem que seja possível reconhecer esta argumentação como de natureza extrajurídica[382].

Em sua aplicação à atividade jurisdicional, fica assim evidenciada uma relevância concreta no recurso hermenêutico ao princípio da eficiência, qual seja, a de conduzir ao âmbito de juridicidade as razões de ordem prática relacionadas, por exemplo, a eventual insuficiência estrutural do Poder Judiciário em prover o pleno acesso à Justiça à sociedade como um todo. O princípio constitucional da eficiência quanto ao Poder Judiciário conforma e é conformado também pela demanda da sociedade por acesso à Justiça. Dessa forma, à parte dessa percepção, não mais se pode recusar o caráter jurídico e técnico de uma argumentação que afaste a interpretação (ou mesmo a aplicação) da norma processual que conduza a um estado de carência de efetividade na prestação jurisdicional. A eficiência aqui condiciona o manejo dos meios processuais disponíveis ao intérprete em busca do resultado concreto da efetividade.

---

(381) BEDAQUE, José Roberto dos Santos. *Direito e processo*: influência do direito material sobre o processo. 4. ed. rev. e ampl. São Paulo: Malheiros, 2006. p. 50.
(382) Seção 4.3.

É necessário aqui observar que, como já reconhecido, no âmbito da atuação da Administração Pública em geral, uma aparente existência de vários sentidos possíveis, aceitáveis e razoáveis para o conceito (indeterminado) de eficiência não permite uma autêntica "escolha" do intérprete ou do aplicador do Direito para o seu preenchimento, mas uma única solução correta possível, em cada caso concreto, a partir de uma apreciação racional do conjunto de normas do ordenamento jurídico[383]. No que tange à atividade típica do Poder Judiciário, porém, o campo de liberdade ainda é mais restrito.

Dessa forma, ao manejar o princípio da eficiência como vetor de interpretação da norma processual, o juiz deve identificar, a partir de vários aparentes sentidos possíveis, aceitáveis e razoáveis para o conceito, a solução que se apresente como a mais correta e adequada para fixação de seu conteúdo dentro das condições fáticas e jurídicas no caso concreto.

No âmbito das decisões jurisdicionais, *o princípio da eficiência direciona os órgãos judiciais do Poder Judiciário a potencializar, pela via interpretativa e aplicativa, na melhor medida possível de acordo com as circunstâncias fáticas e jurídicas, os procedimentos e técnicas idôneas a obter a solução ótima à consecução do pleno acesso à Justiça e a concretização de direitos fundamentais.*

5.5. Discricionariedade judicial, processo justo e eficiência

No ambiente do pós-positivismo jurídico, é necessário estudar os reflexos da aplicação do princípio da eficiência sobre o possível exercício de um poder discricionário no ato de julgar, aqui entendido como certa margem de escolha quanto ao procedimento — os efeitos da norma processual (*Rechtsfolge*) em determinadas hipóteses. Neste particular, são apreciadas as contribuições de Ronald Dworkin, Karl Engisch e Luigi Paolo Comoglio.

Segundo Ronald Dworkin, o conceito de "poder discricionário" no exercício da função jurisdicional é ambíguo e permite três enfoques distintos: a) numa primeira abordagem, um juiz teria poder discricionário, em sentido fraco, se seu dever fosse definido por padrões que pudessem ser razoavelmente interpretados de maneiras diferentes, ou seja, se nenhum dispositivo legal vinculasse inequivocamente uma decisão específica e quando inexistente o consenso da jurisprudência acerca da decisão que fosse exigida; b) numa segunda, um juiz possuiria poder discricionário, também em sentido fraco, se sua decisão fosse definitiva, ou seja, sem possibilidade de reforma por uma instância superior, por exemplo, no caso dos juízes que integram a mais alta corte recursal; e c) por fim, um juiz teria poder discricionário, em sentido forte, quando certo conjunto de regras a que estivesse

---

(383) Seção 4.7.1.

vinculado não impusesse o dever de tomar uma decisão específica em determinada matéria[384].

Parece evidente que, nas duas primeiras hipóteses apontadas por Ronald Dworkin, de poder discricionário, sequer em "em sentido fraco", realmente não se trata.

Quanto ao primeiro caso, a simples diversidade de interpretações razoáveis possíveis entre dispositivos legais não conduz a nenhuma real margem de escolha, na medida em que o ordenamento jurídico dispõe de critérios próprios e idôneos a afastar a aparente divergência, fazendo prevalecer o dogma da coerência. No que tange à inexistência de consenso jurisprudencial quanto à decisão exigida, mesmo reconhecendo o peso e a importância dos precedentes no sistema da *common law*, o raciocínio não se sustenta em termos lógicos, pois, se a jurisprudência é formada lentamente a partir de um conjunto de decisões individuais, as primeiras destas seriam necessariamente fruto da discricionariedade (justamente pela inexistência de prévio consenso), o que contaminaria com esta qualidade todas as premissas de sustentação do futuro consenso.

Quanto ao segundo caso, até mesmo o órgão judicial correspondente à única ou última instância recursal se encontra também vinculado ao conjunto do sistema jurídico, inexistindo norma expressa que lhe confira alguma liberdade de atuação nos fundamentos da decisão. Não se pode dizer, por exemplo, no caso brasileiro, que o Supremo Tribunal Federal possua alguma margem de liberdade de atuação nos fundamentos da decisão para além do arcabouço normativo de regras e princípios constitucionais que orientam o Direito pátrio.

Por fim, quanto ao denominado poder discricionário "em sentido forte", é o próprio Ronald Dworkin que declara que tal poder do juiz não significa que ele esteja livre para decidir, mas apenas que sua decisão não é controlada por uma regra expressa, e sim pelo resultado de uma ponderação entre os princípios que sustentam cada direcionamento decisório possível. Da mesma forma que pode se equivocar na avaliação dos pesos de cada um destes princípios, também o pode em seu juízo acerca do dispositivo legal aplicável ao caso concreto. Logo, conclui este autor, o juiz não tem poder discricionário[385].

Em verdade, o que este autor pretende chamar a atenção é a circunstância de que as regras não são as únicas espécies normativas, destacando que os princípios também são normas aptas a orientar a atividade do juiz. Para ele, não há poder discricionário, ou melhor seria, não há *liberdade decisória* do juiz (este é seu contraponto nuclear à concepção de Herbert L. A. Hart[386]), pois, seja na ausência

---

(384) DWORKIN, Ronald. *Levando os direitos a sério*. Traduzido por Jefferson Luiz Camargo. 2. ed. São Paulo: Martins Fontes, 2007. p. 50-53. Tradução de Taking rights seriously.
(385) DWORKIN, Ronald. *Levando os direitos a sério*..., cit., p. 53-57.
(386) Seção 3.5.

de regras específicas ou na diversidade de interpretações possíveis, seja na inexistência de corte revisora ou na ausência de precedentes, ainda assim a conduta do juiz sempre estará, em última análise, vinculada à observância dos princípios, isto é, a "levar os direitos a sério".

Como se observa, o poder discricionário do juiz que é refutado por Ronald Dworkin não leva em conta a superação do antagonismo clássico entre as condutas vinculada e discricionária, vale dizer, não considera a prevalência atual apenas de graus distintos de vinculação dos atos administrativos à juridicidade.

Karl Engisch, por seu turno, sustenta que, se no exercício do poder discricionário pelo juiz surgissem várias alternativas, cada uma delas poderia ser defensável, considerando a grande ambiguidade que permanece dentro do que denomina de "espaço de jogo". Assim, na mensuração da pena em concreto, por exemplo, poderia ser defensável aplicar tanto seis como sete ou oito meses de prisão. Todo aquele que decidisse, dentro deste espaço de jogo, por qualquer destas possibilidades, estaria dentro do Direito, não sendo possível afirmar que apenas um tivesse razão. Tal possibilidade de justificação não excluiria críticas sobre as razões por que precisamente esta ou aquela decisão seria a melhor[387].

Na realidade, prossegue o autor, o que em todo o caso tem de ser reconhecido como defensável deve estar no espaço de manobra do poder discricionário, valendo nessa medida como justo. Da mesma forma que não se pode representar o Poder Legislativo como um ente racional que, segundo princípios abstratos, produz leis que são as únicas justas, também não seria lícito conceber juízes como apenas chamados a uma esquemática execução do Direito. Para impedir o desvirtuamento dessa ideia, bastaria que existissem uma ciência jurídica evoluída e magistrados comprometidos com a imparcialidade, a objetividade e a incorruptibilidade, além das garantias contra o arbítrio asseguradas pela obrigação de fundamentar a decisão e pela possibilidade de revisão da decisão na instância superior[388].

Ocorre que é até mesmo intuitivo entender que "defensável" é aquilo que se encontra amparado, pelo menos, nas regras da proporcionalidade e da razoabilidade, as quais estão no ordenamento jurídico e vinculam a conduta do juiz.

Quanto ao exemplo prático, por outro lado, o direito penal brasileiro fixa em lei inúmeros critérios para a fixação da pena, tais como: a culpabilidade, os antecedentes, a conduta social e a personalidade do agente; os motivos, as circunstâncias e as consequências do crime; o comportamento da vítima, além de uma série de circunstâncias agravantes e atenuantes e critérios de cálculo[389]. Não há

---

(387) ENGISCH, Karl. *Introdução ao pensamento jurídico*. 6. ed. Traduzido por João Baptista Machado. Lisboa: Fundação Calouste Gulbenkian, 1988. p. 250. Tradução de Einführung in das juristische Denken.
(388) ENGISCH, Karl. *Introdução ao pensamento jurídico...*, cit., p. 251-254.
(389) Tratando apenas das normas gerais: BRASIL. *Código penal*, art. 59 a 76. Disponível em: <http://www.planalto.gov.br/ccivil_03/Leis/_lei-principal.htm> Acesso em: 2.9.2011.

falar, portanto, em margem de escolha do juiz. Uma vez estabelecido o conteúdo de cada conceito indeterminado, o que, a partir de uma apreciação racional e fundamentada do conjunto de normas do ordenamento jurídico, apenas admite única solução correta[390], a fixação da pena torna-se uma conduta judicial estritamente vinculada.

Conforme Teresa Arruda Alvim Wambier, se para a Administração Pública, no exercício de atividades tipicamente administrativas, há mais de um *caminho* possível e jurídico em busca da solução única no caso concreto, para o Poder Judiciário, no exercício da função jurisdicional propriamente dita na interpretação dos conceitos indeterminados, não existe sequer esta pluralidade de possibilidades na escolha dos caminhos, mas exclusivamente no encaixe do fato na norma. Em seguida, ainda ressalva:

> essa pluralidade só existe em tese: ocorrendo o caso concreto, a situação passa a exigir do juiz um "sim", ou um "não", solução única, e mutuamente excludentes. Trata-se, então, propriamente, não de atividade discricionária, mas de preenchimento de conceito vago, através de atividade eminentemente interpretativa, que, em face do caso concreto, só pode gerar um resultado tido como correto.[391]

Ademais, a própria possibilidade de revisão da decisão judicial se contrapõe à perspectiva de liberdade de escolha entre várias soluções. Isso porque não atende a requisitos de funcionalidade do Poder Judiciário se entender que a reforma de um julgado possa acarretar a mera substituição de uma escolha hipoteticamente discricionária da instância inferior por aquela igualmente discricionária que viesse a ser efetuada pela instância superior. No que ela gozasse de margem de liberdade, a hipotética escolha de um juiz jamais seria passível de crítica por outro juiz, na medida em que escaparia de parâmetros objetivos de sindicabilidade.

Por fim, no Estado Democrático de Direito a imparcialidade, a objetividade, a incorruptibilidade, o dever de fundamentar a decisão e, conforme o devido processo legal, a possibilidade revisional são pressupostos necessários do exercício da função jurisdicional. Não se prestam assim a um suposto diferencial de legitimidade prática à discricionariedade na jurisdição.

Da mesma forma que Ronald Dworkin, Karl Engisch aparenta identificar o poder discricionário do juiz com liberdade decisória, o que não se ajusta à concepção pós-positivista deste fenômeno do Direito. No pós-positivismo jurídico, como já visto, o juiz se encontra vinculado pela observância da conformidade das decisões com o conjunto sistemático do ordenamento jurídico, aqui abrangendo tanto as regras quanto os princípios. Ainda que inexista um regramento específico, as normas

---

[390] Seção 4.7.1.2.
[391] WAMBIER, Teresa Arruda Alvim. *Os agravos no CPC brasileiro*. 4. ed. rev. atual. e ampl. São Paulo: Revista dos Tribunais, 2006. p. 380.

do próprio sistema fornecerão a disciplina necessária ao caso concreto, inexistindo, em termos teóricos, discricionariedade do juiz, mas apenas graus distintos de vinculação da decisão judicial à juridicidade[392].

Por fim, de acordo com Luigi Paolo Comoglio, o poder discricionário do juiz é possível na perspectiva de um processo justo. Ao contrário de um procedimento detalhadamente regulado (em cada fase e grau de jurisdição, em cada meio e cada forma processuais), a exigência de legalidade deve ser entendida, em conformidade com as tradições históricas do *due process of law*, rigorosamente circunscrita a uma pré-constituição, *ex lege*, de uma exaustiva disciplina daquelas garantias mínimas e essenciais, sobre as quais se funda o núcleo de garantias invioláveis do processo justo.

Esta visão permite, para ele, considerar totalmente compatíveis com os preceitos constitucionais aqueles modelos processuais nos quais a lei se abstenha de preestabelecer rígida e minuciosamente as situações subjetivas, os atos e as formas de procedimento, mas, ao invés, permita confiar ao juiz, por exigências institucionais de rapidez, economia e efetividade diferenciadas da tutela jurisdicional, a função primária de assegurar àquele procedimento uma regulamentação concreta e elástica, de modo a se adequar à variedade de casos concretos, conferindo-lhe, dentro de limites pré-determinados (ou predetermináveis), idôneo poder discricionário[393][394].

Devem ser considerados no todo incompatíveis com os mencionados princípios e valores do processo justo um tipo de procedimento, no qual a forma de exercício dos poderes, enquanto legitimamente atribuídos à discricionariedade do juiz, não sejam sujeitos pela mesma lei — semelhante ao que acontece com os poderes dispositivos das partes — a limites predeterminados (ou pelo menos predetermináveis), bem como a correspondentes ou adequadas formas de controle. Na verdade, a simples presença de limites precisos (e controles eficientes) pode excluir, em qualquer caso, qualquer risco de abuso ou de arbítrio, e, acima de tudo,

---

(392) Seção 2.4.3.
(393) COMOGLIO, Luigi Paolo. *Etica e tecnica del "giusto processo"*. Torino: Giappichelli, 2004. p. 372-374.
(394) Parte-se aqui da perspectiva de um processo *materialmente* justo. José Joaquim Gomes Canotilho explica que duas teorias, sobretudo na doutrina americana, buscam responder à indagação de como qualificar um processo como justo. Enquanto a teoria *processual* (*process oriented theory*) defende que ninguém pode ser privado de direitos fundamentais sem a observância de um processo *formalmente* especificado em lei, a teoria *substantiva* (*value-oriented theory*), por seu turno, pretende justificar a ideia *material* de um processo justo. É que a pessoa tem direito não apenas a um processo legalmente especificado e detalhado, mas principalmente a um processo legal, justo e adequado, materialmente informado pelos princípios da justiça, quando se trata de legitimar o sacrifício da vida, da liberdade e da propriedade. Logo, pela teoria substantiva, o problema nuclear da exigência de um *due process* não reside propriamente no procedimento legal mediante o qual alguém é declarado culpado, mas no fato de a lei poder (ela própria) transportar a injustiça ao privar uma pessoa de direitos fundamentais. Conferere CANOTILHO, José Joaquim Gomes. *Direito constitucional e teoria da constituição*. 4. reimp. da 7. ed. Coimbra: Almedina, 2003. p. 494.

manter a neutralidade, a imparcialidade ou e a equidistância do juiz que dirige o processo[395].

Os limites deste poder discricionário são reconhecidos, por Mauro Cappelletti, como as por ele denominadas "virtudes passivas" do processo jurisdicional, a exemplo da imparcialidade e da objetividade procedimentais, que possuem natureza formal. Não determinam, pelo contrário, o conteúdo do processo, espaço em que é cabível se tratar numa interpretação criativa por parte dos juízes[396].

Para que não seja permitida a pura subjetividade do julgador, pondera ainda este autor que:

> as escolhas não devem ser ocultadas por meio de contorções lógicas e verbais, tornando-se-as assim mais responsáveis e também mais democráticas. Numa sociedade aberta e democrática devem ser patentes as reais razões de qualquer escolha judiciária e revelados os conflitos entre as várias soluções possíveis, evidenciando-se, de tal maneira, também os elementos de incerteza, abrindo-se caminho, se for o caso, para intervenções reparadoras do legislador.[397]

Trata-se, portanto, de uma concepção de poder discricionário consentânea com o redesenho deste fenômeno sob as luzes do pós-positivismo jurídico[398]. Assim, a conduta do juiz, embora menos vinculada às regras definidoras do procedimento legalmente estabelecido, encontra-se balizada pelas garantias invioláveis atinentes ao processo justo. Desloca-se a atividade de apreciação para o momento contemporâneo ao fato do processo, permitindo-se ao juiz identificar o meio mais específico adequado à realização do direito material em questão, em direção à solução que confira mais eficiência à atividade jurisdicional.

Neste sentido, observe-se, por exemplo, que o Código de Processo Civil brasileiro confere ao juiz poderes, ainda que de ofício, para eleger e determinar as medidas necessárias, seja para efetivar a tutela específica, seja para obter o resultado prático equivalente[399]. Como se viu anteriormente, potencializar, pela via aplicativa, o procedimento idôneo a obter a solução ótima à consecução do pleno acesso

---

(395) COMOGLIO, Luigi Paolo. *Etica e tecnica del "giusto processo"*..., cit., p. 374-375.
(396) CAPPELLETTI, Mauro. *Juízes legisladores?* Traduzido por Carlos Alberto Alvaro de Oliveira. Porto Alegre: Sergio Antonio Fabris, 1999. p. 73-81. Tradução de Giudici legislatori?.
(397) CAPPELLETTI, Mauro. *Juízes legisladores?*..., cit., p. 132.
(398) Em razão de tais fundamentos, neste ponto é revisto o entendimento do autor exposto em LUDWIG, Guilherme Guimarães. Poder discricionário do juiz? In: SOARES, Ricardo Maurício Freire; MOCCIA, Luigi; SAMPAIO, Marcos; SANTANA JR., Gilson (org.). *Estudos aplicados de teoria geral do direito*. Salvador, Egba, 2011. p. 174-176.
(399) BRASIL. *Código de processo civil*, art. 461, "Para a efetivação da tutela específica ou a obtenção do resultado prático equivalente, poderá o juiz, de ofício ou a requerimento, determinar as medidas necessárias, tais como a imposição de multa por tempo de atraso, busca e apreensão, remoção de pessoas e coisas, desfazimento de obras e impedimento de atividade nociva, se necessário com requisição de força policial (§ 5º)".

à Justiça é o direcionamento conferido pelo princípio da eficiência ao Poder Judiciário.

Em verdade, apesar de não estar vinculado a um rol exaustivo de regras procedimentais no exercício discricionário, quando for o caso, o juiz sempre estará limitado pelo núcleo essencial de garantias processuais mínimas e ao próprio dever constitucional de motivação das decisões, além das regras da proporcionalidade e da razoabilidade, conjunto este que reflete, em última análise, as próprias normas informadoras da tutela constitucional do processo. Assim, o caminho argumentativo entre todo este manancial conduzirá o juiz, em termos práticos, à solução mais eficiente em cada caso concreto, conforme as suas possibilidades fáticas e jurídicas.

Nesse sentido, conclui-se que esta "liberdade" do juiz será meramente aparente porque também as lacunas do ordenamento jurídico (regras e princípios) assim o são. Haverá, portanto, não propriamente liberdade, mas apenas uma vinculação à juridicidade em grau mais reduzido e fluido, para que seja possível, a partir da aplicação do princípio da eficiência, prestar a tutela mais adequada a cada interesse perseguido em juízo, na perspectiva de um processo justo.

6. Características do Atuar Eficiente na Decisão Judicial no Processo do Trabalho

Reconhecida a evolução da crise do Poder Judiciário e do próprio acesso à Justiça, foram apontadas, além das deficiências legislativas e da precariedade de sua estrutura, algumas de suas possíveis causas, relacionadas à cultura demandista, à circunstância de que nem todos os jurisdicionados almejam a solução rápida do processo, à complexidade crescente da matéria objeto da prestação jurisdicional e à formação do juiz[400].

Em seguida foi proposta, como medida de enfrentamento, a aplicação do princípio da eficiência na atividade jurisdicional na perspectiva de um processo justo, o que viria a ser uma decorrência do novo papel do Poder Judiciário na sociedade brasileira[401].

Passa-se agora à identificação dos atributos da interpretação da norma processual que podem conduzir à superação daqueles obstáculos no âmbito do processo do trabalho. Neste sentido, podem ser reconhecidos, em um catálogo meramente exemplificativo, como características do atuar eficiente da atividade jurisdicional, os deveres de:

a) Reduzir os "tempos mortos" no processo, descartando prazos com diligências inúteis ao desate do feito e dimensionando com exatidão os prazos destinados às diligências necessárias, inclusive pela coordenação de sua realização em caráter simultâne;

b) Interpretar os dispositivos normativos que tratem das tutelas de urgência, lhes conferindo o maior alcance possível em favor da parte contra quem o tempo do processo pode causar maior prejuízo;

c) Reconhecer e aderir a precedentes majoritários de argumentação, que se mostrem adequados às circunstâncias específicas do caso concreto que esteja sob apreciação;

---
(400) Seção 5.3.
(401) Seção 5.4.

d) Privilegiar o caminho argumentativo razoável que confira mais alcance e abrangência de efeitos às lides coletivas;

e) Reconhecer a validade e a eficácia das soluções extrajudiciais de composição do conflito, quando estiver devidamente resguardada a igualdade material das partes convenentes;

f) Punir de forma sistemática e rigorosa a má-fé processual, conferindo eficácia real aos dispositivos normativos sancionadores, especialmente diante de medidas de protelação do processo pela via recursal;

g) Adotar a interpretação razoável dos dispositivos normativos que proporcione a maior efetividade possível na fase de execução.

6.1. Redução de "tempos mortos" no processo

Trata-se de um norte essencial a imprimir eficiência, em qualquer atividade, o constante enxugamento do tempo necessário a sua realização, pelo descarte de tudo aquilo que não lhe traga nenhum valor ou utilidade prática.

No ambiente processual, de acordo com José Rogério Cruz e Tucci, "tempo e processo constituem duas vertentes que estão em constante confronto. Em muitas ocasiões o tempo age em prol da verdade e da justiça. Na maioria das vezes, contudo, o fato temporal conspira contra o processo"[402].

Por essa razão a Emenda Constitucional n. 45, de 8 de dezembro de 2004, inseriu explicitamente no texto constitucional o princípio da razoável duração do processo, que, consoante José Roberto Freire Pimenta, não evidenciou mero exercício retórico, no entanto reafirmou a importante dimensão temporal do princípio da efetividade, trazendo um grande potencial transformador especialmente à magistratura, inclusive em termos de simplificação e racionalização do sistema processual[403].

No sistema constitucional italiano, Luigi Paolo Comoglio identifica o direito constitucional à razoável duração como um componente fundamental do processo justo, sendo que aquela garantia deve mesmo permitir uma ampla análise da constitucionalidade dos dispositivos processuais, que, na regulação das formalidades e tempos, possibilitem o abuso de direito, por qualquer das partes em detrimento

---

(402) TUCCI, José Rogério Cruz e. *Tempo e processo*: uma análise empírica das repercussões do tempo na fenomenologia processual (civil e penal). São Paulo: Revista dos Tribunais, 1997. p. 11.
(403) PIMENTA, José Roberto Freire. A nova competência da justiça do trabalho para lides não decorrentes da relação de emprego: aspectos processuais e procedimentais. In: COUTINHO, Grijalbo Fernandes; FAVA, Marcos Neves (coords.). *Justiça do trabalho*: competência ampliada. São Paulo: LTr, 2005. p. 261-263.

da outra, bem assim uma extensão desarrazoada da duração do feito e uma majoração de seus custos, sejam individuais, sejam sociais[404][405].

Para André Luiz Nicolitt, a justiça de uma decisão judicial não se esgota simplesmente no conteúdo desta, porém também na forma em que ela é produzida. Dessa maneira, a decisão judicial justa "não pode ter o açodamento e irreflexão incompatíveis com a atividade jurisdicional, tampouco pode ter a morosidade destrutiva da efetividade da jurisdição. Aqui também há que se encontrar a justa medida, o que se traduz, em última análise, em fazer justiça" [406].

Evidenciando também a necessidade de ponderação entre o valor da celeridade e das demais garantias processuais, José Carlos Barbosa Moreira adverte que:

> um processo de empenho garantístico é por força um processo menos célere. Dois proveitos não cabem num saco, reza a sabedoria popular. É pretensão desmedida querer desfrutar ao mesmo tempo o melhor de dois mundos. [...] Se uma Justiça lenta demais é decerto uma Justiça má, daí não se segue que uma Justiça muito rápida seja necessariamente uma Justiça boa. O que todos devemos querer é que a prestação jurisdicional venha a ser melhor do que é. Se para torná-la melhor é preciso acelerá-la, muito bem: não, contudo, a qualquer preço.[407]

Na mesma direção, sustenta Fredie Didier Jr., por seu turno, que "o processo deve demorar o tempo necessário e adequado à solução do caso submetido ao órgão jurisdicional". Não parecem acertadas, em razão disso e entretanto, as afirmações deste mesmo autor no sentido de que "não existe um princípio da celeridade" e de que "conquistou-se, ao longo da história, um direito à demora na solução do conflito"[408].

A celeridade é um valor a ser perseguido no processo, como decorrência necessária dos princípios constitucionais da eficiência e da duração razoável do processo, no sentido de potencializar, na melhor medida possível de acordo com as circunstâncias fáticas e jurídicas, os meios idôneos a obter a solução ótima à consecução do interesse público e a concretização de direitos fundamentais, o que

---

(404) COMOGLIO, Luigi Paolo. Il "giusto processo" civile in Italia e in Europa. *Revista de Processo*, n. 116, ano 29. São Paulo: Revista dos Tribunais, p. 151, jul./ago. 2004.
(405) ITÁLIA. *Costituzione della Repubblica Italiana*, "art. 111. La giurisdizione si attua mediante il giusto processo regolato dalla legge. Ogni processo si svolge nel contraddittorio tra le parti, in condizioni di parità, davanti a giudice terzo e imparziale. La legge ne assicura la ragionevole durata. [...]". Disponível em: <http://www.governo.it> Acesso em: 2.9.2011. ("A jurisdição será atuada por intermédio de um processo justo regulado por lei. Cada processo se desenvolve no contraditório entre as partes, em igualdade de condições, perante um juiz independente e imparcial. A lei lhes assegura uma duração razoável [...]" — tradução nossa).
(406) NICOLITT, André Luiz. *A duração razoável do processo*. Rio de Janeiro: Lumen Juris, 2006. p. 7-8.
(407) MOREIRA, José Carlos Barbosa. O futuro da justiça: alguns mitos. In: MOREIRA, José Carlos Barbosa *Temas de direito processual*. Oitava série. São Paulo: Saraiva, 2004. p. 5.
(408) DIDIER JR., Fredie. *Op. cit.*, p. 69.

implica a solução efetivamente mais rápida, sem prejuízo de um processo justo[409]. Não há direito de nenhuma parte, portanto, à demora processual propriamente dita, mas sim à concretização das garantias mínimas e invioláveis de um processo justo — o que pode lhe ser assegurado, conforme as circunstâncias, de forma célere, a partir da redução de "tempos mortos" no processo e das demais posturas correspondentes à atuação eficiente na atividade jurisdicional.

A partir de tais premissas, pode ser identificado que, no processo brasileiro, a norma infraconstitucional que orienta em direção a finalidade de eficiência é o princípio da economia processual. O Código de Processo Civil torna imperativo que ao juiz caberá indeferir as diligências inúteis (art. 130)[410], mesma lógica de fundo que se aplica, entre outros dispositivos, àquele que trata do julgamento antecipado da lide (art. 330)[411]. Estes dispositivos estão entre os que consagram, no plano infraconstitucional, o princípio da eficiência aplicado ao Poder Judiciário no exercício de sua função jurisdicional.

O desperdício de tempo com providências desnecessárias acarreta aqui um duplo efeito negativo em desfavor do princípio da eficiência. Em primeiro lugar, porque prejudica o direito de ter acesso à Justiça, ao afrontar a propensão a um processo efetivo, refletindo inexoravelmente em prejuízo da concretização de direitos fundamentais. Em segundo, porque toda ação desempenhada pela Administração Pública representa um custo ao erário público com insumos de pessoal e de material, que é ampliado na medida em que mais atividades e mais tempo são acrescentados ao quanto inicialmente previsto.

A redução do tempo técnico, segundo Marcos Neves Fava, é consequência direta da concorrência entre os seguintes fatores: adequação procedimental, encurtamento de opções para o litigante e condução efetiva do feito pelo juiz. Torna-se necessário, portanto, redesenhar, com mira na efetividade do processo, as redundâncias do procedimento e a duração dos prazos concedidos às partes e demais atores[412].

A eficiência se situa, em termos conceituais, numa relação entre esforço e resultado, voltada para a melhor maneira pela qual as rotinas devem ser realizadas ou executadas a fim de que os recursos sejam aplicados da forma mais racional possível. Assim, enquanto reitor do processo, em busca da eficiência aplicada à atividade jurisdicional, o juiz deverá eliminar prazos correspondentes ao

---

(409) Seção 5.5.
(410) BRASIL. *Código de processo civil*, "art. 130. Caberá ao juiz, de ofício ou a requerimento da parte, determinar as provas necessárias à instrução do processo, indeferindo as diligências inúteis ou meramente protelatórias". Disponível em: <http://www.planalto.gov.br/ccivil_03/Leis/_lei-principal.htm> Acesso em: 2.9.2011.
(411) BRASIL. *Código de processo civil*, "art. 330. O juiz conhecerá diretamente do pedido, proferindo sentença: I — quando a questão de mérito for unicamente de direito, ou, sendo de direito e de fato, não houver necessidade de produzir prova em audiência; II — quando ocorrer a revelia (art. 319)".
(412) FAVA, Marcos Neves. *Execução trabalhista efetiva*. São Paulo: LTr, 2009. p. 47.

cumprimento de diligências inúteis ao desate do feito por exemplo, relativas à produção de determinada prova que, conforme o convencimento motivado daquele órgão julgador, em nada poderá interferir no resultado da lide, ainda quando requerida pela parte que venha a ser desfavorecida pela decisão final. A questão demanda uma apreciação entre os princípios da eficiência, de um lado, e do contraditório e da ampla defesa, de outro. O passo inicial, dessa forma, implica a averiguação do preenchimento da máxima da adequação.

Cabe ao juiz verificar se, no caso concreto, a prova cuja produção a parte requer se mostra idônea a fomentar a aplicação dos princípios do contraditório e da ampla defesa, apesar de afetar negativamente a realização do princípio da eficiência. Vale dizer, se, por seu intermédio, é razoável entender que a parte poderá trazer ao juiz algum elemento útil que possa interferir no seu convencimento em favor daquela. Em caso negativo, seja porque a parte já lograria êxito na lide independentemente da prova requerida, seja porque a prova não é apta a interferir no caminho lógico de argumentação adotado para decidir o feito, o certo é que a não adoção desse meio inadequado conferirá o melhor aproveitamento, na maior medida possível, de todos os princípios envolvidos, se justificando assim o indeferimento fundamentado.

É evidente que o convencimento motivado em torno da idoneidade da prova é algo inerente às premissas argumentativas adotadas pelo juiz, em respeito à prerrogativa de independência, lhe cabendo apenas expor fundamentadamente os motivos jurídicos suficientes e necessários que o conduziram à decisão.

O princípio da eficiência, quando aplicado nas decisões jurisdicionais, conduz igualmente à premissa de que o conflito de interesses tende a ser resolvido em apenas um grau de jurisdição. É reconhecida como extraordinária, pela lógica funcional do sistema, a situação de inconformismo que enseje eventual recurso pela parte desfavorecida com o resultado. Raciocinar em sentido contrário seria o mesmo que entender que, mesmo no plano abstrato, todo um grau de jurisdição corresponderia apenas a uma etapa necessária de um processo que ali não se esgotaria, o que é injustificável em termos de eficiência de qualquer modelo.

A prova, portanto, é ou não deferida tendo em vista a necessidade de convencimento daquele juiz, que, naquele momento, dirige o processo.

Fundamentar o deferimento de uma prova que pareça inútil ao juiz pela simples possibilidade, em tese, de eventual convencimento em sentido contrário em caso de eventual recurso às instâncias superiores afrontaria diretamente o princípio da eficiência. A lógica da direção do processo passaria a se pautar de forma não funcional, sendo certo que o desperdício de tempo implicaria custo direto para o erário público e comprometimento do aparato judicial em prejuízo de questões verdadeiramente relevantes em outros processos.

Em caso positivo do exame de adequação, porém, ou seja, na hipótese em que a prova regularmente requerida se mostre idônea a fomentar a aplicação dos princípios do contraditório e da ampla defesa, o juiz deverá avaliar, dentro do conflito de princípios, a sua necessidade: escolher fundamentadamente entre os meios igualmente idôneos à satisfação dos princípios do contraditório e da ampla defesa, o que afete de forma menos intensa o princípio da eficiência. Isso se traduz, em termos práticos, na diligência que importe no menor prazo possível, ou, na identidade de prazos, a que acarrete menor custo estimado. Superada a adequação e havendo resultado positivo no exame da necessidade, não cabe o indeferimento da diligência requerida. Diante do resultado negativo, todavia, a diligência requerida não será deferida, mas caberá ao juiz, de ofício, determinar a realização da diligência que afete de forma menos intensa o princípio da eficiência, na medida em que se mostra necessária à instrução do feito.

Por outro lado, ao apreciar a realização de diligências necessárias, deverá o juiz dimensionar, com exatidão, na menor medida possível e razoável, os prazos destinados ao seu cumprimento. Caso seja necessária a realização de mais de uma diligência e caso tal ocorrência se mostre possível ao mesmo tempo, sem prejuízo para os princípios do contraditório e da ampla defesa, deverá o juiz providenciar que todas sejam realizadas simultaneamente, com a coincidência de prazos.

6.2. *Tutelas de urgência*

Compreende-se por tutelas de urgência tanto aquelas relacionadas ao risco de desaparecimento de elementos necessários à efetividade do processo, quanto as respeitantes à própria satisfação provisória da pretensão de direito. Ambas as tutelas, de natureza cautelar e satisfativa, apresentam como finalidade essencialmente a salvaguarda do resultado útil do processo diante da longa demora na entrega do provimento final. Distingue-se esta última, porém, por implicar uma antecipação da própria solução definitiva esperada, motivo pelo qual lhe é reconhecida a natureza satisfativa, ao passo que a pretensão cautelar é de natureza meramente preventiva.

Considerando a aplicação do princípio da eficiência nas decisões jurisdicionais, é papel do juiz interpretar os dispositivos normativos que tratem das tutelas de urgência, lhes conferindo o maior alcance possível em favor da parte contra quem o tempo do processo pode causar maior prejuízo. São medidas que, em si mesmas, já trazem a nota da eficiência diante da própria projeção em garantir um processo de resultados.

No que tange, por exemplo, às tutelas de urgência de natureza satisfativa, é previsto em lei que cabe ao juiz antecipar os efeitos da tutela, diante de pedidos incontroversos; ou da prova inequívoca que lhe convença acerca da verossimilhança da alegação, além de haver o fundado receio de dano irreparável ou de difícil reparação, ou ainda quando ficar caracterizado o abuso de direito de defesa ou o manifesto propósito protelatório do réu. Quanto à segunda hipótese, não é possível conceder a antecipação da tutela quando houver perigo de irreversibilidade do provimento antecipado[413]. Por outro lado, nas ações que tenham por objeto o cumprimento de obrigação de fazer ou não fazer ou ainda a entrega de coisa, diante de fundamento relevante e de justificado receio de ineficácia do provimento final, é também lícito ao juiz conceder a tutela liminarmente ou mediante justificação prévia, citado o réu[414].

Na concepção teórica tradicional, uma aplicação mais recorrente da antecipação de tutela não seria possível, porque o paradigma de vinculação à legalidade, nos moldes do Estado moderno, impunha ao juiz mínima liberdade de manejo dos conceitos indeterminados correlatos, como "prova inequívoca", "verossimilhança" e "perigo de irreversibilidade", na medida em que seria necessário garantir a segurança jurídica não na efetividade da atividade jurisdicional, mas somente nas formalidades assecuratórias da ampla defesa e do contraditório. Diante, consequentemente, de limites mais rígidos de concessão, a probabilidade de êxito quanto ao provimento antecipatório seria naturalmente diminuída, esvaziando a finalidade da norma em termos práticos.

A disciplina das tutelas de urgência, entretanto, é fruto direto do pós-positivismo jurídico, não podendo assim ser interpretada consoante os métodos e técnicas do paradigma anterior. Quanto à concretização do princípio da segurança jurídica no processo, a perspectiva pós-positivista resgata o caráter instrumental do processo e a eficiência no atuar do Poder Judiciário, de modo que a *segurança no instrumento* perde a supremacia, passando a conviver, lado a lado, com a *segurança na finalidade*.

Segundo Cândido Rangel Dinamarco, o exagerado conceitualismo do século XIX e a intensa preocupação garantística da segunda metade do século XX levaram o processualista a uma profunda imersão em um mar de princípios, garantias e dogmas, que, ao invés de fatores de consistência metodológica científica, transmudaram-se em "grilhões de uma servidão perversa", acirrando o formalismo a entravar

---

(413) BRASIL. *Código de processo civil*, "art. 273. O juiz poderá, a requerimento da parte, antecipar, total ou parcialmente, os efeitos da tutela pretendida no pedido inicial, desde que, existindo prova inequívoca, se convença da verossimilhança da alegação e: I — haja fundado receio de dano irreparável ou de difícil reparação; ou II — fique caracterizado o abuso de direito de defesa ou o manifesto propósito protelatório do réu. [...] § 2º Não se concederá a antecipação da tutela quando houver perigo de irreversibilidade do provimento antecipado".
(414) BRASIL. *Código de processo civil*, "art. 461. Na ação que tenha por objeto o cumprimento de obrigação de fazer ou não fazer, o juiz concederá a tutela específica da obrigação ou, se procedente o pedido, determinará providências que assegurem o resultado prático equivalente ao do adimplemento [...] § 3º Sendo relevante o fundamento da demanda e havendo justificado receio de ineficácia do provimento final, é lícito ao juiz conceder a tutela liminarmente ou mediante justificação prévia, citado o réu. A medida liminar poderá ser revogada ou modificada, a qualquer tempo, em decisão fundamentada" e "art. 461-A. Na ação que tenha por objeto a entrega de coisa, o juiz, ao conceder a tutela específica, fixará o prazo para o cumprimento da obrigação. [...] § 3º Aplica-se à ação prevista neste artigo o disposto nos §§ 1º a 6º do art. 461".

o aparato judicial e abrindo flancos à malícia e à chicana processual[415]. Mais diante, ressalta que "nem a segurança jurídica, supostamente propiciada de modo absoluto por eles, é um valor tão elevado que legitime um fechar de olhos aos reclamos por um processo rápido, ágil e realmente capaz de eliminar conflitos, propiciando soluções válidas e invariavelmente úteis"[416].

Observe-se, entretanto, que, no pós-positivismo jurídico, a certeza jurídica tanto é resguardada pelas formalidades que garantem a igualdade entre as partes e o contraditório no mínimo necessário à configuração do processo justo, quanto pela entrega da tutela jurisdicional de forma eficiente e efetiva no máximo suficiente. A nova concepção resgata a correção do sistema, ao propor que à sociedade interessa igualmente ver a segurança jurídica concretizada não apenas nas garantias procedimentais de participação no processo, mas também, e principalmente, nos resultados úteis do fenômeno processual[417].

De acordo com José Roberto dos Santos Bedaque, o processualismo exagerado, para além da distorção na relação entre instrumento e finalidade, ainda amesquinha a função jurisdicional, na medida em que transforma os juízes em meros controladores de exigências formais, obscurecendo sua missão principal de salvaguardar a ordem jurídica material, de eliminar litígios e de garantir a paz social[418].

A má compreensão da técnica processual leva a um paradoxo, no qual aquilo que deveria garantir o desenvolvimento adequado do instrumento passa a se configurar como um obstáculo a que este atinja os escopos de atuação da lei e pacificação social. É fundamental à correta aplicação da técnica processual que seja adotado o princípio da adequação, pelo qual os procedimentos, poderes, deveres e faculdades dos sujeitos do processo devem, na medida do possível, se ajustar às peculiaridades do fenômeno material e guardar compatibilidade com a natureza da tutela requerida[419].

Os princípios do contraditório e da ampla defesa passam a ser garantidos na medida mínima estritamente necessária às partes, de modo a concretizar, em outra mão e na maior medida possível, o princípio da efetividade processual e, consequentemente, o do acesso à Justiça. Nesses termos, enquanto princípio constitucional, a eficiência impõe que o juiz, em seu labor interpretativo, potencialize, na melhor medida possível de acordo com as circunstâncias fáticas e jurídicas, a leitura dos conceitos indeterminados que regulam as tutelas de urgência.

A "prova inequívoca", por exemplo, não pode ser entendida como apenas aquela prova robusta o suficiente a exaurir o juízo de cognição no sentido da

---

(415) DINAMARCO, Cândido Rangel. *Nova era do processo civil*. 3. ed. rev. atual. e aum. São Paulo: Malheiros, 2009. p. 20.
(416) DINAMARCO, Cândido Rangel. *Nova era do processo civil*..., cit., p. 22.
(417) Seção 4.9.
(418) BEDAQUE, José Roberto dos Santos. *Efetividade do processo e técnica processual*..., cit., p. 30.
(419) BEDAQUE, José Roberto dos Santos. *Efetividade do processo e técnica processual*..., cit., p. 43-45.

pretensão cuja antecipação se requer. O que a interpretação em mira da eficiência na decisão jurisdicional reclama é o que Luiz Guilherme Marinoni denomina de *verossimilhança preponderante*: grosso modo, para ele, sacrificar o improvável em benefício do provável. Na concepção de um processo em que verdadeiramente se prima por alcançar um resultado útil, não é cabível entender que o requisito da "prova inequívoca" corresponde àquela prova que aponte em apenas uma direção. Assim, para conceder a tutela antecipatória, basta ao juiz a convicção de verossimilhança preponderante, ou seja, a prova já produzida apenas precisa indicar que o direito do autor é mais verossímil que o do réu[420].

José Eduardo Carreira Alvim sustenta que a prova inequívoca não é mais do que a pré-constituída, com fundamento em algum grau de probabilidade. A verossimilhança é um juízo de probabilidade, credibilidade ou veracidade[421].

Também a expressão "perigo de irreversibilidade", quando interpretada sob um cânone estritamente positivista, poderia conduzir fatalmente ao indeferimento da antecipação de tutela, desde que houvesse alguma possibilidade de prejuízo irreversível. Ocorre que isso, como ponderam Luiz Guilherme Marinoni e Sérgio Arenhart, seria o mesmo que dizer que "o direito provável deve sempre ser sacrificado diante da possibilidade de prejuízo irreversível ao direito improvável"[422].

O Superior Tribunal de Justiça já entendeu que quando o dispositivo legal alude à irreversibilidade, está tratando dos efeitos da tutela antecipada, não do provimento final em si, pois o objeto de antecipação não é o próprio provimento jurisdicional, mas os efeitos desse provimento. A noção de perigo da irreversibilidade deve ser flexibilizada, pois, do contrário, enquanto não fosse ultrapassado o prazo legal para o exercício da ação rescisória, nenhuma sentença poderia ser executada de forma definitiva diante da efetiva possibilidade de desconstituição. É, dessa forma, sob a ótica de probabilidade de êxito do autor quanto ao provimento jurisdicional definitivo que o juiz deve conceder ou não a antecipação dos efeitos da tutela jurisdicional[423].

Como a característica essencial do provimento antecipatório é a de sua executividade intrínseca, é possível entender, no âmbito do processo do trabalho, considerando que a Consolidação das Leis do Trabalho autoriza a execução de

---

(420) MARINONI, Luiz Guilherme. Prova, convicção e justificativa diante da tutela antecipatória. *Jus Navigandi*, Teresina, ano 11, n. 1182, p. 4-10, 26.9.2006. Disponível em: <http://jus.uol.com.br/revista> Acesso em: 2.9.2011.
(421) ALVIM, José Eduardo Carreira. *Alterações no código de processo civil*. 2. ed. rev. e atual. por Luciana Gontijo Carreira Alvim Cabral. Rio de Janeiro: Impetus, 2006. p. 59.
(422) MARINONI, Luiz Guilherme; ARENHART, Sérgio Cruz. *Processo de conhecimento*. Curso de processo civil. 6. ed. rev. atual. e ampl. São Paulo: Revista dos Tribunais, 2007. p. 225
(423) BRASIL. *Superior Tribunal de Justiça*. Terceira Turma. Resp n. 737.047/SC. Relatora: Ministra Nancy Andrighi. Brasília, 16.2.2006. DJ 13.3.2006. Disponível em: < http://www.stj.jus.br> Acesso em: 2.9.2011.

ofício pelo juiz (art. 878)[424], pela possibilidade de concessão da tutela antecipada de ofício[425].

Observe-se ainda que, a rigor, a possibilidade de concessão da tutela antecipada de ofício sequer se encontra confinada na seara trabalhista. Para Roberto Vieira de Almeida Rezende, a partir de uma construção em torno de um novo papel social do Poder Judiciário, primordialmente comprometido com a realização concreta dos fins institucionais do processo, a referida possibilidade emergiria do próprio dever do juiz de velar pela rápida solução do litígio, tal como consignado no art. 125 do Código de Processo Civil[426].

Ademais, ressalta o mesmo autor, seria verdadeiramente incoerente que fosse facultada tal concessão de ofício nas medidas cautelares, a teor do art. 797 do mesmo diploma[427], vinculando-se à provocação pelas partes apenas a antecipação de tutela. Diferente raciocínio não poderia tampouco ser obtido, ao se constatar que o § 3º do art. 461[428] igualmente faculta a concessão independentemente de postulação das partes, quando a tutela tiver por objeto o cumprimento de obrigações de fazer ou não fazer.

Não é, portanto, coerente reconhecer tal limitação exclusivamente quanto ao provimento judicial versado no art. 273, apenas por uma interpretação literal e isolada do seu enunciado, negando vigência ao imperativo de efetividade do processo e dando margem à descrença social quanto à importância da atuação do Poder Judiciário[429].

Em suma, a partir dos exemplos acima propostos, torna-se claro que a aplicação do princípio da eficiência no âmbito das decisões jurisdicionais reclama do juiz interpretação que fomente a condução de cada processo a um resultado útil, o que

---

(424) BRASIL. *Consolidação das Leis do Trabalho*, "art. 878 — A execução poderá ser promovida por qualquer interessado, ou *ex officio* pelo próprio Juiz ou Presidente ou Tribunal competente, [...]". Disponível em: <http://www.planalto.gov.br/ccivil_03/Leis/_lei-principal.htm> Acesso em: 2.9.2011.
(425) LUDWIG, Guilherme Guimarães; CAPLAN, Luciana. A vinculação do órgão julgador à concessão de tutela antecipada de ofício. *Revista da Associação dos Magistrados da Justiça do Trabalho da 5ª Região* — Bahia, Salvador: Amatra 5, n. 3, p. 85-86, jun. 2004. A tese foi endossada pela assembleia dos associados da Associação Nacional dos Magistrados da Justiça do Trabalho — Anamatra, reunida por ocasião 12º Congresso Nacional dos Magistrados Trabalhistas — Conamat, realizado em 2004 no Estado de São Paulo.
(426) BRASIL. *Código de processo civil*, "art. 125. O juiz dirigirá o processo conforme as disposições deste Código, competindo-lhe: [...] II — velar pela rápida solução do litígio".
(427) BRASIL. *Código de processo civil*, "art. 797. Só em casos excepcionais, expressamente autorizados por lei, determinará o juiz medidas cautelares sem a audiência das partes".
(428) BRASIL. *Código de processo civil*, "art. 461. [...] § 3º Sendo relevante o fundamento da demanda e havendo justificado receio de ineficácia do provimento final, é lícito ao juiz conceder a tutela liminarmente ou mediante justificação prévia, citado o réu. A medida liminar poderá ser revogada ou modificada, a qualquer tempo, em decisão fundamentada".
(429) REZENDE, Roberto Vieira de Almeida. Função social do poder judiciário e a possibilidade de concessão de tutela antecipada de ofício. *Revista Trabalhista Direito e Processo*, Brasília: Anamatra, Rio de Janeiro: Forense, n. 34, ano 9, p. 110-112, abr./jun. 2010.

se consegue evidentemente a partir de uma maior utilização das tutelas de urgência, reduzindo a distância entre o acionamento do aparato judicial e a efetiva satisfação da pretensão (ainda que em caráter provisório).

Com isso, resgatando-se a celeridade, pelos caminhos interpretativos parametrizados e informados pelo princípio da eficiência, sem prejuízo das garantias mínimas segundo a concepção de um processo justo, o elemento tempo passa a correr em desfavor daquele cujas alegações são menos verossímeis, se reduzindo a vantagem da protelação processual e aumentando a funcionalidade do Poder Judiciário para aquela e para as outras demandas que lhe sejam submetidas.

6.3. PRECEDENTES MAJORITÁRIOS DE ARGUMENTAÇÃO

Cabe ao juiz, ao concretizar o princípio da eficiência na atividade jurisdicional do Poder Judiciário, reconhecer e aderir aos precedentes majoritários de argumentação, que se mostrem adequados às circunstâncias específicas do caso concreto que esteja sob apreciação.

Trata-se aqui de lugares-comuns de interpretação jurisprudencial.

Chaïm Perelman destaca que a importância fundamental desses lugares-comuns do Direito corresponde a fornecer razões que permitam afastar soluções não equitativas ou desarrazoadas, na medida em que estas negligenciam uma visão global do fenômeno jurídico como uma arte do bem e da equidade[430].

Por outro lado, é escopo do Direito a pacificação social, ideal este cujo fomento pressupõe um grau razoável de consenso de expectativas nutrido pelos indivíduos de uma comunidade quanto ao alcance e ao cumprimento das normas jurídicas. Assim, ao assumir o monopólio de dizer o Direito e vedar a autotutela privada, o Estado chamou a si o dever de promover a segurança jurídica, o que pode ser alcançado pelo estímulo aos consensos de argumentação em torno da interpretação e da aplicação das normas jurídicas, estabilizando da forma mais homogênea possível aquelas expectativas da sociedade.

Sob uma perspectiva de eficiência e considerando que a divisão de competências judiciais tem caráter meramente orgânico-funcional, não é producente entender que diversos órgãos de um mesmo Poder Judiciário possam apresentar entendimentos totalmente díspares no que se refere à *ratio decidendi* que motiva a interpretação ou a aplicação de uma determinada norma jurídica em um mesmo contexto fático-valorativo.

No espaço em que estejam estabilizadas as expectativas, se reduz logicamente a necessidade de demanda ao Poder Judiciário ou podem ainda ser simplificadas

---

(430) PERELMAN, Chaïm. *Lógica jurídica*: nova retórica. Traduzido por Vergínia K. Pupi. São Paulo: Martins Fontes, 1998. p. 120. Tradução de Logique juridique.

ou encurtadas etapas processuais, aumentando em ambos os casos o desempenho das diversas instâncias do Poder Judiciário. A eficiência aplicada à atividade jurisdicional do Poder Judiciário reclama, portanto, a observância desses lugares--comuns de interpretação.

Um parâmetro para se apreciar a adequação de uma diligência requerida pela parte pode ser verificar, por exemplo, se a pretensão de fundo encontra albergue em um destes consensos de argumentação. Caso contrário, pode ser justificado o seu indeferimento em função da dissonância, o que aumenta a eficiência do atuar do Poder Judiciário[431].

Para que seja evitado um raciocínio simplista, urge pontuar que os aqui referidos precedentes devem ser fruto natural do consenso do conjunto da magistratura, tão permanente quanto dure diante dos fatos e dos valores predominantes em cada momento histórico. Não se defende aqui a cristalização da interpretação da norma jurídica.

De acordo com Karl Popper, embora sem a tradição o conhecimento científico seja impossível, na medida em que boa parte do quanto aprendido o é justamente por intermédio de exemplos passados, todo o conhecimento tradicional está sempre aberto ao exame crítico[432]. É a tensão crítica permanente entre o conhecimento conjectural e as suas inúmeras refutações que confere dinamicidade à ciência[433]. No âmbito das decisões jurisdicionais, é imprescindível, portanto, a abertura para a crítica e a refutação.

Na realidade, a sustentação de todo o conhecimento se encontra não no prestígio de uma determinada fonte, mas nesta resistência das teses às tentativas cada vez mais sofisticadas e complexas de refutação. No Direito, tal linha de pensamento proporciona uma reflexão em relação à própria prevalência da autoridade das fontes, entre as quais especialmente se destaca aqui a jurisprudência. Convida, por outro lado, à rejeição do comodismo intelectual pelo intérprete, uma vez que este deve, ao invés, reconhecer o caráter sempre conjectural e provisório do saber jurídico, enquanto conhecimento científico que se apresenta.

Nas palavras de Rudolf von Ihering, ainda em 1872,

> o direito é como Saturno devorando seus próprios filhos; não pode remoçar sem fazer tábua rasa de seu próprio passado. Um direito concreto que se vangloria de sua existência para pretender uma duração ilimitada, eterna, recorda o filho que levanta a mão contra sua própria mãe.[434]

---

(431) Seção 5.4.1.
(432) POPPER, Karl. *Conjecturas e refutações*. Traduzido por Benedita Bettencourt. Lisboa: Almedina, 2006. p. 49. Tradução de Conjectures and refutations.
(433) Seção 5.3.3.
(434) IHERING, Rudolf von. *A luta pelo direito*. Traduzido por João de Vasconcelos. São Paulo: Martin Claret, 2009. p. 30. Tradução de Der Kampf ums Recht.

O Direito evolui justamente por uma abordagem de caráter predominantemente crítico, em que os fundamentos de novas postulações refutam os posicionamentos jurisdicionais antes sedimentados, dando ensejo a novas teses jurídicas que, por sua vez, ajustam, adequam e atualizam a interpretação da norma de textura aberta aos novos fatos e valores trazidos pela realidade concreta. Não fosse assim, sequer se poderia cogitar na superação do jusnaturalismo pelo positivismo ou na superação deste pelo pós-positivismo.

No âmbito do direito constitucional, especialmente no que se refere aos direitos fundamentais, esta situação adquire ainda maior relevo.

A norma constitucional, como defendia Ferdinand Lassale desde o século XIX, não tem valor e nem é durável se contrariar os fatores do poder que vigem na realidade social[435].

Para Konrad Hesse, em uma concepção mais contemporânea, a consolidação e a preservação da *força normativa da Constituição* estão presentes na interpretação que não apenas depende do conteúdo, mas também de sua práxis. Sendo a eficácia da Constituição condicionada pelos fatos concretos da vida, tais não podem ser desprezados no processo de interpretação. Pelo contrário, as condicionantes reais devem ser correlacionadas com os enunciados normativos da Constituição, buscando-se a interpretação adequada que concretize, de forma excelente, o sentido do enunciado dentro das condições reais dominantes numa determinada situação[436].

A interpretação constitucional, tal como informa Jorge Miranda, deve ser efetivamente evolutiva, porque a Constituição, sempre em movimento como a própria vida, está sujeita à dinâmica da realidade que jamais pode ser captada através de fórmulas fixas[437].

Trata-se assim de um processo contínuo de retroalimentação, pelo qual a Constituição, como texto político maior, molda e disciplina a sociedade, enquanto esta fornece os elementos de fato e de valor necessários ao preenchimento das normas constitucionais de textura aberta, atualizando o seu sentido e alcance. Em uma via de mão dupla, pode se concluir que a Constituição conforma e é conformada pela realidade concreta a cada momento histórico, circunstância dinâmica que se traduz no fenômeno da mutação constitucional.

Veja-se, por exemplo, que o próprio princípio de acesso à Justiça na realidade brasileira reclamou atualização ao longo das duas últimas décadas. Se no contexto

---

(435) LASSALE, Ferdinand. *A essência da constituição*. 9. ed. Tradução original de Walter Stönner. Rio de Janeiro: Lúmen Juris, 2009. p. 47. Tradução de Über die Verfassung.
(436) HESSE, Konrad. *A força normativa da constituição*. Traduzido por Gilmar Ferreira Mendes. Porto Alegre: Sergio Antonio Fabris, 1991. p. 22-23. Tradução de Die normative Kraft der Verfassung.
(437) MIRANDA, Jorge. *Teoria do estado e da constituição*. Tradução da edição portuguesa. Rio de Janeiro: Forense, 2007. p. 395.

histórico do início do processo de redemocratização da sociedade brasileira — ainda à época da promulgação da Constituição de 1988 — a concretização desta norma cobrava uma interpretação ampla e irrestrita no sentido do ingresso em juízo, como forma de resgate da cidadania; na atualidade, inversamente, o aumento da litigiosidade e do congestionamento no Poder Judiciário é que pode representar grave ameaça ou obstáculo à concretização do próprio direito fundamental de acesso à Justiça, compreendido aqui não apenas como o mero ajuizamento de uma ação, mas sim com o acesso a uma ordem jurídica justa ou o acesso efetivo à tutela jurisdicional.

É possível assim compreender que a impossibilidade de proferir decisões jurisdicionais em sentido contrário às súmulas vinculantes editadas pelo Supremo Tribunal Federal[438], no que tange à interpretação de determinada norma constitucional, impede quanto a esta a incidência do fenômeno da mutação constitucional pela via natural e legítima do amadurecimento das teses jurídicas entre os diversos demais órgãos do Poder Judiciário, que inclusive se encontram tão mais próximos da realidade dos jurisdicionados quanto mais distantes do próprio Tribunal de cúpula.

Ao se reconhecer o processo contínuo de retroalimentação da Constituição, é evidente que o estabelecimento de uma interpretação definitiva (ou com remotíssima possibilidade de revisão ou cancelamento) do texto constitucional em muito dificulta ou simplesmente impede os refluxos fáticos e valorativos proporcionados pela sociedade — por intermédio da postulação das partes nos processos judiciais — e necessários à atualização das normas diante do fenômeno da mutação constitucional.

Em consequência, este descompasso tende paradoxalmente a enfraquecer a própria estabilidade da ordem constitucional, em prejuízo direto da pacificação da tensão social, do princípio da segurança jurídica e consequentemente do Estado Democrático de Direito. O instrumento então estaria sobrepujando a própria finalidade a que ele se destina, em um raciocínio carente de mínima motivação lógica.

Quando se exige que a decisão jurisdicional, enquanto ato administrativo, apresente o seu maior rendimento possível, isto não significa única ou preferencialmente um ganho de produtividade em termos numérico-quantitativos. Prestação jurisdicional não se entrega (ou não se deve entregar) em linha de produção em série. Pelo contrário e de forma preponderante, ela deve qualitativamente acolher o que deseja a sociedade na justa proporção das necessidades

---

(438) BRASIL. *Constituição da República Federativa do Brasil*, "art. 103-A. O Supremo Tribunal Federal poderá, de ofício ou por provocação, mediante decisão de dois terços dos seus membros, após reiteradas decisões sobre matéria constitucional, aprovar súmula que, a partir de sua publicação na imprensa oficial, terá efeito vinculante em relação aos demais órgãos do Poder Judiciário e à administração pública direta e indireta, nas esferas federal, estadual e municipal, bem como proceder à sua revisão ou cancelamento, na forma estabelecida em lei".

coletivas, atendendo às peculiaridades e especificidades de cada caso concreto que seja posto à apreciação do Poder Judiciário.

Em outras palavras, a solução de cada litígio deve estar em absoluto compasso com os valores e a realidade concreta que preenchem de sentido cada norma, pois, do contrário, a própria realização do Direito passa a carecer de legitimidade, o que ameaça de grave lesão os alicerces do Estado Democrático de Direito. O julgar eficiente é, em última análise, o instrumento de realização do Direito justo. Não pode logicamente se alicerçar no cerceamento da evolução natural do Direito e, consequentemente, da própria exposição contínua do conhecimento científico à crítica.

O que a eficiência pressupõe é justamente o ajuste a consensos dinâmicos, lugares-comuns de interpretação jurisprudencial, conformadores e conformados pela realidade concreta a cada momento histórico, para que haja realmente uma afinação precisa entre as normas jurídicas, de um lado, e os anseios da sociedade, de outro, especialmente no que se refere à concretização de direitos fundamentais e dos valores constitucionalmente garantidos.

6.4. COLETIVIZAÇÃO DE LITÍGIOS

A coletivização do litígio, em sua essência, potencializa o resultado útil do processo, reduzindo a necessidade de acionar o Poder Judiciário, a repetição de atos processuais idênticos e o custo de tempo e recursos a eles inerentes, além de se configurar como uma medida tecnicamente eficaz no combate aos litigantes habituais. Aumenta-se, em consequência, o desempenho do aparato judicial, representando uma aplicação direta do princípio da eficiência. Logo, impõe-se ao juiz que, na interpretação e na aplicação do Direito, opte pelo caminho argumentativo razoável que confira efetividade, na maior medida possível, às lides coletivas.

Como destaca José Roberto Freire Pimenta, as transformações do século XX, com a emergência dos conflitos de massa e a coletivização de conflitos, repercutiram no campo do direito processual em dois planos. No primeiro, novos direitos e interesses, atribuídos a uma coletividade, passaram a ser reconhecidos sem que os modelos processuais tradicionais fossem capazes de assegurar a efetiva tutela jurisdicional, gerando vazios de tutela. Em segundo, o descumprimento em massa e reiterado de direitos sociais não foi acompanhado pelo correspondente número de ações individuais, aumentando os vazios de tutela, embora avolumando ainda mais a estrutura do Poder Judiciário, cada vez mais incapaz de atender à demanda[439].

---

(439) PIMENTA, José Roberto Freire. A tutela metaindividual trabalhista: uma exigência constitucional. *Revista Trabalhista Direito e Processo*, Brasília: Anamatra; Rio de Janeiro: Forense, n. 28, ano 7, p. 42, out./dez. 2008.

Em 1978, identificando a segunda onda de facilitação do acesso à Justiça, Mauro Cappelletti e Bryant Garth já observavam que a concepção tradicional do processo não deixava campo para a defesa dos interesses metaindividuais, na medida em que era visto apenas como um assunto entre duas partes, que se destinava à controvérsia entre elas mesmas a respeito de seus interesses individuais. Houve então um movimento mundial em direção aos litígios metaindividuais, o que proporcionou transformações na legitimação ativa, no papel do juiz, nos conceitos e institutos jurídicos. Em suas palavras, "A visão individual do devido processo judicial está cedendo lugar rapidamente, ou melhor, está se fundindo com uma concepção social, coletiva"[440].

No mesmo sentido, sustenta ainda José Roberto Freire Pimenta que entre as principais manifestações da profunda transformação do processo contemporâneo se encontra exatamente a superação do modelo liberal e individualista do processo por um modelo alternativo de tutela jurisdicional coletiva ou metaindividual, envolvendo um novo arcabouço de princípios e técnicas procedimentais[441].

Por outro lado, ao considerar que a atuação do processo coletivo extrapola as fronteiras da esfera jurídica propriamente dita, Luciano Martinez defende que:

> a efetiva operacionalidade do sistema das ações coletivas passou a ser encarada não mais como mera consequência, mas como condição de existência e prevalência da democracia. O processo coletivo demonstrou ter a singular aptidão de, extrapolando os lindes de uma relação processual, tornar superlativos os seus efeitos.[442]

Tais efeitos de garantia da democracia, para este autor, têm a ver com a satisfação de aspirações que sistematizou em três distintas ordens:

> a) No campo político, pela ampliação do propósito pacificador, quando comparado àquele correspondente ao modelo tradicional de solução dos conflitos de interesses.
>
> b) No campo econômico, por garantir maior efetividade e menor dispêndio de tempo e de dinheiro, além de ser oferecido tratamento mais favorável ao autor quanto a custas, emolumentos, honorários periciais e honorários de advogado.
>
> c) No campo político, ao fomentar a participação dos cidadãos no controle das políticas de distribuição dos direitos sociais.[443]

---

(440) CAPPELLETTI, Mauro; GARTH, Bryant. *Acesso à justiça*. Traduzido por Ellen Gracie Northfleet. Porto Alegre: Sergio Antonio Fabris, 1988. p. 49-51. Tradução de Access do justice: the worldwide movement to make rights effective.
(441) PIMENTA, José Roberto Freire. A tutela metaindividual trabalhista..., cit., p. 38.
(442) MARTINEZ, Luciano. A efetividade sob a perspectiva da coletivização do processo do trabalho. *Revista do Tribunal Regional do Trabalho da 14ª Região*, Porto Velho, v. 6, n. 1, p. 197-198, jan./jun. 2010.
(443) MARTINEZ, Luciano. A efetividade sob a perspectiva da coletivização do processo do trabalho..., cit., p. 198-201.

O recurso ao princípio da eficiência, conformado e conformador pela realidade concreta, permite a normatização de tais razões de política judiciária, trazendo-as como autênticos argumentos de aplicação da norma processual, em favor do pleno acesso à Justiça.

A partir do conjunto destes fundamentos, torna-se certo assim que, se o movimento de coletivização do litígio fez nascer um novo paradigma na teoria do processo, é necessário interpretar os seus conceitos e institutos de forma apta a conferir máxima efetividade à tutela jurisdicional metaindividual.

Não é demais recordar Luiz Guilherme Marinoni, quando pugna pela concreta necessidade de compreensão das normas processuais sob o ponto de vista do direito fundamental à tutela jurisdicional, tendo em vista que as diversas necessidades de direito substancial conferem ao juiz o poder-dever de encontrar a técnica processual idônea à proteção (ou à tutela) do direito material. O encontro da técnica processual adequada exige a interpretação da norma processual de acordo com o direito fundamental à tutela jurisdicional efetiva[444].

Para Rodolfo de Camargo Mancuso, a natureza instrumental do processo promove uma relação de pertinência-proporcionalidade entre o tipo de interesse material tutelado e o remédio idôneo a obter a máxima efetividade da resposta jurisdicional. Essa relação entre meios e fins processuais se estende aos procedimentos[445].

Uma vez estabelecida a relação de pertinência e proporcionalidade entre os conflitos coletivos e a tutela processual coletiva, se torna certo que esses processos tanto conferem tratamento adequado àqueles litígios e previnem a sua pulverização em demandas individuais, quanto apresentam uma resposta judiciária unitária, promovendo o tratamento isonômico em favor dos jurisdicionados. Ao lado da economia processual, permite que, em um contexto de democracia participativa, o Poder Judiciário também participe da boa gestão da coisa pública[446].

Por sua vez, segundo José Roberto dos Santos Bedaque, "a efetividade da tutela jurisdicional depende muito da sensibilidade do jurista, principalmente do estudioso do direito processual, que deve criar soluções visando tornar o instrumento adequado à realidade social a que ele será aplicado"[447].

Como destaca Luciano Martinez, a sociedade não mais tolera o estilo contido e distante do juiz, enquanto protagonista que dispõe de elementos suficientes a conduzir o feito ao seu efetivo cumprimento. Segundo ele, "esta intolerância é tanto mais evidenciada no âmbito do processo coletivo, onde uma decisão compro-

---

(444) MARINONI, Luiz Guilherme. *Teoria geral do processo*..., cit., p. 114.
(445) MANCUSO, Rodolfo de Camargo. *Op. cit.*, p. 78.
(446) MANCUSO, Rodolfo de Camargo. *Op. cit.*, p. 81-84.
(447) BEDAQUE, José Roberto dos Santos. *Direito e processo*: influência do direito material sobre o processo..., cit., p. 33.

meterá a vida e a expectativa de uma coletividade de sujeitos, podendo produzir, inclusive, efeitos exemplares"[448].

Logo, considerando a aplicação do princípio da eficiência às decisões jurisdicionais, é sustentado que não cabe ao juiz aplicar às lides coletivas os mesmos métodos e técnicas das lides individuais quando manifestamente em sacrifício de sua efetividade. Necessária se faz uma justa ponderação que compatibilize razoavelmente as exigências de ampla defesa e do contraditório com o princípio da eficiência, em direção ao resultado útil e efetivo do processo.

É analisada, exemplificativamente, a prova.

> Não é possível conceder à produção da prova nas causas coletivas o mesmo tratamento dispensado ao modelo clássico das individuais. Deve ser reconhecida como perfeitamente válida, por exemplo, a prova produzida em sede de inquérito civil ou de procedimento de investigação conduzidos pelo Ministério Público, desde que regularmente oportunizada a participação do réu com rigorosa observância do contraditório e da ampla defesa, a partir da perspectiva do processo justo naquele âmbito.

Interessa também ao tratamento destes litígios, exatamente em razão de sua natureza transcendente, que a prova acarrete uma visão panorâmica dos fatos discutidos.

Boaventura de Sousa Santos, ao tratar de uma cartografia simbólica do Direito, associa este metaforicamente aos mapas. Quanto à escala, entende que "os mapas de grande escala têm um grau mais elevado de pormenorização que os mapas de pequena escala porque cobrem uma área inferior à que é coberta, no mesmo espaço de desenho, pelos mapas de pequena escala"[449]. Desse modo, é também certo que as distintas ordens jurídicas operam, em escalas diferentes, traduzindo assim objetos empíricos eventualmente iguais em objetos jurídicos distintos[450].

O mesmo raciocínio pode ser aplicado à adequação dos procedimentos de produção e avaliação da prova nas lides coletivas, ao se exigir um grau menos elevado de pormenorização em favor de uma visão verdadeiramente panorâmica da situação fática. Da mesma forma que uma prova demasiadamente ampla, em escala, distorce a realidade numa lide individual; a prova extremamente específica e pormenorizada, em escala, prejudica a percepção global dos fatos em uma causa coletiva. Trata-se aqui, em última análise, de uma necessidade de ponderação, para adequação e ajuste da prova mais eficiente ao caso concreto. Assim, pela própria natureza dos interesses discutidos em uma lide coletiva, a maior relevância deve

---

(448) MARTINEZ, Luciano. A efetividade sob a perspectiva da coletivização do processo do trabalho. *Revista do Tribunal Regional do Trabalho da 14ª Região*, Porto Velho, v. 6, n. 1, p. 207, jan./jun. 2010.
(449) SANTOS, Boaventura de Sousa. *Crítica da razão indolente*: contra o desperdício da experiência. 6. ed. São Paulo: Cortez, 2007. p. 201-202.
(450) SANTOS, Boaventura de Sousa. *Crítica da razão indolente*..., cit., p. 208.

ser atribuída naturalmente aos elementos de prova que possibilitem ao juiz o recorte mais amplo da realidade fática envolvida.

Torna-se evidente, em consequência, a preponderância crescente da participação das instâncias de representação dos interesses discutidos na produção da prova em âmbito processual coletivo, pois tais atores são justamente os que dispõem da percepção macroscópica dos fatos. Dentro dessa nova perspectiva de eficiência na atividade jurisdicional, não há como, por exemplo, se desconsiderar a legitimidade do relato testemunhal de lideranças sindicais ou de presidentes de associações de bairro, tampouco sendo possível ignorar relatórios e pesquisas de associações de consumidores ou de defesa do meio ambiente. Trata-se, ao revés, de prova verdadeiramente qualificada, em razão exatamente das peculiaridades que gravitam no entorno do fenômeno da coletivização dos litígios.

Em suma, a condução do processo coletivo deve ser parametrizada pelo princípio da eficiência, voltada para a consecução de resultados em termos de acesso à Justiça e de concretização de direitos fundamentais. Em última análise, é requerido do juiz que promova a adequação, pelo caminho interpretativo, em ponderação com os demais princípios constitucionalmente envolvidos, dos mecanismos finalisticamente considerados como necessários e idôneos à consecução na maior medida possível da efetividade processual, multiplicando-se assim a eficácia dos provimentos judiciais.

6.5. Eficácia de soluções extrajudiciais

O atuar eficiente do juiz significa também a necessidade de reconhecimento da validade e da eficácia das soluções extrajudiciais de composição do conflito, quando estiver devidamente resguardada a igualdade material das partes convenentes.

Segundo Rodolfo de Camargo Mancuso, as modalidades iniciais de resolução de conflitos residiam historicamente nas formas de auto e heterocomposição, vale dizer, para fora e além da justiça estatal. Esta última, por seu turno, apenas foi gradativamente depois assumindo este papel até chegar ao exacerbado monopólio da jurisdição. A atual explosão de litigiosidade, ao mesmo tempo que equivocadamente gera a resposta judiciária massificada, tardia, onerosa e imprevisível, torna mais premente, por outro lado, o resgate dos meios alternativos de composição da disputa de interesses, em direção à desjudicialização das controvérsias[451].

É certo, conforme aponta esse autor, que as lides não resolvidas, ao mesmo tempo que esgarçam o tecido social e sobrecarregam o Poder Judiciário, ainda incentivam a própria litigiosidade na perspectiva do infrator, motivo pelo qual o que interessa contemporaneamente à sociedade é que elas sejam compostas com

---

(451) MANCUSO, Rodolfo de Camargo. *Op. cit.*, p. 288-289.

justiça, mesmo que fora da estrutura do processo judicial. Pode ser dito, inclusive, que há uma preferência pela composição externa, pois isso permitiria que o espaço da função judicial fosse ocupado pelas lides mais complexas e singulares, verdadeiramente insuscetíveis de serem resolvidas noutras instâncias[452].

Em outros termos, o acesso à Justiça deve ser despojado dos excessos que têm estimulado a litigiosidade, retornando à sua natureza de uma cláusula de reserva ou uma oferta residual, preordenada a atuar em caráter substitutivo[453].

José Roberto Freire Pimenta, ao tratar da conciliação judicial, em raciocínio que também se aplica às soluções extrajudiciais, constata que é impossível ao Estado resolver todos os conflitos que lhe sejam submetidos por sentença. Se for necessário esgotar sempre todas as etapas processuais para se chegar à satisfação efetiva das pretensões postas em juízo, nunca haverá recursos públicos suficientes a montar e custear um aparato jurisdicional que atenda, em tempo razoável, a todos esses litígios. Nenhum ramo do Poder Judiciário está preparado para instruir, julgar e, se necessário, executar as sentenças condenatórias proferidas na integralidade dos processos ajuizados, resultando daí o quadro geral de uma justiça assoberbada por um número excessivo de processos, inevitavelmente lenta e de baixa qualidade. Em consequência, "é de lógica e de bom senso trabalhar, estimular e explorar as múltiplas vertentes alternativas de solução dos conflitos de interesses, dentre as quais assume especial relevo a conciliação das partes"[454].

Em uma concepção pós-positivista, que enxerga o Poder Judiciário jungido ao princípio da eficiência, a interpretação do direito a ter acesso à Justiça, na qualidade de direito fundamental e promessa-síntese das garantias processuais, apenas pode ser concretizada pela sua conformação à realidade concreta dos fatos, respondendo aos justos anseios da sociedade em torno da entrega da prestação jurisdicional eficiente e de qualidade, em obediência ao princípio da razoável duração do processo.

Não é razoável se entender que o acesso à Justiça possa ser interpretado em direção à autofagia, produzindo o germe de sua própria destruição diante da impossibilidade concreta de absorção da demanda. É necessário, portanto, que o juiz reconheça a validade e a eficácia das soluções extrajudiciais de composição do conflito, desde que estejam rigorosamente assegurados os mecanismos que compensem eventual desigualdade material entre as partes convenentes quando ocorrente.

Uma das modalidades de solução extrajudicial dos conflitos ocorre por intermédio da arbitragem, que, no Brasil, é disciplinada na Lei n. 9.307/1996, pela

---

(452) MANCUSO, Rodolfo de Camargo. *Op. cit.*, p. 53.
(453) MANCUSO, Rodolfo de Camargo. *Op. cit.*, p. 62.
(454) PIMENTA, José Roberto Freire. A conciliação judicial na justiça do trabalho após a emenda constitucional n. 24/99: aspectos de direito comparado e o novo papel do juiz do trabalho. *Revista LTr*. São Paulo, v. 65, n. 2, p. 153, fev. 2001.

qual as partes interessadas podem submeter a solução de seus litígios ao juízo arbitral mediante a convenção de arbitragem, seja pelo estabelecimento de uma cláusula compromissória, inserta no próprio contrato ou em documento apartado que a ele se refira, seja pelo compromisso arbitral, quando já desencadeada a controvérsia[455].

O Supremo Tribunal Federal já entendeu que não ofendem a garantia constitucional do livre acesso à Justiça, tanto a manifestação de vontade da parte na cláusula compromissória, na celebração do contrato, quanto a permissão legal dada ao juiz para que substitua a vontade da parte recalcitrante em firmar o compromisso. É constitucional a previsão da extinção, sem resolução de mérito, do processo judicial quando houver convenção de arbitragem[456].

José Cairo Jr. percebe vantagens na arbitragem, no que diz respeito à rapidez do procedimento, à especialização do árbitro, à irrecorribilidade das decisões e à constituição de um título executivo. Em outra mão, no entanto, vê como principal desvantagem a ausência de garantias quanto à imparcialidade do árbitro, na medida em que este não goza de nenhuma das prerrogativas da magistratura[457].

É necessário observar, entretanto, se os pactuantes se encontram em uma relação de igualdade material ou que, no mínimo, existam mecanismos concretos que efetivamente compensem esta desigualdade quando verificada. Na seara trabalhista, por exemplo, em que o empregado se mostra economicamente mais vulnerável que o empregador, há resistência ao reconhecimento da arbitragem como meio de solução de conflitos individuais.

Conforme decidido pelo Tribunal Superior do Trabalho, tendo por relator o Ministro Mauricio Godinho Delgado, as fórmulas de solução de conflitos, no direito individual do trabalho, estão sujeitas aos princípios nucleares desse ramo do Direito. Logo, conquanto a arbitragem seja instituto pertinente e recomendável em outras searas normativas, como o direito empresarial, em que há razoável equivalência de poder entre as partes envolvidas, se mostra sem adequação no que diz respeito ao âmbito das relações individuais laborais[458].

Ainda na seara trabalhista, a Lei n. 9.958/2000[459] trouxe à Consolidação das Leis do Trabalho a previsão das comissões de conciliação prévia, facultativamente

---

(455) BRASIL. *Lei n. 9.307, de 23 de setembro de 1996*. Disponível em: <http://www.planalto.gov.br/ccivil_03/Leis/_lei-principal.htm> Acesso em: 2.9.2011.
(456) BRASIL. *Supremo Tribunal Federal*. Tribunal Pleno. SE 5206-7/Reino da Espanha. Relatora: Ministra Ellen Gracie. Brasília, 12.2.2001. DJ 30.4.2004. Disponível em: <http://www.stf.jus.br> Acesso em: 2.9.2011.
(457) CAIRO JR., José. *Curso de direito processual do trabalho*. 5. ed. rev., ampl. e atual. Salvador: JusPodivm, 2012. p. 90.
(458) BRASIL. *Tribunal Superior do Trabalho*. Sexta Turma. RR-8952000-45.2003.5.02.0900. Relator: Ministro Mauricio Godinho Delgado. Brasília, 10.2.2010. DJ 19.2.2010. Disponível em: <http://www.tst.jus.br> Acesso em: 2.9.2011.
(459) BRASIL. *Lei n. 9.958, de 12 de janeiro de 2000*. Disponível em: <http://www.planalto.gov.br/ccivil_03/Leis/_lei-principal.htm> Acesso em: 2.9.2011.

instituídas por empresas ou sindicatos, de composição paritária com representantes dos empregados e dos empregadores, tendo a atribuição de tentar conciliar os conflitos individuais do trabalho (art. 625-A) e, perante as quais, se instituídas, qualquer demanda de natureza trabalhista deveria ser obrigatoriamente submetida (art. 625-D). Com a tutela das entidades sindicais se restringe o risco de desvirtuamento da negociação diante da desigualdade material entre as partes. As comissões possuem prazo de dez dias para a realização da sessão de tentativa de conciliação a partir da provocação do interessado (art. 625-F), sendo o prazo prescricional suspenso a partir da provocação, recomeçando a fluir, pelo que lhe resta, a partir da tentativa frustrada de conciliação ou do esgotamento daquele primeiro prazo (art. 625-G)[460]. A partir de parâmetros de razoabilidade não é identificado nenhum prejuízo para as partes.

Trata-se, portanto, da modalidade mais natural e legítima de composição entre cidadãos, uma vez que nem se baseia no predomínio do poder do mais forte, como na autodefesa de seus próprios interesses, tampouco precisa ser rigorosamente solucionada por um terceiro sujeito desinteressado (o juiz ou o árbitro), mas apenas pelo civilizado ajuste bilateral de vontades.

Em sede doutrinária trabalhista, em relação à obrigatoriedade de prévia submissão das demandas às comissões de conciliação prévia quando instituídas, pontuam José Augusto Rodrigues Pinto e Rodolfo Pamplona Filho que:

> a norma do art. 625-D de modo algum priva o Poder Judiciário de apreciar lesão ou ameaça de lesão a direito; apenas condiciona essa apreciação, num processo contencioso, à precedência de tentativa de solução num processo administrativo, medida das mais salutares que pode adotar uma sociedade com pretensão de ser civilizada. O acesso à Justiça continuará existindo sem limitações. Passou a ser, isto sim, filtrado, livrando-se de controvérsia que, antes que sejam, efetivamente, demandas, podem resolver-se fora dela.[461]

---

(460) BRASIL. *Consolidação das Leis do Trabalho*, "art. 625-A. As empresas e os sindicatos podem instituir Comissões de Conciliação Prévia, de composição paritária, com representante dos empregados e dos empregadores, com a atribuição de tentar conciliar os conflitos individuais do trabalho. Parágrafo único. As Comissões referidas no *caput* deste artigo poderão ser constituídas por grupos de empresas ou ter caráter intersindical. [...] Art. 625-D. Qualquer demanda de natureza trabalhista será submetida à Comissão de Conciliação Prévia se, na localidade da prestação de serviços, houver sido instituída a Comissão no âmbito da empresa ou do sindicato da categoria. [...] Art. 625-F. As Comissões de Conciliação Prévia têm prazo de dez dias para a realização da sessão de tentativa de conciliação a partir da provocação do interessado. [...] Art. 625-G. O prazo prescricional será suspenso a partir da provocação da Comissão de Conciliação Prévia, recomeçando a fluir, pelo que lhe resta, a partir da tentativa frustrada de conciliação ou do esgotamento do prazo previsto no art. 625-F".
(461) PINTO, José Augusto Rodrigues; PAMPLONA FILHO, Rodolfo. *Manual da conciliação preventiva e do procedimento sumaríssimo trabalhista*. São Paulo: LTr, 2001. p. 111. Em sentido similar, MARTINS FILHO, Ives Gandra. A justiça do trabalho do ano 2000: as Leis ns. 9.756/1998, 9.957 e 9.958/2000, a Emenda Constitucional n. 24/1999 e a reforma do judiciário. *Revista LTr*, São Paulo, v. 64, n. 2,

Também assim era o entendimento na Subseção I da Seção Especializada em Dissídios Individuais do Tribunal Superior do Trabalho[462].

Como ressaltado em outra oportunidade,

> a medida visa a romper um ciclo que faz confundir o direito a ter acesso à Justiça com uma espécie de "dependência química" do cidadão em relação a um Poder Judiciário paternalista, que, ao mesmo tempo em que assim atrofia o exercício da cidadania, ainda prejudica paradoxalmente a própria promessa constitucional de acesso à Justiça. Em verdade, a intervenção do Poder Judiciário apenas se justifica quando a pretensão é verdadeiramente resistida e não há outro meio de resolver o conflito de interesses. Estimular a conciliação extrajudicial entre as partes é resgatar a cidadania e garantir a utilização ótima da energia do Poder Judiciário nos casos em que realmente esta seja necessária.[463]

Em que pesem tais considerações, na decisão cautelar na Ação Declaratória de Inconstitucionalidade n. 2.160-5/DF, em julgamento conjunto com a medida cautelar na Ação Declaratória de Inconstitucionalidade n. 2.139-7/DF, o Supremo Tribunal Federal, por maioria, considerando os termos do inciso XXXV do art. 5º da Constituição Federal e aplicando o princípio da interpretação conforme a Constituição quanto aos dispositivos inseridos na Consolidação das Leis do Trabalho pela Lei n. 9.958/2000, em especial o art. 625-D, entendeu, nos termos do voto do Ministro Marco Aurélio Mello, que tais normas não tornam obrigatória a "fase administrativa", permanecendo os titulares do direito material com o acesso imediato ao Poder Judiciário "desprezando a fase que é a relevada pela atuação da Comissão de Conciliação Prévia"[464]. A decisão, em termos práticos, esvaziou o alcance da Lei n. 9.958/2000 e, consequentemente, de um dos mecanismos mais legítimos de conferir eficiência à atuação do Poder Judiciário no âmbito da Justiça do Trabalho.

Uma aplicação do princípio da eficiência na atividade jurisdicional do Poder Judiciário, pelo contrário, requeria que fosse conformada e atualizada a Constituição

---

p. 161-171, fev. 2000; PIMENTA, José Roberto Freire. A constitucionalidade da exigência de tentativa de conciliação extrajudicial para ajuizamento da ação trabalhista e da eficácia liberatória geral do respectivo termo de conciliação (arts. 625-D e 625-E, parágrafo único, da CLT). In: RENAULT, Luiz Otávio Linhares; VIANA, Márcio Túlio (coords.). *Comissões de conciliação prévia*: quando o direito enfrenta a realidade. São Paulo: LTr, 2003. p. 169-171.

(462) BRASIL. *Tribunal Superior do Trabalho*. Subseção I Especializada em Dissídios Individuais. E-RR-1.074/2002-071-02-00.0. Relator: Ministro João Batista Brito Pereira. Brasília, 5.12.2006. DJ 19.12.2006. Disponível em: <http://www.tst.jus.br> Acesso em: 2.9.2011.

(463) LUDWIG, Guilherme Guimarães. Entre o acesso à justiça e a "dependência química" do judiciário: a conciliação prévia e o resgate da cidadania. *Suplemento Especial "O Trabalho" de doutrina em fascículos*. n.164. Curitiba: Decisório Trabalhista, p. 5841, out. 2010.

(464) BRASIL. *Supremo Tribunal Federal*. Tribunal Pleno. ADI 2.160-5/DF. Relator: Ministro Marco Aurélio. Brasília, 13.5.2009. DJE 23.10.2009. Disponível em: <http://www.stf.jus.br> Acesso em: 2.9.2011.

diante da realidade social, para que a garantia constitucional se prestasse a efetivamente fomentar um processo de resultados, útil e socialmente legítimo. Tal circunstância não pode ser desconsiderada pelo intérprete, especialmente quando se versa sobre formas alternativas de composição dos conflitos para reduzir o grau de litigiosidade e congestionamento, tornando mais eficiente o Poder Judiciário.

Para a hipótese, cada vez mais residual a partir de agora, em que as partes optem por ingressar previamente nas comissões de conciliação prévia, entretanto, o entendimento majoritário do Tribunal Superior do Trabalho se manteve em torno de conferir eficácia liberatória do termo de conciliação, exceto quanto às parcelas expressamente ressalvadas[465], e que tem como objetivo evitar que demandas já resolvidas previamente por intermédio da composição cheguem à análise do Poder Judiciário[466].

José Augusto Rodrigues Pinto e Rodolfo Pamplona Filho sustentam, entretanto, que:

> com toda a evolução de mentalidade profissional do trabalhador e mesmo se prestigiando a necessidade de flexibilização do direito material do trabalho e o desafogo da jurisdição trabalhista pela repressão ao excesso de pleitos, a média dos empregados brasileiros continua sendo de hipossuficientes econômicos... e culturais. Portanto, se nos for dado interpretar, à luz do interesse do Direito Individual do Trabalho, o sentido da expressão quitação geral usada no art. 625-E, § 1º, da CLT, mesmo quando a conciliação disser respeito a parcelas de contrato extinto, diremos que a quitação liberatória geral deve ser entendida em relação às parcelas constitutivas do Pedido de Conciliação.[467]

Por outro lado, conforme pondera José Roberto Freire Pimenta, a eficácia liberatória geral do termo de conciliação extrajudicial deve possuir seus efeitos limitados aos direitos e parcelas que foram objeto da demanda do trabalhador submetida à comissão de conciliação prévia. Sustenta que, embora com a rescisão contratual desapareça a sujeição econômica perante o empregador diante do risco de perder o emprego, mantém-se a irrenunciabilidade de direitos diante da permanência do caráter alimentar das verbas submetidas à conciliação. Não é por outro fundamento que a legislação trabalhista foi alterada em 1970, para restringir que a quitação conferida no instrumento de rescisão ou recibo de quitação *apenas seria*

---

(465) BRASIL. *Consolidação das Leis do Trabalho*, "art. 625-E. Aceita a conciliação, será lavrado termo assinado pelo empregado, pelo empregador ou seu proposto e pelos membros da Comissão, fornecendo-se cópia às partes. Parágrafo único. O termo de conciliação é título executivo extrajudicial e terá eficácia liberatória geral, exceto quanto às parcelas expressamente ressalvadas".
(466) BRASIL. *Tribunal Superior do Trabalho*. Subseção I Especializada em Dissídios Individuais. E-ED-RR-1500-11.2004.5.02.0025. Redator: Ministro Guilherme Augusto Caputo Bastos. Brasília, 10.12.2009. DJ 26.2.2010. Disponível em: <http://www.tst.jus.br> Acesso em: 2.9.2011.
(467) PINTO, José Augusto Rodrigues; PAMPLONA FILHO, Rodolfo. *Manual da conciliação preventiva e do procedimento sumaríssimo trabalhista*. São Paulo: LTr, 2001. p. 131-132.

válida em relação às parcelas nele especificadas. Dessa forma, a interpretação do art. 625-E da CLT não pode ocorrer de forma literal e isolada, mas sistemática e teleologicamente com as demais normas tutelares do diploma, em especial o § 2º do art. 477[468][469]. E prossegue:

> não se pode admitir, numa perspectiva teleológica de interpretação, que um procedimento extrajudicial de solução de conflitos individuais trabalhistas que declaradamente foi instituído em favor da parte hipossuficiente da relação de emprego, possa produzir resultados práticos tão lesivos aos mesmos, tornando letra morta seus direitos sociais constitucionalmente assegurados no plano do direito material.[470]

Este último entendimento se encontra perfeitamente afinado com a perspectiva de concretizar o princípio da eficiência nas decisões jurisdicionais, considerando que o acesso à Justiça não é um fim em si mesmo, mas um meio para obter a solução do conflito e trazer a paz jurídica, dentro da concepção de um processo justo.

A conciliação extrajudicial e prévia é, por excelência, o meio mais idôneo de solução do conflito, porque, por intermédio dela, a sociedade a um só tempo demonstra maturidade, civilidade e responsabilidade para o exercício direto da cidadania, aqui entendida em um conceito mais amplo que o de ter acesso aos direitos políticos.

Trata-se de um passo além na redemocratização do país, pelo qual a sociedade projeta-se para frente na reconstrução de suas próprias relações e de autossuficiência, distanciando-se cada vez mais do espectro da ditadura militar e da cultura demandista, o que deve ser reconhecido pelo juiz ao concretizar o princípio da eficiência em sua própria atividade. Tanto mais será eficiente o Poder Judiciário quanto menos dependente dele se tornar a sociedade. Por outro lado, em um círculo virtuoso, quanto mais eficiente a entrega da prestação jurisdicional, desestimulando pedagogicamente a violação intencional dos direitos fundamentais, mais emancipada e capacitada estará a sociedade para o exercício direto da cidadania.

6.6. COMBATE À MÁ-FÉ PROCESSUAL

É imprescindível à eficiência do processo judicial que haja rigorosa punição da prática da má-fé processual, conferindo eficácia real aos dispositivos normativos

---

(468) PIMENTA, José Roberto Freire. A constitucionalidade da exigência de tentativa de conciliação extrajudicial para ajuizamento da ação trabalhista e da eficácia liberatória geral do respectivo termo de conciliação (arts. 625-D e 625-E, parágrafo único, da CLT)..., cit.,. p. 179-184.

(469) BRASIL. *Consolidação das Leis do Trabalho*, "art. 477. [...] § 2º O instrumento de rescisão ou recibo de quitação, qualquer que seja a causa ou forma de dissolução do contrato, deve ter especificada a natureza de cada parcela paga ao empregado e discriminado o seu valor, sendo válida a quitação, apenas, relativamente às mesmas parcelas".

(470) PIMENTA, José Roberto Freire. A constitucionalidade da exigência de tentativa de conciliação extrajudicial para ajuizamento da ação trabalhista e da eficácia liberatória geral do respectivo termo de conciliação (arts. 625-D e 625-E, parágrafo único, da CLT)..., cit.,. p. 184.

sancionadores, inclusive diante de medidas de protelação do processo pela via recursal.

Consoante Marcos Neves Fava, a partir do fenômeno da publicização do processo, os instrumentos de acesso à Justiça já não mais se inseriam exclusivamente na esfera restrita dos direitos privados individuais, atingindo e se estabelecendo abrangentemente na órbita dos direitos públicos, com ênfase ao interesse concorrente entre litigantes e do Estado. Isso motivou a transposição do dever geral de boa-fé também para os atos procedimentais praticados em Juízo[471].

Por outro lado, como destaca José Rogério Cruz e Tucci,

> ao lado da intolerável demora na prestação jurisdicional, nada tem desgastado mais o Judiciário do que o escárnio diante de determinada ordem judicial, que acaba se traduzindo em um cômodo instrumento de pressão, uma arma formidável nas mãos dos mais fortes para ditar ao adversário — exatamente aquele beneficiado pela decisão não cumprida — os termos da rendição... Cumpre, pois, ao ordenamento processual atender, de modo mais completo e eficiente possível, ao pleito daquele que exerceu o seu direito à jurisdição, bem como daquele que resistiu, apresentando defesa.[472]

No diploma processual civil brasileiro há a previsão, como normas gerais, de um catálogo de condutas desviantes, que podem ser observadas quando a parte deduz pretensão ou defesa contra texto expresso de lei ou fato incontroverso, altera a verdade dos fatos, usa do processo para conseguir objetivo ilegal, opõe resistência injustificada ao andamento do feito, age de modo temerário, provoca incidentes manifestamente infundados ou se utiliza de recursos com intuito manifestamente protelatório (art. 17)[473]. Reconhecida a prática da má-fé processual, a norma prevê consequências jurídicas em dois níveis: a primeira, de caráter disciplinar, sob a forma de multa pela litigância de má-fé; a segunda, de índole ressarcitória, sob a forma de indenização pelos prejuízos causados no processo (art. 18)[474].

---

(471) FAVA, Marcos Neves. *Execução trabalhista efetiva*. São Paulo: LTr, 2009. p. 155.
(472) TUCCI, José Rogério Cruz e. *Lineamentos da nova reforma do CPC*: Lei n. 10.352, de 26.12.2001, Lei n. 10.358, de 27.12.2001, Lei n. 10.444, de 7.5.2002. 2. ed. rev. atual. e ampl. São Paulo: Revista dos Tribunais, 2002. p. 23.
(473) BRASIL. *Código de processo civil*, "art. 17. Reputa-se litigante de má-fé aquele que: I — deduzir pretensão ou defesa contra texto expresso de lei ou fato incontroverso; II — alterar a verdade dos fatos; III — usar do processo para conseguir objetivo ilegal; IV — opuser resistência injustificada ao andamento do processo; V — proceder de modo temerário em qualquer incidente ou ato do processo; VI — provocar incidentes manifestamente infundados. VII — interpuser recurso com intuito manifestamente protelatório".
(474) BRASIL. *Código de processo civil*, "art. 18. O juiz ou tribunal, de ofício ou a requerimento, condenará o litigante de má-fé a pagar multa não excedente a um por cento sobre o valor da causa e a indenizar a parte contrária dos prejuízos que esta sofreu, mais os honorários advocatícios e todas as despesas que efetuou".

Existe ainda a disciplina de normas especiais de combate à má-fé processual, nos casos de oposição de embargos de declaração com manifesto intuito protelatório (art. 538, parágrafo único)[475], além da prática de atos atentatórios ao exercício da jurisdição (art. 14, V, e parágrafo único)[476], em relação ao descumprimento de provimentos mandamentais, e de atos atentatórios à dignidade da justiça[477], na fase de execução, ambos inspirados no *contempt of court* anglo-americano.

Em todas as oportunidades em que essas hipóteses são configuradas o conteúdo ético do processo é afrontado, ao mesmo tempo que os recursos humanos e materiais do Poder Judiciário são desviados e desperdiçados em direções estranhas e contrárias à autêntica finalidade da jurisdição, o que não atende à necessidade de concretização do princípio da eficiência na atividade jurisdicional do Poder Judiciário. A conduta do litigante de má-fé é um grave percalço para a realização do Direito, apenas contribuindo para ampliar o nível de congestionamento e dificultar a entrega da prestação jurisdicional.

Se a eficiência, no âmbito das decisões jurisdicionais, implica potencializar os procedimentos e técnicas idôneas a obter a solução ótima à consecução do pleno acesso à Justiça e a concretização de direitos fundamentais, é inadmissível a tolerância à utilização desviante do aparato judicial. A aplicação das sanções cabíveis representa também, em última análise, uma atitude pedagógica em favor da eficiência e do bom manejo dos recursos oriundos do erário público.

Não se trata aqui, é importante ressalvar, da parte que faz valer legitimamente uma pretensão sustentável em termos razoáveis, cujo destino se mostre, porém ao

---

(475) BRASIL. *Código de processo civil*, art. 538, "Parágrafo único. Quando manifestamente protelatórios os embargos, o juiz ou o tribunal, declarando que o são, condenará o embargante a pagar ao embargado multa não excedente de 1% (um por cento) sobre o valor da causa. Na reiteração de embargos protelatórios, a multa é elevada a até 10% (dez por cento), ficando condicionada a interposição de qualquer outro recurso ao depósito do valor respectivo".

(476) BRASIL. *Código de processo civil*, "art. 14. São deveres das partes e de todos aqueles que de qualquer forma participam do processo: [...] V — cumprir com exatidão os provimentos mandamentais e não criar embaraços à efetivação de provimentos judiciais, de natureza antecipatória ou final. Parágrafo único. Ressalvados os advogados que se sujeitam exclusivamente aos estatutos da OAB, a violação do disposto no inciso V deste artigo constitui ato atentatório ao exercício da jurisdição, podendo o juiz, sem prejuízo das sanções criminais, civis e processuais cabíveis, aplicar ao responsável multa em montante a ser fixado de acordo com a gravidade da conduta e não superior a vinte por cento do valor da causa; não sendo paga no prazo estabelecido, contado do trânsito em julgado da decisão final da causa, a multa será inscrita sempre como dívida ativa da União ou do Estado".

(477) BRASIL. *Código de processo civil*, "art. 600. Considera-se atentatório à dignidade da Justiça o ato do executado que: I — frauda a execução; II — se opõe maliciosamente à execução, empregando ardis e meios artificiosos; III — resiste injustificadamente às ordens judiciais; IV — não indica ao juiz onde se encontram os bens sujeitos à execução. IV — intimado, não indica ao juiz, em 5 (cinco) dias, quais são e onde se encontram os bens sujeitos à penhora e seus respectivos valores. Art. 601. Nos casos previstos no artigo anterior, o devedor incidirá em multa fixada pelo juiz, em montante não superior a 20% (vinte por cento) do valor atualizado do débito em execução, sem prejuízo de outras sanções de natureza processual ou material, multa essa que reverterá em proveito do credor, exigível na própria execução".

final, na rejeição de sua tese pelo Poder Judiciário. Pelo contrário, a má-fé processual é revelada no desvio ou no abuso do direito de ação ou de defesa, sempre com uma finalidade deturpada e desleal, notas estas características que são extraídas das circunstâncias do caso concreto. Em consequência desta prática, é gerada uma demanda artificial a logicamente contribuir para a morosidade do processo judicial, prejudicando, na mesma medida, a apreciação da pretensão daqueles que a deduzem de boa-fé em juízo.

A litigância de má-fé, como destaca Cândido Rangel Dinamarco, é muitas vezes consumada pelo próprio Estado, enquanto litigante habitual. Para ele, os privilégios concedidos pela lei e pelos tribunais aos entes estatais alimentam a litigiosidade irresponsável, mediante a propositura de lides temerárias e a oposição de resistência que da parte de um litigante comum seria sancionada como litigância de má-fé. A isso tudo se soma a excessiva interposição de recursos, tudo concorrendo para o congestionamento do Poder Judiciário e para o retardamento da tutela jurisdicional aos cidadãos[478].

Na seara trabalhista, é observada, de acordo com José Roberto Freire Pimenta, uma crescente instrumentalização da Justiça do Trabalho, pela prática abusiva das lides simuladas[479].

Por este expediente, o empregado despedido é compelido, por seu ex--empregador, como condição necessária à percepção de suas verbas rescisórias, a ajuizar uma reclamação trabalhista, acompanhado por um advogado de confiança da empresa, devendo aceitar neste processo, em sede de conciliação, uma cláusula ampla e irrestrita de quitação. Também se verifica por intermédio de ações de consignação em pagamento, ajuizadas sem que efetivamente tenha havido nenhuma recusa do trabalhador em receber as verbas rescisórias, apenas para que se consiga artificialmente efeitos de quitação superiores àqueles regularmente conferidos pelos sindicatos ou pelas delegacias regionais do trabalho.

Considerando que é papel do juiz participar ativamente do processo, assegurando a concretização da vontade abstrata da lei e da pacificação com justiça da lide, não pode este se limitar a verificar os aspectos formais da validade da conciliação que lhe seja submetida à apreciação. Pelo contrário, deve averiguar se aquele acordo assegura ou não a justa composição da lide diante das circunstâncias do caso concreto, podendo inclusive homologá-lo somente em parte, ao redimensionar a cláusula de quitação a patamares que não gerem ao ex-empregado o cerceio de direitos desejado pelo empregador[480].

Cabe ao juiz, portanto, zelar pelo conteúdo ético do processo e impedir que o Poder Judiciário seja utilizado pelo litigante de má-fé em prejuízo de sua eficiência

---

(478) DINAMARCO, Cândido Rangel. *Instituições de direito processual civil...*, cit.,. p. 214.
(479) PIMENTA, José Roberto Freire. Lides simuladas: a justiça do trabalho como órgão homologador. *Revista LTr*. São Paulo, v. 64, n. 1, p. 39-40, jan. 2000.
(480) PIMENTA, José Roberto Freire. *Op. cit.*, p. 45-47.

e, por via de consequência, da consecução do direito de ter acesso à Justiça em sentido mais amplo. Por outro lado, a eficiência da atividade jurisdicional não pode ser obtida pela extinção artificial de conflitos, na medida em que não se cumpre com isso a finalidade do Estado Democrático de Direito de pacificar a sociedade e fazer prevalecer o Direito justo. O combate à litigância de má-fé é um dever do juiz enquanto reitor do processo.

Observe-se, como exemplo, a possibilidade de cumulação da multa destinada aos embargos de declaração manifestamente protelatórios com a indenização prevista nas normas gerais que tratam da litigância de má-fé.

Quanto à norma indenizatória prevista no art. 18 do Código de Processo Civil, sua previsão não se deve propriamente à necessidade de mera afirmação do dever de ressarcir o prejuízo decorrente do ato ilícito, uma vez que esse imperativo se constitui mesmo como um princípio geral do direito, pelo qual aquele que, por ato ilícito, causar dano a outrem fica obrigado a reparar[481]. Tal dever é condição inerente ao próprio Estado Democrático de Direito, não sendo possível conclusão contrária em âmbito estritamente processual, até porque multa não visa à reparação. Em verdade, sob a perspectiva do legislador racional, a norma processual em comento almeja apenas tarifar a indenização na hipótese de má-fé processual, disciplinando uma base de cálculo e uma alíquota máxima.

No que se refere aos embargos de declaração, diante da sua possível utilização desviante em decorrência do efeito interruptivo do prazo para interposição de outros recursos, é reforçada a defesa da boa-fé processual, pela previsão de uma multa específica (responsabilidade penal em sentido amplo), para a hipótese de reconhecimento de protelação manifesta.

Em caso de prejuízo à parte contrária, é cabível a cumulação da multa específica prevista no dispositivo em comento com a indenização geral decorrente da litigância de má-fé prevista no art. 18 do Código de Processo Civil. Não há superposição de normas na hipótese, na medida em que a multa específica do art. 538 e a indenização geral do art. 18 possuem, por definição, naturezas jurídicas distintas, sendo perfeitamente conciliáveis diante de um mesmo fato que enseja simultaneamente as responsabilidades penal (em sentido amplo) e civil.

No Tribunal Superior do Trabalho, há entendimento de que, sendo o magistrado o responsável pela direção do processo, deve utilizar de todos os mecanismos legais disponíveis a coibir o uso de meios desleais que almejem induzir o julgador a erro ou procrastinem o andamento do feito, frustrando a realização da justiça. Os embargos de declaração devem ser utilizados como instrumento de aperfeiçoamento da prestação jurisdicional, de modo que, para obstar a sua oposição

---

(481) BRASIL. *Código civil*, "art. 927. Aquele que, por ato ilícito (arts. 186 e 187), causar dano a outrem, fica obrigado a repará-lo". Disponível em: <http://www.planalto.gov.br/ccivil_03/Leis/_lei-principal.htm> Acesso em: 2.9.2011.

com intuito procrastinatório, é possível a cumulação das sanções previstas nos arts. 18 e 538 do Código de Processo Civil⁽⁴⁸²⁾.

Este posicionamento se configura como autêntica aplicação do princípio da eficiência nas decisões jurisdicionais, evitando o desvio e o desperdício de recursos humanos e materiais do Poder Judiciário.

6.7. EFETIVIDADE NA EXECUÇÃO DO JULGADO

Cumprir o princípio da eficiência aplicada no exercício da função jurisdicional importa em adotar a interpretação razoável de cada norma jurídica de modo a proporcionar a efetividade, na maior medida possível, à fase de execução do julgado. É fomentar no plano real a produção dos efeitos concretos pretendidos pela decisão judicial, em especial pela realização específica da própria obrigação descumprida.

Consoante disserta José Roberto dos Santos Bedaque, "processo efetivo é aquele que, observado o equilíbrio entre os valores segurança e celeridade, proporciona às partes o resultado desejado pelo direito material"[483].

Como salienta, porém, Cármen Lúcia Antunes Rocha, "não basta que sobrevenha uma decisão judicial eficientemente prestada para que se tenha por garantido o direito à jurisdição. [...] Decisão judicial que não produz efeitos não promove a justiça humana buscada pelo cidadão. É palavra sem vida"[484].

O pós-positivismo jurídico trouxe consigo a necessidade de adotar a técnica e os mecanismos processuais mais idôneos à tutela de cada direito substancial em litígio, afastando a ideia de neutralidade do processo também no que tange à tutela executiva.

Para José Roberto Freire Pimenta e Lorena Vasconcelos Porto, a prioridade da tutela específica, com os meios coercitivos que lhe sejam inerentes, sobre a meramente ressarcitória seria, todavia, impensável no modelo liberal de Estado de Direito. Se o iluminismo preconizava a supremacia do valor da liberdade sobre os demais juridicamente tutelados, não seria concebível naquela concepção teórica constranger o devedor ao cumprimento específico de uma obrigação. Caberia, em primeiro lugar, a indenização substitutiva por perdas e danos. Para a classe burguesa esta lógica acarretava a vantagem da previsibilidade de custos na dinâmica empresarial[485].

---

(482) BRASIL. *Tribunal Superior do Trabalho*. Subseção I Especializada em Dissídios Individuais. E-RR-1066/2006-020-03-00.9. Relator: Ministro Horácio Raymundo de Senna Pires. Brasília, 13.8.2009. DEJT 21.8.2009. Disponível em: <http://www.tst.jus.br> Acesso em: 2.9.2011.
(483) BEDAQUE, José Roberto dos Santos. *Efetividade do processo e técnica processual...*, cit., p. 49.
(484) ROCHA, Cármen Lúcia Antunes. A reforma do poder judiciário..., cit., p. 107.
(485) PIMENTA, José Roberto Freire; PORTO, Lorena Vasconcelos. Instrumentalismo substancial e tutela jurisdicional civil e trabalhista: uma abordagem histórico-jurídica..., cit., p. 95.

Pelo contrário, a nova concepção de processo acarretou maior complexidade na disciplina da tutela executiva, o que passou a requerer a potencialização, pela via interpretativa e aplicativa, das ferramentas processuais em busca da solução ótima para a plena satisfação das decisões jurisdicionais, priorizando a tutela específica de direitos e utilizando medidas de caráter coercitivo tendentes à sua viabilização.

Observe-se que a Lei n. 8.952/1994 alterou integralmente dispositivo do Código de Processo Civil, para prescrever que na ação que tenha por objeto o cumprimento de obrigação de fazer ou não fazer será concedida a tutela específica da obrigação ou, se procedente o pedido, determinadas providências que assegurem o resultado prático equivalente ao do adimplemento, sendo que a obrigação somente se converterá em indenização por perdas e danos se o autor o requerer ou se impossível a tutela específica ou a obtenção do resultado prático correspondente (art. 461, *caput* e § 1º)[486]. Mais adiante, a Lei n. 10.444/2002 acrescentou dispositivo, disciplinado que na ação que tenha por objeto a entrega de coisa, quando da conceder da tutela específica, será fixado prazo para o cumprimento da obrigação, sendo que não cumprida a obrigação no prazo estabelecido, será expedido mandado de busca e apreensão ou de imissão na posse (art. 461-A, *caput* e § 2º)[487].

Por outro lado, também no sentido de um processo mais eficiente, o direito processual civil brasileiro, por intermédio da Lei n. 11.232/2005[488], adotou a técnica do processo sincrético, unificando os processos de conhecimento e de execução e eliminando a necessidade de propositura de uma ação de execução. A sentença que dependia de execução deixou de pôr termo ao processo, para significar apenas o encerramento da fase de certificação do direito, conferindo maior funcionalidade e celeridade aos atos processuais.

Luiz Fux sustenta que esta nova técnica emprestou caráter autoexecutável às condenações por quantia certa contra devedor solvente, em consonância com o caráter mandamental da regra constante do art. 14, V, do Código de Processo Civil, ao mesmo tempo que "supera o paradoxo de a tutela antecipada gerar 'satisfação antecipada', posto iniciar-se por onde termina o processo de execução, e o processo de realização da sentença, adotado após cognição plenária, aguardar tantas delongas"[489].

---

(486) BRASIL. *Código de processo civil*, "art. 461. Na ação que tenha por objeto o cumprimento de obrigação de fazer ou não fazer, o juiz concederá a tutela específica da obrigação ou, se procedente o pedido, determinará providências que assegurem o resultado prático equivalente ao do adimplemento. § 1º A obrigação somente se converterá em perdas e danos se o autor o requerer ou se impossível a tutela específica ou a obtenção do resultado prático correspondente".
(487) BRASIL. *Código de processo civil*, "art. 461-A. Na ação que tenha por objeto a entrega de coisa, o juiz, ao conceder a tutela específica, fixará o prazo para o cumprimento da obrigação. [...] § 2º Não cumprida a obrigação no prazo estabelecido, expedir-se-á em favor do credor mandado de busca e apreensão ou de imissão na posse, conforme se tratar de coisa móvel ou imóvel".
(488) BRASIL. *Lei n. 11.232, de 22 de dezembro de 2005*. Disponível em: <http://www.planalto.gov.br/ccivil_03/ Leis/_lei-principal.htm> Acesso em: 2.9.2011.
(489) FUX, Luiz. *O novo processo de execução*: o cumprimento da sentença e a execução extrajudicial. Rio de Janeiro: Forense, 2008. p. 15-16.

Na realidade, a sentença condenatória não esgota (e nunca esgotou) necessariamente o processo, na medida em que o réu pode simplesmente se recusar ao seu cumprimento voluntário, o que frequentemente ocorre, implicando um déficit de efetividade no processo. Neste último caso, para obter a concretização da tutela jurisdicional, vale dizer, o seu resultado efetivo, é imprescindível que o autor busque a tutela executiva.

Como observa Marcos Neves Fava, uma das mais marcantes causas da crise de falta de efetividade da execução está associada às dificuldades que o Estado encontra para intervir na esfera patrimonial de devedores profissionais, que, medindo os limites do risco, desviam o seu patrimônio e pulverizam a administração da empresa, entre outras medidas destinadas a barrar as providências executórias[490].

E é importante frisar, acompanhando Luiz Guilherme Marinoni e Sérgio Arenhart, que as sentenças dependentes de execução, ao contrário das satisfativas, não prestam a tutela jurisdicional, o que torna perfeitamente possível identificar a rigorosa diferença entre o direito a uma sentença de mérito e o direito à possibilidade de obtenção da tutela do direito material[491].

Marcelo Lima Guerra, por sua vez, trata do *direito fundamental à tutela executiva*. Identifica a exigência de um sistema completo de tutela, no qual haja meios executivos adequados a promover pronta e integral satisfação de qualquer direito consignado em um determinado título executivo, significando que:

> a) o juiz tem o poder-dever de interpretar as normas relativas aos meios executivos de forma a extrair delas um significado que assegure a maior proteção e efetividade ao direito fundamental à tutela executiva.

> b) o juiz tem o poder-dever de deixar de aplicar normas que imponham uma restrição a um meio executivo, sempre que tal restrição — a qual melhor caracteriza-se, insista-se, uma restrição ao direito fundamental à tutela executiva — não for justificável pela proteção devida a outro direito fundamental, que venha a prevalecer, no caso concreto, sobre o direito fundamental à tutela executiva.

> c) o juiz tem o poder-dever de adotar os meios executivos que se revelem necessários à prestação integral da tutela executiva, mesmo que não previstos em lei, e ainda que expressamente vedados em lei, desde que observados os limites impostos por eventuais direitos fundamentais colidentes àquele relativo aos meios executivos.[492]

---

(490) FAVA, Marcos Neves. *Execução trabalhista efetiva*. São Paulo: LTr, 2009. p. 37-38; CAIRO JR., José. *Curso de direito processual do trabalho*. 5. ed. rev. ampl. e atual. Salvador: Juspodivm, 2012. p. 751.
(491) MARINONI, Luiz Guilherme; ARENHART, Sérgio Cruz. *Execução. Curso de processo civil*. São Paulo: Revista dos Tribunais, 2006. p. 58.
(492) GUERRA, Marcelo Lima. *Direitos fundamentais e proteção do credor na execução civil*. São Paulo: Revista dos Tribunais, 2003. p. 102-104.

Quanto ao último aspecto, destacando a influência das transformações sociais sobre conteúdo material da lei e seus correspondentes reflexos no papel do intérprete, quanto à mitigação da dimensão formal da vinculação à legalidade, Wolney de Macedo Cordeiro sustenta que,

> libertando-se o intérprete das amarras do conteúdo semântico da norma escrita, deverá nutrir sua atividade com a mensuração das alterações sociais havidas após a concretização da atividade do legislador. Busca-se, portanto, harmonizar o texto legal com as necessidades correntes da sociedade, mesmo que a conclusão final possa parecer, em um primeiro momento, contrária ao "texto escrito". Não se trata de alterar a significação e a amplitude da norma jurídica, mas apenas contextualizá-la no âmbito das vigentes necessidades sociais.[493]

Esses poderes-deveres do juiz, que são decorrência da aplicação do princípio da eficiência na atividade jurisdicional, encontram também embasamento constitucional no princípio da razoável duração do processo, na medida em que há uma clara interface entre este e o direito fundamental à tutela executiva. De acordo com Marcelo Lima Guerra, de uma parte, o direito à duração razoável do processo é coadjuvante do direito aos meios executivos, como parâmetro de avaliação da qualidade da tutela executiva a ser prestada, vale dizer, da própria eficácia dos meios executivos. Havendo mais de um meio executivo apto a ensejar a satisfação do credor, o direito à duração razoável do processo permite fundamentar a escolha pelo meio que proporcione a satisfação mais célere, desde que exigível e proporcional em sentido estrito. De outra parte, o direito fundamental aos meios executivos reforça o direito ao processo sem dilações indevidas, autorizando o juiz a adotar as medidas necessárias a assegurar a pronta prestação de tutela executiva[494].

A obtenção de resultados efetivos da tutela executiva se confunde, em última análise, com o coroamento da concretização do direito de ter acesso à Justiça, encerrando a finalidade precípua da aplicação do princípio da eficiência na atividade jurisdicional do Poder Judiciário. Utilizando tal princípio como um dos vetores de interpretação que regulam a execução, é necessário que o juiz, no pós-positivismo jurídico, ajuste a compreensão da norma ao seu caráter instrumental, garantindo a igualdade entre as partes e o contraditório no mínimo necessário, mas resguardando a entrega da tutela jurisdicional de forma eficiente e efetiva, no máximo suficiente, por intermédio da adoção dos meios mais idôneos, necessários e proporcionais.

Observe-se, a título de exemplo da aplicação do princípio da eficiência em sentido da maximização da efetividade da tutela executiva, a possibilidade de penhora de salários para pagamento de débito em sede de execução trabalhista.

---

(493) CORDEIRO, Wolney de Macedo. Da releitura do método de aplicação subsidiária das normas de direito processual comum ao processo do trabalho. In: CHAVES, Luciano Athayde (org.). *Direito processual do trabalho*: reforma e efetividade. São Paulo: LTr, 2007. p. 32.
(494) GUERRA, Marcelo Lima. *Direitos fundamentais e proteção do credor na execução civil*. São Paulo: Revista dos Tribunais, 2003. p. 110.

Resguardando a necessidade de subsistência do executado e, em última análise, o direito à vida e o princípio da dignidade humana, o Código de Processo Civil considera absolutamente impenhoráveis os vencimentos, subsídios, soldos, salários, remunerações, proventos de aposentadoria, pensões, pecúlios e montepios, bem assim as quantias recebidas por liberalidade de terceiro e destinadas ao sustento do devedor e sua família, os ganhos de trabalhador autônomo e os honorários de profissional liberal (art. 694, IV)[495]. Neste caso, porém, o próprio legislador fixou uma cláusula de exceção, pela qual esta regra não se aplica no caso de penhora para pagamento de prestação alimentícia (art. 694, § 2º)[496]. É que, havendo identidade entre os interesses tutelados conflitantes das partes, a própria subsistência tanto do exequente quanto do executado, não é razoável que a lei dê preferência justamente a este último que, conforme já certificado pelo Estado-juiz, gerou direta ou indiretamente (por fato de terceiro) um prejuízo àquele primeiro. Esta é a razão argumentativa que legitima a norma excepcional.

Ademais, de acordo com Cleber Lúcio de Almeida, "a razão que levou à ressalva da impenhorabilidade quando se trata de pensão alimentícia pode ser invocada no processo do trabalho: a sobrevivência do credor de crédito de caráter alimentar pode ser garantida com a penhora de salário de seu devedor"[497].

Considerando-se aplicável a regra principal em caráter supletivo no processo do trabalho, a interpretação que melhor concretiza o princípio da eficiência aplicada na atividade jurisdicional e o próprio acesso à Justiça tende a considerar que os créditos trabalhistas, objeto da execução, possuindo natureza salarial e o caráter de prestação alimentícia em sentido amplo, legitimam de igual forma a adoção da cláusula de exceção que visa resguardar a subsistência do executado em detrimento da do exequente.

É necessário ao juiz observar, em primeiro lugar, se a adoção da penhora de salários, na situação fática concreta, se mostra idônea a fomentar a aplicação do princípio da eficiência pela concretização da tutela executiva, ou seja, deve ser suficiente a quitar ou minorar significativamente, ainda que de forma parcelada, o débito trabalhista executado.

Por outro lado, tal ato constritivo deve se mostrar necessário, na medida em que o próprio executado não tenha apresentado outro meio igualmente idôneo a quitar de forma efetiva o seu débito de natureza alimentar.

---

[495] BRASIL. *Código de processo civil*, "art. 649. São absolutamente impenhoráveis: [...] IV — os vencimentos, subsídios, soldos, salários, remunerações, proventos de aposentadoria, pensões, pecúlios e montepios; as quantias recebidas por liberalidade de terceiro e destinadas ao sustento do devedor e sua família, os ganhos de trabalhador autônomo e os honorários de profissional liberal [...]".
[496] BRASIL. *Código de processo civil*, art. 649, "§ 2º O disposto no inciso IV do *caput* deste artigo não se aplica no caso de penhora para pagamento de prestação alimentícia".
[497] ALMEIDA, Cleber Lúcio de. *Direito processual do trabalho*. 4. ed. rev. atual. e ampl. Belo Horizonte: Del Rey, 2012. p. 955.

Cabe ponderar que o campo para incidência do princípio da execução menos gravosa ao devedor corresponde àquelas hipóteses em que existem múltiplas escolhas igualmente idôneas ao prosseguimento da execução, sem que o magistrado esteja vinculado preferencialmente a nenhuma delas[498][499]. Na hipótese de teste, a interpretação no sentido da impenhorabilidade pode acarretar a ausência de efeitos concretos da tutela executiva, desde que não haja outro objeto de constrição. Logo, não há falar em aplicação do princípio da execução menos gravosa, pois a sua incidência não pode acarretar a ineficiência do Poder Judiciário.

Superados positivamente os exames da adequação e da necessidade e diante da identidade de bens jurídicos individuais tutelados em ambos os polos da lide — o direito à própria subsistência pela percepção de salários —, a solução do juiz deve pender em favor da interpretação proporcional que proporcione a efetividade, na maior medida possível, à tutela executiva. Deve buscar concretizar o princípio da eficiência aplicado à atividade jurisdicional, de forma a fomentar o pleno acesso à Justiça em favor da parte que reclamou ao Estado o reparo por uma lesão.

Em que pesem estas circunstâncias, o Tribunal Superior do Trabalho entende que o art. 649, IV, do Código de Processo Civil apresenta uma norma que não admite interpretação ampliativa e que a cláusula de exceção se refere à espécie, e não ao gênero de crédito de natureza alimentícia, não englobando assim o crédito trabalhista[500].

É de observar, porém, que existem nos Tribunais Regionais decisões que concretizam o princípio da eficiência aplicada à atividade jurisdicional, mantendo a penhora, ainda que parcial. Ao identificar um conflito de princípios entre a dignidade humana do devedor, de um lado, e os princípios da efetividade da prestação jurisdicional e da dignidade humana do credor, de outro, este é resolvido em favor do crédito trabalhista, de natureza alimentar e superprivilegiado[501], não havendo como deixar de reconhecer o fato de que o crédito trabalhista tem por finalidade propiciar a subsistência do trabalhador[502].

---

(498) STERN, Maria de Fátima Côelho Borges; LUDWIG, Guilherme Guimarães. Penhora *on-line*: celeridade e efetividade. *Revista da Associação dos Magistrados da Justiça do Trabalho da 5ª Região — Bahia*, Salvador: Amatra 5, n. 4, p. 255-256, jan. 2005.
(499) Neste particular, observe-se ainda que, para autores como José Augusto Rodrigues Pinto, o art. 620 do CPC sequer pode suprir a omissão legal trabalhista, na medida em que é incompatível com a filosofia tutelar do economicamente hipossuficiente, salvo, em caráter excepcional, diante da manifesta prevalência de interesse social, como, a constrição incida sobre o numerário destinado ao pagamento de salários de outros trabalhadores. Confere PINTO, José Augusto Rodrigues. *Execução trabalhista*. 9. ed. rev. ampl. e atual. São Paulo: LTr, 2002. p. 163-165.
(500) BRASIL. *Tribunal Superior do Trabalho*. Subseção I Especializada em Dissídios Individuais. Orientação Jurisprudencial 153. Disponível em: <http://www.tst.jus.br> Acesso em: 2.9.2011.
(501) BAHIA. *Tribunal Regional do Trabalho da 5ª Região*. Seção Especializada em Dissídios Individuais II. MS 0000376-74.2010.5.05.0000. Relatora: Desembargadora Dalila Andrade. Salvador, 8.9.2010. DEJT 10.09.2010. Disponível em: <http://www.trt5.jus.br> Acesso em: 2.9.2011.
(502) SÃO PAULO. *Tribunal Regional do Trabalho da 15ª Região*. Quinta Câmara (Terceira Turma). AP 0195200-82.1997.5.15.0041 — Relatora: Juíza Ana Maria Vasconcelos. Campinas, DJ 3.9.2010. Disponível em: <http://www.trt15.jus.br> Acesso em: 2.9.2011.

Este exemplo traduz exatamente a necessidade de adequação da interpretação judicial àquela que melhor potencializa os meios de efetivar a tutela executiva. Trata-se de identificar, em meio às possibilidades fáticas e jurídicas de cada caso concreto e entre os caminhos argumentativos razoavelmente possíveis, o mais idôneo a fomentar a eficiência do aparato judicial, trazendo ao processo resultados úteis e legítimos.

Conclusões

Diante do quanto exposto, é possível concluir que:

1. O projeto da modernidade encampava o valor da liberdade no centro de uma composição filosófica mais ampla. Este pensar é que iria redefinir as relações entre Estado e cidadão, consignando a este um núcleo básico de direitos fundamentais. Em que pese a sua evidente importância para a democracia como forma de contenção do arbítrio e do despotismo, não é demais enfatizar que o liberalismo se consubstanciava em uma concepção política que privilegiava essencialmente interesses da classe burguesa em ascensão. Os anseios da sociedade como um todo seriam atendidos quando e à medida que coincidentes com aqueles próprios da burguesia.

2. A vinculação à legalidade sempre foi verdadeiramente uma simples técnica a garantir, no paradigma da modernidade, a segurança jurídica para a classe burguesa, valor este sim a que correspondia o verdadeiro princípio em jogo. A legalidade era apenas um dos caminhos possíveis e foi o efetivamente adotado, por motivos de melhor adequação naquelas específicas circunstâncias históricas, para atingir este desiderato. Nunca se configurou como um fim em si mesmo. Essa conformação à legalidade, porém, importava logicamente em menor recurso legislativo a normas de textura aberta e em apequenar a importância e o papel dos princípios, na medida em que estes instrumentos poderiam significar maior poder pela via interpretativa ao Poder Executivo e ao Poder Judiciário, condição esta última indesejável para a burguesia e seus interesses econômicos.

3. Ainda que se desprezem o componente ideológico e os interesses setoriais da classe burguesa que envolveram a ascensão da primazia da legalidade, o atual panorama de manifesta perda de legitimidade da produção legislativa aponta em direção do enfraquecimento do papel da lei enquanto clássica limitadora do Estado e garantidora das liberdades individuais. Esvazia-se, por consequência, a argumentação em torno de uma pretensa identificação entre legalidade e segurança jurídica. Ao contemporizar a importância da vinculação à legalidade, o pós-positivismo jurídico conduz a uma adequação do Direito, introduzindo no campo jurídico mudanças profundas de perspectiva que conferiram, de forma evidente, maior poder

e autonomia aos órgãos do Poder Judiciário, ao mesmo tempo que acarretaram consequentemente complexidade bem maior ao ato decisório.

4. Ao novo papel do juiz que se descortina no pós-positivismo jurídico podem ser apontadas, em caráter preliminar, as seguintes características:

> a) Interpreta e aplica o Direito não mais do ponto de vista meramente formal, mas pelo reconhecimento de um seu conteúdo ético e moral, que se evidencia na exata medida da concretização dos princípios e dos direitos fundamentais, especialmente aqui considerando o da dignidade humana enquanto vértice do ordenamento jurídico.
>
> b) Interpreta os conceitos indeterminados e as normas de textura aberta no propósito de conferir, em sua maior medida, um sentido atual e socialmente compartilhado ao ordenamento jurídico, sem perder de vista os ideais de justiça e de legitimidade que devem conferir unidade e harmonia ao sistema jurídico como um todo.
>
> c) Não mais se encontra vinculado aos restritos termos da legalidade, mas à noção mais abrangente de juridicidade, entendida como a necessária conformidade com o conjunto sistemático do ordenamento jurídico, composto de regras e princípios.

5. A previsão literal de um princípio atende bem mais à cultura legalista clássica, que apenas reconhece efeitos jurídicos ao quanto expresso literalmente por intermédio de um enunciado normativo. Se todo princípio é uma decorrência do sistema de normas, pela redução sucessiva e retroativa de juízos prescritivos, a simples circunstância da ausência de consignação expressa assume ares de um irrelevante jurídico, na medida em que não afeta a existência ou não do princípio, nem tampouco influi no seu potencial de gerar efeitos. E o inverso também é verdadeiro. A simples denominação expressa de "princípio" no seio de um enunciado normativo não transforma algo em princípio.

6. É o pós-positivismo jurídico que confere a verdadeira dignidade normativa aos princípios, situando-os em patamar igual ou superior àquele outrora reservado exclusivamente às regras de Direito. Neste momento é que ocorre o resgate dos valores para dentro do Direito, equilibrando a relação entre segurança e correção jurídicas.

7. Enquanto o conflito de regras se resolve pelo reconhecimento de uma cláusula de exceção ou pela declaração da validade de uma em detrimento da invalidade da outra — essa por intermédio de critérios da cronologia, hierarquia ou da especialidade —, a colisão de princípios significa apenas que um deles tem precedência sobre o outro. Trata-se aqui da relação de precedência condicionada (ou ainda concreta ou relativa), na qual o conflito é resolvido pelo sopesamento dos interesses em choque, de modo a definir qual deles, embora os respectivos

valores abstratos estejam no mesmo nível, apresenta um peso maior conforme as circunstâncias do caso concreto.

8. A conceituação do princípio enquanto mandamento de otimização pode ensejar até mesmo que as circunstâncias fáticas e jurídicas da ocasião apontem o seu afastamento em determinado caso concreto. Não se trata de declarar a invalidade do princípio ou reconhecer uma cláusula de exceção, mas apenas de reconhecer que este não tem preferência naquelas específicas condições.

9. A solução do conflito de princípios não retira nenhum dos conflitantes do sistema, mas apenas reconhece a aplicabilidade mitigada ou mesmo a inaplicabilidade daquele em detrimento do qual foi resolvida a questão. Logo, é tarefa contínua e fundamental do operador do Direito avaliar, em cada caso concreto que se lhe apresente para apreciação, a relação de precedência condicionada entre os princípios em debate.

10. Não há soluções prontas e acabadas, pois toda relação de precedência entre princípios é condicionada justamente pelas circunstâncias do caso concreto, o que, por si só, já acarreta a diversidade. O que a concretização da segurança jurídica nos moldes pós-positivistas reclama são, em verdade, consensos de argumentação — tão duradouros quanto as novas circunstâncias reais cambiantes lhes imponham que sejam — entre os aplicadores do Direito e, em especial, entre os juízes, estes porque encarregados de prestar a jurisdição.

11. Com a técnica da ponderação de princípios, o mesmo que a argumentação na atividade do juiz assume de complexidade como salvaguarda do princípio da segurança jurídica, a entrega da prestação jurisdicional, por seu turno, também ganha em correção e legitimidade no sentido do primado da justiça. O novo papel do juiz no pós-positivismo jurídico implica uma tarefa constantemente depurativa das regras de argumentação, de modo a otimizar a racionalidade da fundamentação das decisões, especialmente quando aplicados princípios como espécies normativas.

12. O setor público apenas deve ser eficiente em favor da realização do interesse público, e não para si mesmo. Aqui, somente por via oblíqua, é que eventualmente podem ser produzidos benefícios em favor dos interesses da própria Administração Pública. A racionalidade de métodos e procedimentos destinados à otimização de resultados se encontra direta e imediatamente vinculada ao atendimento dos interesses de toda a sociedade da melhor forma possível. Esta inversão de perspectiva permite deduzir a impossibilidade de adoção em sua inteireza da lógica da iniciativa privada, diante das diversas variáveis que condicionam e simultaneamente são condicionadas pelos resultados da atividade do Poder Público.

13. Não há como se entender a funcionalidade estatal em um Estado Democrático de Direito (e consequentemente o seu direcionamento à consecução do interesse público) sem que se pressuponha necessariamente a eficiência

administrativa. Nas democracias modernas é possível assim concluir que esta característica do agir estatal é transcendente ao texto positivado. A sociedade não delega aos seus representantes poder para que realizem menos do que o máximo possível e alcançável na satisfação do interesse do indivíduo e da coletividade diante das possibilidades fáticas e jurídicas do caso.

14. Para além de compromissos ideológicos ou político-partidários, a positivação do princípio da eficiência administrativa no texto constitucional representa, em verdade, no campo simbólico, um compromisso e uma expectativa da sociedade brasileira em um aparato estatal funcional, que realmente traduza o Estado Democrático de Direito e satisfaça ao interesse público, concretizando os direitos fundamentais.

15. É característica da eficiência administrativa um imperativo de maximização da funcionalidade da Administração Pública, ou seja, potencializar a sua atuação no sentido da consecução do interesse público e salvaguarda dos direitos dos cidadãos. Trata-se de um compromisso permanente e obrigatório do agente público, em qualquer de suas atribuições, contra a má utilização e o desperdício de tempo e recursos materiais e humanos. Agir de forma eficiente no setor público significa assim empregar não mais que os procedimentos, as medidas e os recursos suficientes e estritamente necessários ao tempestivo e perfeito alcance da finalidade pública almejada em cada hipótese concreta.

16. O princípio da eficiência administrativa pode ser conceituado como aquele que *direciona a Administração Pública a potencializar, na melhor medida possível de acordo com as circunstâncias fáticas e jurídicas, os meios idôneos a obter a solução ótima à consecução do interesse público e a concretização de direitos fundamentais.*

17. O exercício de um poder discricionário pode até estar associado à previsão de um conceito indeterminado, mas esta associação jamais será considerada, em termos abstratos, uma relação genérica e necessária a abranger todas as hipóteses de manifestação destes dois fenômenos jurídicos. Isso porque, estando no âmbito do suposto fático, a plurissignificância dos conceitos indeterminados não interfere na consequência jurídica que lhe seja correlacionada. Por outro lado, a aparente existência de vários sentidos possíveis, aceitáveis e razoáveis para um mesmo conceito indeterminado, tal como no caso da eficiência administrativa, não autoriza concluir que haja rigorosamente uma escolha discricionária do operador do Direito, pois a delimitação de sentido envolverá sempre componente derivado de um entendimento consensual. Em verdade, a única solução correta pressupõe uma apreciação racional a partir da interpretação do conjunto de normas do ordenamento jurídico, sistema este cujas notas de unidade e coerência são baseadas em princípios gerais, e não permite concluir pela diversidade de tratamento para casos concretos singulares idênticos.

18. Ao se redesenhar a vinculação à legalidade, para uma relação mais abrangente e de imprescindível conformidade com o conjunto sistemático do

ordenamento jurídico, é evidente que o espaço de liberdade para atuação discricionária na esfera tipicamente administrativa tendeu naturalmente a diminuir. Mesmo diante da previsão legal do poder discricionário, o agente público se encontra vinculado à concretização do arcabouço de princípios implícitos e explícitos decorrentes do sistema jurídico, vale dizer, às balizas da juridicidade. A rigor, se encontra superado o clássico antagonismo entre conduta vinculada e conduta discricionária, passando a somente se tratar de graus distintos de vinculação dos atos administrativos à juridicidade.

19. No quadro pós-positivista, o princípio da eficiência administrativa se apresenta como um dos critérios de controle deste poder discricionário redesenhado. Trata-se de avaliar se, no exame da conveniência e da oportunidade em favor da sociedade, o agente público potencializou, na melhor medida possível, de acordo com as circunstâncias fáticas e jurídicas que envolviam o caso concreto, os meios idôneos para a efetivação da solução que melhor atenda ao interesse público.

20. No processo interpretativo, não é somente necessário apreciar o sentido e o alcance do princípio da segurança jurídica no caso concreto. Ao revés, entendendo que, por definição, não existem princípios absolutos, de modo a desconstituir a relação condicionada de precedência como solução do conflito entre princípios, deve ser também cotejada a importância de direcionar a Administração Pública a potencializar, na melhor medida possível, os meios idôneos a obter a solução ótima à consecução do interesse público e a concretização de direitos fundamentais.

21. A segurança jurídica exige que não sejam frustradas as expectativas da sociedade, tanto em relação ao cumprimento dos comportamentos regrados, quanto na atuação do Estado de forma eficiente e garantindo resultados úteis. Em última análise, a certeza do cidadão quanto a uma resposta eficiente do aparato estatal também é materialização da segurança jurídica, tendo em vista o princípio da confiança na Administração, motivo pelo qual rigorosamente não há falar em dicotomia entre os valores da eficiência administrativa e da segurança jurídica.

22. Não é possível, dentro do complexo paradigma do pós-positivismo jurídico, compreender e interpretar o direito a ter acesso à Justiça simplesmente com a perspectiva — em estado terminal — do fenômeno jurídico na modernidade, olvidando-se do perfil plural, reflexivo, prospectivo, discursivo e relativo do novo direito processual, com clara finalidade instrumental e utilitarista porque tendente a soluções concretas e eficientes para o problema da baixa efetividade da prestação jurisdicional. A eficiência aplicada ao Poder Judiciário em todas as suas funções se mostra então como pressuposto desta instrumentalidade e desta nova racionalidade, ambas direcionadas ao atendimento do jurisdicionado na justa proporção de sua demanda.

23. O direito fundamental de ter acesso à Justiça, que é uma promessa-síntese das demais garantias processuais de foro constitucional, não é um fim em si mesmo e se encontra intrinsecamente limitado pelo próprio caráter da jurisdição, na medida

em que substituta da atividade das partes envolvidas no conflito. A noção de eficiência, que se vincula diretamente a uma racionalização de métodos e procedimentos destinados à otimização de resultados, não prescinde da consciência do magistrado acerca destas notas de instrumentalidade e substitutividade, que deve permear todo o procedimento argumentativo durante a realização de sua função.

24. A cultura demandista e os litigantes habituais, para além da configuração do abuso de direito de ação, apenas contribuem para congestionar ainda mais as atividades do Poder Judiciário, em prejuízo daqueles que efetivamente esperam pela necessária reparação. Enquanto o acesso à Justiça exercido em limites de razoabilidade demonstra amadurecimento para a cidadania, o abuso e o exagero conduzem à negação do instrumento pela ineficiência estrutural e sistêmica do aparato judicial.

25. A celeridade e a duração razoável do processo constituem-se objetivos, em primeiro lugar, do juiz na condução do processo, enquanto sujeito ao qual foi constitucionalmente endereçada a missão de pacificação social. É dele a perspectiva macroscópica do quanto uma postura ineficiente em cada processo individualmente considerado pode repercutir de forma muito mais grave nos processos sob a sua jurisdição quando conjuntamente considerados.

26. Para cada entendimento consolidado pela jurisprudência, a parte que é por ele prejudicada, tendo a oportunidade e os meios necessários, recorrerá a teses cada vez mais complexas e refinadas para sua refutação direta ou ainda para justificar que aquele caso atual não se enquadra na hipótese que o derivou. A argumentação jurídica é dinâmica e as suas possibilidades de desenvolvimento, como em qualquer ciência, são infinitas, o que reflete necessariamente em uma carga de trabalho, por litígio individualmente considerado, cada vez maior para o Poder Judiciário. Por outro lado, a inovação decorrente das ferramentas tecnológicas também favorece o aumento na complexidade. Se em determinado sentido permite uma evolução estrutural no Poder Judiciário, em outro também municia o cidadão a aumentar a demanda e tornar mais complexa a apreciação da cada causa.

27. A argumentação jurídica é dinâmica e as suas possibilidades de desenvolvimento são infinitas, porque todo conhecimento do Direito é conjectural. Logo, a formação jurídica do juiz, testada e comprovada por intermédio da aprovação em específico concurso público, é idônea a resolver as questões discutidas naquela época. Se o Direito evolui, é evidente que esta formação deve acompanhar tal evolução, pois, do contrário, as soluções passarão a se mostrar insatisfatórias para o tratamento das novas e mais complexas demandas da sociedade.

28. A eficiência aparelha o Poder Judiciário para consecução do acesso à Justiça como objetivo imediato e a concretização de direitos fundamentais como finalidade mediata. A eficiência na função jurisdicional aqui se conforma no Estado-juiz, enquanto Administração Pública, no exercício de sua própria atividade-fim — ou

seja, na resolução do conflito no caso concreto —, prestar a jurisdição com atenção, em termos macro, às diferentes demandas da sociedade, fomentando a realização ou mesmo realizando o papel do Estado de transformador social ao concretizar direitos fundamentais.

29. Pelo cânone da eficiência na atividade jurisdicional, o Poder Judiciário projeta a si mesmo como objeto de suas próprias decisões, maximizando as possibilidades de uma entrega da prestação jurisdicional ágil e de qualidade na maior medida possível, com menor custo de tempo e recursos. Trata-se aqui de um olhar reflexivo no âmbito da construção racional da argumentação que confere suporte às decisões. O Poder Judiciário decide visando um Poder Judiciário eficiente. Toda prestação jurisdicional eficiente tende a fomentar ao máximo a concretização do direito de ter acesso efetivo à tutela jurisdicional.

30. A eficiência aplicada ao Poder Judiciário normatiza as razões de política judiciária que informam a necessidade de favorecer o acesso à Justiça, trazendo-as à consideração no mesmo patamar que outros padrões de argumentação. A margem jurídico-pragmática decorrente da inserção expressa do princípio constitucional da eficiência permite que o juiz considere as decorrências sistêmicas de suas decisões, pela jurisdicização de considerações práticas, sem que seja possível reconhecer tal argumentação como de natureza extrajurídica.

31. No âmbito das decisões jurisdicionais, *o princípio da eficiência direciona os órgãos judiciais do Poder Judiciário a potencializar, pela via interpretativa e aplicativa, na melhor medida possível de acordo com as circunstâncias fáticas e jurídicas, os procedimentos e técnicas idôneas a obter a solução ótima à consecução do pleno acesso à Justiça e a concretização de direitos fundamentais.*

32. Apesar de não estar vinculado a um rol exaustivo de regras procedimentais no exercício discricionário, quando for o caso, o juiz sempre estará limitado pelo núcleo essencial de garantias processuais mínimas e ao próprio dever constitucional de motivação das decisões, além das regras da proporcionalidade e da razoabilidade, conjunto este que reflete, em última análise, as próprias normas informadoras da tutela constitucional do processo. Nesse sentido, o caminho argumentativo entre todo este manancial conduzirá o juiz, em termos práticos, à solução mais eficiente em cada caso concreto, conforme as suas possibilidades fáticas e jurídicas.

33. Podem ser reconhecidos, em um catálogo meramente exemplificativo, como características do atuar eficiente da atividade jurisdicional, os deveres de:

 a) Reduzir os "tempos mortos" no processo, descartando prazos com diligências inúteis ao desate do feito e dimensionando com exatidão os prazos destinados às diligências necessárias, inclusive pela coordenação de sua realização em caráter simultâneo.

 b) Interpretar os dispositivos normativos que tratem das tutelas de urgência, lhes conferindo o maior alcance possível em favor da parte contra quem o tempo do processo pode causar maior prejuízo.

c) Reconhecer e aderir a precedentes majoritários de argumentação, que se mostrem adequados às circunstâncias específicas do caso concreto que esteja sob apreciação.

d) Privilegiar o caminho argumentativo razoável que confira mais alcance e abrangência de efeitos às lides coletivas.

e) Reconhecer a validade e a eficácia das soluções extrajudiciais de composição do conflito, quando estiver devidamente resguardada a igualdade material das partes convenentes.

f) Punir de forma sistemática e rigorosa a má-fé processual, conferindo eficácia real aos dispositivos normativos sancionadores, especialmente diante de medidas de protelação do processo pela via recursal.

g) Adotar a interpretação razoável dos dispositivos normativos que proporcione a maior efetividade possível na fase de execução.

34. A eficiência se situa, em termos conceituais, numa relação entre esforço e resultado, voltada para a melhor maneira pela qual as rotinas devem ser realizadas ou executadas a fim de que os recursos sejam aplicados da forma mais racional possível. Assim, enquanto reitor do processo, em busca da eficiência aplicada à atividade jurisdicional, o juiz deverá eliminar prazos correspondentes ao cumprimento de diligências inúteis ao desate do feito — por exemplo, relativas à produção de determinada prova que, conforme o convencimento motivado daquele órgão julgador, em nada poderá interferir no resultado da lide, ainda quando requerida pela parte que venha a ser desfavorecida pela decisão final.

35. No pós-positivismo jurídico, a certeza jurídica tanto é resguardada pelas formalidades que garantem a igualdade entre as partes e o contraditório no mínimo necessário à configuração do processo justo, quanto pela entrega da tutela jurisdicional de forma eficiente e efetiva no máximo suficiente. Os princípios do contraditório e da ampla defesa passam a ser garantidos na medida mínima estritamente necessária às partes, de modo a concretizar, em outra mão e na maior medida possível, o princípio da efetividade processual e, consequentemente, o do acesso à Justiça. Nesses termos, enquanto princípio constitucional, a eficiência impõe que o juiz, em seu labor interpretativo, potencialize, na melhor medida possível de acordo com as circunstâncias fáticas e jurídicas, a leitura dos conceitos indeterminados que regulam as tutelas de urgência.

36. Sob uma perspectiva de eficiência e considerando que a divisão de competências judiciais tem caráter meramente orgânico-funcional, não é producente entender que diversos órgãos de um mesmo Poder Judiciário possam apresentar entendimentos totalmente díspares no que se refere à *ratio decidendi* que motiva a interpretação ou a aplicação de uma determinada norma jurídica em um mesmo contexto fático-valorativo. No espaço em que estejam estabilizadas as expectativas, se reduz logicamente a necessidade de demanda ao Poder Judiciário ou podem

ainda ser simplificadas ou encurtadas etapas processuais, aumentando em ambos os casos o desempenho das diversas instâncias do Poder Judiciário. A eficiência aplicada à atividade jurisdicional do Poder Judiciário reclama, portanto, a observância destes lugares-comuns de interpretação.

37. Não cabe ao juiz aplicar às lides coletivas os mesmos métodos e técnicas das lides individuais quando manifestamente em sacrifício de sua efetividade. Necessária se faz uma justa ponderação que compatibilize razoavelmente as exigências de ampla defesa e do contraditório com o princípio da eficiência, em direção ao resultado útil e efetivo do processo. Em última análise, é requerido do juiz que promova a adequação, pelo caminho interpretativo, em ponderação com os demais princípios constitucionalmente envolvidos, dos mecanismos finalisticamente considerados como necessários e idôneos à consecução na maior medida possível da efetividade processual, multiplicando-se assim a eficácia dos provimentos judiciais.

38. Não é razoável se entender que o acesso à Justiça possa ser interpretado em direção à autofagia, produzindo o germe de sua própria destruição diante da impossibilidade concreta de absorção da demanda. É necessário, portanto, que o juiz reconheça a validade e a eficácia das soluções extrajudiciais de composição do conflito, desde que estejam rigorosamente assegurados os mecanismos que compensem eventual desigualdade material entre as partes convenentes quando ocorrente.

39. A conduta do litigante de má-fé é um grave percalço para a realização do Direito, apenas contribuindo para ampliar o nível de congestionamento e dificultar a entrega da prestação jurisdicional. Se a eficiência, no âmbito das decisões jurisdicionais, implica potencializar os procedimentos e técnicas idôneas a obter a solução ótima à consecução do pleno acesso à Justiça e a concretização de direitos fundamentais, é inadmissível a tolerância à utilização desviante do aparato judicial. A aplicação das sanções cabíveis representa também, em última análise, uma atitude pedagógica em favor da eficiência e do bom manejo dos recursos oriundos do erário público.

40. A obtenção de resultados efetivos da tutela executiva se confunde com o coroamento da concretização do direito de ter acesso à Justiça, encerrando a finalidade precípua da aplicação do princípio da eficiência na atividade jurisdicional do Poder Judiciário. Utilizando tal princípio como um dos vetores de interpretação que regulam a execução, é necessário que o juiz, no pós-positivismo jurídico, ajuste a compreensão da norma ao seu caráter instrumental, garantindo a igualdade entre as partes e o contraditório no mínimo necessário, mas resguardando a entrega da tutela jurisdicional de forma eficiente e efetiva, no máximo suficiente, por intermédio da adoção dos meios mais idôneos, necessários e proporcionais.

REFERÊNCIAS

Dados estatísticos

BRASIL. Conselho Nacional de Justiça. *Relatório Justiça em Números 2009*: indicadores do Poder Judiciário — Panorama do Judiciário Brasileiro. Disponível em: <http://www.cnj.jus.br> Acesso em: 2.9.2011.

_____ . Superior Tribunal de Justiça. *Relatório Estatístico — 2002*. Disponível em: <http://www.stj.jus.br> Acesso em: 2.9.2011.

_____ . Superior Tribunal de Justiça. *Relatório Estatístico — 2010*. Disponível em: <http://www.stj.jus.br> Acesso em: 2.9.2011.

_____ . Supremo Tribunal Federal. *Movimento Processual nos anos de 1940 a 2010*. Disponível em: <http://www.stf.jus.br> Acesso em: 2.9.2011.

_____ . Tribunal Superior do Trabalho. *Estatísticas da movimentação processual por ano (desde 1941) da Justiça do Trabalho*. Disponível em: <http://www.tst.jus.br> Acesso em: 2.9.2011.

Doutrina

ALEXY, Robert. *Constitucionalismo discursivo*. 2. ed. rev. Traduzido por Luís Afonso Heck. Porto Alegre: Livraria do Advogado, 2008.

_____ . *Teoria dos direitos fundamentais*. Traduzido por Virgílio Afonso da Silva. São Paulo: Malheiros, 2008. Tradução de *Theorie der Grundrechte*.

_____ . *Direito, razão, discurso*: estudos para a filosofia do direito. Traduzido por Luís Afonso Heck. Tradução de *Recht, Vernunft, Diskurs: Studien zur Rechtsphilosophie*. Porto Alegre: Livraria do Advogado, 2010.

ALMEIDA, Cleber Lúcio de. *Direito processual do trabalho*. 4. ed. rev. atual. e ampl. Belo Horizonte: Del Rey, 2012.

ALVIM, José Eduardo Carreira. *Alterações no código de processo civil*. 2. ed. rev. e atual. por Luciana Gontijo Carreira Alvim Cabral. Rio de Janeiro: Impetus, 2006.

_____ . *Elementos de teoria geral do processo*. 7. ed. rev. ampl. e atual. Rio de Janeiro: Forense, 2000.

AMADO, Juan Antonio García. *A lista de Schindler*: sobre abismos que o direito dificilmente alcança. Traduzido por Ricardo Menna Barreto e Germano Schwarz. Porto Alegre: Livraria do Advogado, 2009. Tradução de *La lista de Schindler*: abismos que el derecho dificilmente alcanza.

ÁVILA, Humberto. Moralidade, razoabilidade e eficiência na atividade administrativa. *Revista Eletrônica de Direito do Estado*, Salvador, Instituto de Direito Público da Bahia, n. 4, out./nov./dez. 2005. Disponível em: <http://www.direitodoestado.com.br/rede.asp> Acesso em: 15.9.2010.

_____ . *Teoria dos princípios*: da definição à aplicação dos princípios jurídicos. 10. ed. amp. e atual. São Paulo: Malheiros, 2009.

BACON, Francis. *Novum Organum*. Traduzido por José Aluysio Reis de Andrade. São Paulo: Nova Cultural, 1997. Tradução de *Novum Organum*.

BARROSO, Luís Roberto. Fundamentos teóricos e filosóficos do novo direito constitucional brasileiro. *Jus navigandi*, Teresina, ano 6, n. 59, out. 2002. Disponível em: <http://jus.uol.com.br/revista> Acesso em: 2.7.2009.

_____ . Neoconstitucionalismo e constitucionalização do direito: o triunfo tardio do direito constitucional no Brasil. *Revista Eletrônica sobre a Reforma do Estado (RERE)*, Salvador: Instituto Brasileiro de Direito Público, n. 9, mar./abr./maio 2007. Disponível em: <http://www.direitodoestado.com.br/redae.asp> Acesso em: 29.6.2009.

BASSI, Franco. *Lezioni di diritto amministrativo*. 8. ed. Milão: Giuffrè, 2008.

BATISTA JÚNIOR, Onofre Alves. *Princípio constitucional da eficiência administrativa*. Belo Horizonte: Mandamentos, 2004.

BECCARIA, Cesare. *Dos delitos e das penas*. Traduzido por Torrieri Guimarães. São Paulo: Martin Claret, 2002. Tradução de *Dei delitti e delle pene*.

BEDAQUE, José Roberto dos Santos. *Direito e processo*: influência do direito material sobre o processo. 4. ed. rev. e ampl. São Paulo: Malheiros, 2006.

_____ . *Efetividade do processo e técnica processual*. 3. ed. São Paulo: Malheiros, 2010.

BINENBOJM, Gustavo. *Uma teoria do direito administrativo*: direitos fundamentais, democracia e constitucionalização. 2. ed. rev. e atual. Rio de Janeiro: Renovar, 2008.

BOBBIO, Norberto. *Liberalismo e democracia*. 4. reimp. da 6. ed. de 1994. Traduzido por Marco Aurélio Nogueira. São Paulo: Brasiliense, 2000. Tradução de *Liberalismo e democrazia*.

_____ . *O positivismo jurídico*: lições de filosofia do direito. Compiladas por Nello Morra. Tradução e notas de Marco Pugliesi, Edson Bini, Carlos E. Rodrigues. São Paulo: Ícone, 1995. Tradução de *Il positivismo giuridico*.

_____ . *Teoria geral do direito*. 2. ed. Traduzido por Denise Agostinetti. São Paulo: Martins Fontes, 2008. Tradução de *Teoria generale del diritto*.

BONAVIDES, Paulo. *Do estado social ao estado liberal*. 6. ed. São Paulo: Malheiros, 1996.

_____ . *Curso de direito constitucional*. 15. ed. atual. São Paulo: Malheiros, 2004.

BOTTINI, Pierpaolo Cruz. A justiça do trabalho e a reforma do judiciário. In: CHAVES, Luciano Athayde (org.). *Direito processual do trabalho*: reforma e efetividade. São Paulo: LTr, 2007.

CAIRO JR., José. *Curso de direito processual do trabalho*. 5. ed. rev. ampl. e atual. Salvador: Juspodivm, 2012.

CANARIS, Claus-Wilhelm. *Pensamento sistemático e conceito de sistema na ciência do direito*. 3. ed. Traduzido por A. Menezes Cordeiro. Lisboa: Calouste Gulbenkian, 2002. Tradução de *Systemdenken und Systembegriff in der Jurisprudenz*.

CANOTILHO, José Joaquim Gomes. *Direito constitucional e teoria da constituição*. 4. reimp. da 7. ed. Coimbra: Almedina, 2003.

CAPPELLETTI, Mauro. *Juízes legisladores?* Traduzido por Carlos Alberto Alvaro de Oliveira. Porto Alegre: Sergio Antonio Fabris, 1999. Tradução de *Giudici legislatori?*

_____ ; GARTH, Bryant. *Acesso à justiça*. Traduzido por Ellen Gracie Northfleet. Porto Alegre: Sergio Antonio Fabris, 1988. Tradução de *Access do justice:* the worldwide movement to make rights effective.

CARDOZO, José Eduardo Martins. A discricionariedade e o estado de direito. In: GARCIA, Emerson (org.). *Discricionariedade administrativa*. Rio de Janeiro: Lumen Juris, 2005.

CARVALHO FILHO, José dos Santos. A discricionariedade: análise de seu delineamento jurídico. In: GARCIA, Emerson (org.). *Discricionariedade administrativa*. Rio de Janeiro: Lumen Juris, 2005.

CASSESE, Sabino. *Istituzioni di diritto amministrativo*. 3. ed. Corso di diritto amministrativo. Milão: Giuffrè, 2009. v. 1.

CASTRO, Celso Luiz Braga de. *Desvio de conduta na administração pública*. Dissertação (Mestrado em Direito). Faculdade de Direito, Universidade Federal da Bahia, 1995.

CHIAVENATO, Idalberto. *Introdução à teoria geral da administração*: uma visão abrangente da moderna administração das organizações. 7. ed. rev. e atual. Rio de Janeiro: Elsevier, 2003.

CINTRA, Antônio Carlos de Araújo; GRINOVER, Ada Pellegrini; DINAMARCO, Cândido Rangel. *Teoria geral do processo*. 26. ed. rev. e atual. São Paulo: Malheiros, 2010.

CLÈVE, Clèmerson Merlin. *O direito e os direitos*: elementos para uma crítica do direito contemporâneo. 2. ed. São Paulo: Max Limonad, 2001.

COMOGLIO, Luigi Paolo. *Etica e tecnica del "giusto processo"*. Torino: Giappichelli, 2004

_____ . Il "giusto processo" civile in Italia e in Europa. *Revista de Processo*, n.116, ano 29, São Paulo: Revista dos Tribunais, p. 97-158, jul./ago. 2004.

CORDEIRO, Wolney de Macedo. Da releitura do método de aplicação subsidiária das normas de direito processual comum ao processo do trabalho. In: CHAVES, Luciano Athayde (org.). *Direito processual do trabalho*: reforma e efetividade. São Paulo: LTr, 2007.

CUNHA JÚNIOR, Dirley da. *Curso de direito administrativo*. 8. ed. rev. ampl, e atual. Salvador: Juspodivm, 2009.

_____. *Curso de direito constitucional*. 3. ed. rev. ampl. e atual. Salvador: Juspodivm, 2009.

DAVI, Kaline Ferreira. *A dimensão política da administração pública:* neoconstitucionalismo, democracia e procedimentalização. Porto Alegre: Sergio Antonio Fabris, 2008.

DELGADO, Mauricio Godinho. Os princípios na estrutura do direito. *Revista do Tribunal Superior do Trabalho*, v. 75, n. 3, Brasília: Magister, p. 17-34, jul./set. 2009.

DESCARTES, René. *Regras para a orientação do espírito*. Traduzido por Maria Ermantina de Almeida Prado Galvão. São Paulo: Martins Fontes, 2007. Tradução de *Règles pour la direction de l'esprit*.

DIDIER JR., Fredie. *Introdução ao direito processual civil e processo de conhecimento*. Curso de direito processual civil. 14. ed. rev. ampl. e atual. Salvador: Juspodivm, 2012. v. I.

DINAMARCO, Cândido Rangel. *Instituições de direito processual civil*. 3. ed. rev. e atual. São Paulo: Malheiros, 2003. v. I.

_____. *A instrumentalidade do processo*. 14. ed. rev. e atual. São Paulo: Malheiros, 2009.

_____. *Nova era do processo civil*. 3. ed. rev. atual. e aum. São Paulo: Malheiros, 2009.

DWORKIN, Ronald. *O império da lei*. Traduzido por Jefferson Luiz Camargo. São Paulo: Martins Fontes, 1999. Tradução de *Law's empire*.

_____. *Uma questão de princípio*. 2. ed. Traduzido por Luís Carlos Borges. São Paulo: Martins Fontes, 2005. Tradução de *A matter of principle*.

_____. *Levando os direitos a sério*. 2. ed. Traduzido por Jefferson Luiz Camargo. São Paulo: Martins Fontes, 2007. Tradução de *Taking rights seriously*.

ENGISCH, Karl. *Introdução ao pensamento jurídico*. 6. ed. Traduzido por João Baptista Machado. Lisboa: Calouste Gulbenkian, 1988. Tradução de: Einführung in das juristische Denken.

ENTERRIA, Eduardo García de; FERNÁNDEZ, Tomás-Ramón. *Curso de direito administrativo*. Traduzido por Arnaldo Setti. São Paulo: Revista dos Tribunais, 1990. Tradução de *Curso de derecho administrativo*.

FACCHI, Alessandra. *Breve storia dei diritti umani*. Bolonha: Il Mulino, 2007.

FARALLI, Carla. *A filosofia contemporânea do direito*: temas e desafios. Traduzido por Candice Premaor Gullo. Revisão da tradução de Silvana Cobucci Leite. São Paulo: Martins Fontes, 2006. Tradução de: *La filosofia del diritto contemporanea*.

FAVA, Marcos Neves. *Execução trabalhista efetiva*. São Paulo: LTr, 2009.

FREITAS, Graça Maria Borges de. A reforma do judiciário, o discurso econômico e os desafios da formação do magistrado hoje. *Revista do Tribunal Regional do Trabalho da 3ª Região*, Belo Horizonte, n. 72, p. 31-44, jul./dez. 2005.

_____. Formação de magistrados no Brasil: um modelo educativo institucional em construção após a Constituição de 1988. *Revista do Tribunal Regional do Trabalho da 3ª Região*, Belo Horizonte, n. 76, p. 81-92, jul./dez. 2007.

FUX, Luiz. *O novo processo de execução*: o cumprimento da sentença e a execução extrajudicial. Rio de Janeiro: Forense, 2008.

GASPARINI, Diógenes. *Direito administrativo*. 8. ed. rev. e atual. São Paulo: Saraiva, 2003.

GIANNINI, Massimo Severo. *Istitutizioni di diritto amministrativo*. 2. ed. Milano: Giuffrè, 2000.

GUERRA, Marcelo Lima. *Direitos fundamentais e proteção do credor na execução civil*. São Paulo: Revista dos Tribunais, 2003.

GOMES, Orlando. *Introdução ao direito civil*. 20. ed. rev. atual. e aum. por Edvaldo Brito e Reginalda Paranhos de Brito. Rio de Janeiro: Forense, 2010.

GRAU, Eros Roberto. *O direito posto e o direito pressuposto*. 4. ed. rev. e amp. São Paulo: Malheiros, 2002.

_____ . *Ensaio e discurso sobre a interpretação/aplicação do direito*. 5. ed. rev. e amp. São Paulo: Malheiros, 2009.

GUASTINI, Ricardo. *Das fontes às normas*. Traduzido por Edson Bini. São Paulo: Quartier Latin, 2005. Tradução de *Dalle fonti alle norme*.

HABERMAS, Jürgen. *Direito e democracia*: entre facticidade e validade. 2. ed. Traduzido por Flávio Beno Siebeneichler. Rio de Janeiro: Tempo Brasileiro, 2003. v. 1. Tradução de: *Faktizität und Geltung. Beiträge zur Diskurstheorie des Rechts und des demokratischen Rechtsstaates*.

HART, Herbert L. A. *O conceito de direito*. 2. ed. Traduzido por A. Ribeiro Mendes. Lisboa: Calouste Gulbenkian, 1994. Tradução de: *The concept of law*.

HESSE, Konrad. *A força normativa da constituição*. Traduzido por Gilmar Ferreira Mendes. Porto Alegre: Sergio Antonio Fabris, 1991. Tradução de: *Die normative Kraft der Verfassung*.

IHERING, Rudolf von. *A luta pelo direito*. Traduzido por João de Vasconcelos. São Paulo: Martin Claret, 2009. Tradução de: *Der Kampf ums Recht*.

JUNQUEIRA, Eliane Botelho. *Acesso à justiça*: um olhar retrospectivo. *Revista Estudos Históricos*, n. 18, CPDOC/FGV, 1996.

KELSEN, Hans. *Teoria pura do direito*. Traduzido por João Baptista Machado. 6. ed. São Paulo: Martins Fontes, 2000. Tradução de: *Reine Rechtslehre*.

LARENZ, Karl. *Metodologia da ciência do direito*. 3. ed. Traduzido por José Lamego. Lisboa: Calouste Gulbenkian, 1997. Tradução de: *Methodenlehre der Rechtswissenschaft*.

LASSALE, Ferdinand. *A essência da constituição*. 9. ed. Tradução original de Walter Stönner. Rio de Janeiro: Lúmen Juris, 2009. Tradução de: *Über die Verfassung*.

LEAL, Fernando. Propostas para uma abordagem teórico-metodológica do dever constitucional de eficiência. *Revista Eletrônica de Direito Administrativo Econômico (REDAE)*, Salvador: Instituto Brasileiro de Direito Público, n. 15, ago./set./out. 2008. Disponível em: <http://www.direitodoestado.com.br/redae.asp> Acesso em: 15.9.2010.

LUDWIG, Guilherme Guimarães. Entre o acesso à justiça e a "dependência química" do judiciário: a conciliação prévia e o resgate da cidadania. *Suplemento Especial "O Trabalho" de doutrina em fascículos*, n. 164, Curitiba: Decisório Trabalhista, p. 5826-5844, out. 2010.

_____. Poder discricionário do juiz? In: SOARES, Ricardo Maurício Freire; MOCCIA, Luigi; SAMPAIO, Marcos; SANTANA JR., Gilson (org.). *Estudos aplicados de teoria geral do direito*. Salvador, Egba, 2011.

_____. Pós-positivismo e os princípios em Robert Alexy. *Jus Navigandi*, Teresina, ano 16, n. 2.740, 1º jan. 2011. Disponível em: <http://jus.uol.com.br/revista> Acesso em: 2.1.2011.

_____; CAPLAN, Luciana. A vinculação do órgão julgador à concessão de tutela antecipada de ofício. *Revista da Associação dos Magistrados da Justiça do Trabalho da 5ª Região – Bahia*, n. 3, Salvador: AMATRA5, p. 83-87, jun. 2004.

LUÑO, Antonio Enrique Pérez. *Derechos humanos, estado de derecho y constitución*. 9. ed. rev. e ampl. Madrid: Tecnos, 2005.

MAIA, Antônio Cavalcanti; SOUZA NETO, Cláudio Pereira de. Os princípios de direito e as perspectivas de Perelman, Dworkin e Alexy. In: PEIXINHO, Manoel Messias *et al.* (orgs.). *Os princípios da Constituição de 1988*. Rio de Janeiro: Lumen Juris, 2001.

MANCUSO, Rodolfo de Camargo. *A resolução dos conflitos e a função judicial no contemporâneo estado de direito*. São Paulo: Revista dos Tribunais, 2009.

MARINONI, Luiz Guilherme. O direito à tutela jurisdicional efetiva na perspectiva da teoria dos direitos fundamentais. *Jus Navigandi*, Teresina, ano 9, n. 378, 20.7.2004. Disponível em: <http://jus.uol.com.br/revista> Acesso em: 2.9.2011.

_____. Prova, convicção e justificativa diante da tutela antecipatória. *Jus Navigandi*, Teresina, ano 11, n. 1.182, 26.9.2006. Disponível em: <http://jus.uol.com.br/revista> Acesso em: 2.9.2011.

_____. *Teoria geral do processo*. Curso de processo civil. São Paulo: Revista dos Tribunais, 2006.

_____; ARENHART, Sérgio Cruz. *Execução*. Curso de processo civil. São Paulo: Revista dos Tribunais, 2006.

_____; *Processo de conhecimento*. Curso de processo civil. 6. ed. rev. atual. e ampl. São Paulo: Revista dos Tribunais, 2007.

MARTINEZ, Luciano. A efetividade sob a perspectiva da coletivização do processo do trabalho. *Revista do Tribunal Regional do Trabalho da 14ª Região*, Porto Velho, v. 6, n. 1, p. 193-215, jan./jun. 2010.

MARTINS FILHO, Ives Gandra. A justiça do trabalho do ano 2000: as Leis ns. 9.756/1998, 9.957 e 9.958/2000, a Emenda Constitucional n. 24/1999 e a reforma do judiciário. *Revista LTr*, São Paulo, v. 64, n. 2, p. 161-171, fev. 2000.

MEDAUAR, Odete. *Direito administrativo moderno*. 12. ed. rev. atual. e ampl. São Paulo: Revista dos Tribunais, 2008.

MEIRELLES, Hely Lopes. *Direito administrativo brasileiro*. 26. ed. atualizada por Eurico de Andrade Azevedo, Délcio Balestero Aleixo e José Emmanuel Burle Filho. São Paulo: Malheiros, 2001.

MELLO, Celso Antônio Bandeira de. *Discricionariedade e controle jurisdicional*. 2. ed. São Paulo: Malheiros, 1993.

_____. *Curso de direito administrativo*. 26. ed. rev. e atual. São Paulo: Malheiros, 2009.

_____. *Grandes temas de direito administrativo*. São Paulo: Malheiros, 2009.

MERQUIOR, José Guilherme. *O liberalismo antigo e moderno*. São Paulo: Nova Fronteira, 1991.

MIRANDA, Jorge. *Teoria do estado e da constituição*. Tradução da edição portuguesa. Rio de Janeiro: Forense, 2007.

MODESTO, Paulo. Notas para um debate sobre o princípio constitucional da eficiência. *Revista Eletrônica de Direito Administrativo Econômico (REDAE)*, Salvador: Instituto Brasileiro de Direito Público, n. 10, maio/jun./jul. 2007, Disponível em: <http://www.direitodoestado.com.br/redae.asp> Acesso em: 15.9.2010.

MONTESQUIEU. *Do espírito das leis*. Traduzido por Jean Melville. São Paulo: Martin Claret, 2007. Tradução de *De l'esprit des lois*.

MORAES, Alexandre de. Constitucionalização do direito e princípio da eficiência. In: FIGUEIREDO, Carlos Maurício; NÓBREGA, Marcos (orgs.). *Administração pública*: direito administrativo, financeiro e gestão pública: prática, inovações e polêmicas. São Paulo: Revista dos Tribunais, 2002.

MORAES, Antonio Carlos Flores de. *Legalidade, eficiência e controle da administração pública*. Belo Horizonte: Fórum, 2007.

MOREIRA, Egon Bockmann. *Processo administrativo*: princípios constitucionais e a Lei n. 9.784/1999. 4. ed. atual. rev. e aum. São Paulo: Malheiros, 2010.

MOREIRA, José Carlos Barbosa. O futuro da justiça: alguns mitos. In: MOREIRA, José Carlos Barbosa. *Temas de direito processual*. 8. série. São Paulo: Saraiva, 2004.

_____. Regras da experiência e conceitos juridicamente indeterminados. In: MOREIRA, José Carlos Barbosa. *Temas de direito processual*. 2. série. 2. ed. São Paulo: Saraiva, 1988.

MOREIRA NETO, Diogo de Figueiredo. *Quatro paradigmas do direito administrativo pós--moderno*: legitimidade, finalidade, eficiência, resultados. Belo Horizonte: Fórum, 2008.

NICOLITT, André Luiz. *A duração razoável do processo*. Rio de Janeiro: Lumen Juris, 2006.

PALOMBELLA, Gianluigi. *Filosofia do direito*. Traduzido por Ivone C. Benedetti. São Paulo: Martins Fontes, 2005. Tradução de *Filosofia del diritto*.

PERELMAN, Chaïm. *Lógica jurídica*: nova retórica. Traduzido por Vergínia K. Pupi. São Paulo: Martins Fontes, 1998. Tradução de *Logique juridique*.

_____; OLBRECHTS-TYTECA, Lucie. *Tratado da argumentação*: a nova retórica. Traduzido por Maria Ermantina Galvão. São Paulo: Martins Fontes, 1996. Tradução de *Traité de l'argumentation — la nouvelle rhétorique*.

PIMENTA, José Roberto Freire. A conciliação judicial na justiça do trabalho após a Emenda Constitucional n. 24/1999: aspectos de direito comparado e o novo papel do juiz do trabalho. *Revista LTr*, São Paulo, v. 65, n. 2, p. 151-162, fev. 2001.

_____. A constitucionalidade da exigência de tentativa de conciliação extrajudicial para ajuizamento da ação trabalhista e da eficácia liberatória geral do respectivo termo de conciliação (arts. 625-D e 625-E, parágrafo único, da CLT). In: RENAULT, Luiz Otávio Linhares; VIANA, Márcio Túlio (coords.). *Comissões de conciliação prévia*: quando o direito enfrenta a realidade. São Paulo: LTr, 2003.

_____. A nova competência da justiça do trabalho para lides não decorrentes da relação de emprego: aspectos processuais e procedimentais. In: COUTINHO, Grijalbo Fernandes; FAVA, Marcos Neves (coords.). *Justiça do trabalho*: competência ampliada. São Paulo: LTr, 2005.

_____. A tutela metaindividual trabalhista: uma exigência constitucional. *Revista Trabalhista Direito e Processo*, Brasília: Anamatra, Rio de Janeiro: Forense, n. 28, ano 7, p. 35-71, out./dez. 2008.

_____. Lides simuladas: a justiça do trabalho como órgão homologador. *Revista LTr*, São Paulo, v. 64, n. 1, p. 39-56, jan. 2000.

_____; PORTO, Lorena Vasconcelos. Instrumentalismo substancial e tutela jurisdicional civil e trabalhista: uma abordagem histórico-jurídica. *Revista do Tribunal Regional do Trabalho da 3ª Região*, Belo Horizonte, n. 73, p. 85-122, jan./jun. 2006.

PIETRO, Maria Sylvia Zanella di. *Parcerias na administração pública*: concessão, permissão, franquia, terceirização e outras formas. 3. ed. São Paulo: Atlas, 1999.

PINTO, José Augusto Rodrigues. *Execução trabalhista*. 9. ed. rev. ampl. e atual. São Paulo: LTr, 2002.

_____; PAMPLONA FILHO, Rodolfo. *Manual da conciliação preventiva e do procedimento sumaríssimo trabalhista*. São Paulo: LTr, 2001.

PISANI, Andrea Proto. *Lezioni di diritto processuale civile*. 4. ed. Nápoles: Jovene, 2002.

_____. Principio d'eguaglianza e ricorso per cassazione. *Revista de Processo*, n. 191, ano 36, São Paulo: Revista dos Tribunais, p. 201-210, jan. 2011.

POPPER, Karl. *A lógica das ciências sociais*. 3. ed. Traduzido por Estevão de Rezende Martins, Apio Cláudio Muniz Acquarone Filho e Vilma de Oliveira Moraes e Silva. Rio de Janeiro: Tempo Brasileiro, 2004.

_____. *Conjecturas e refutações*. Traduzido por Benedita Bettencourt. Lisboa: Almedina, 2006. Tradução de *Conjectures and refutations*.

_____. *A lógica da pesquisa científica*. Traduzido por Leonidas Hegenberg e Octanny Silveira da Mota. São Paulo: Cultrix, 2007. Tradução de *The logic of scientific discovery*.

PULIDO, Carlos Bernal. La racionalidad de la ponderación. In: CARBONELL, Miguel (coord.). *El principio de proporcionalidaddad y la protección de los derechos fundamentales*. México: Comisión Nacional de los Derechos Humanos, 2008.

REALE, Miguel. *Fundamentos do direito*. 3. ed. rev. São Paulo: Revista dos Tribunais, 1998.

_____. *Filosofia do direito*. 19. ed. São Paulo: Saraiva, 1999.

_____. *Lições preliminares de direito*. 27. ed. rev. São Paulo: Saraiva, 2002.

REZENDE, Roberto Vieira de Almeida. Função social do poder judiciário e a possibilidade de concessão de tutela antecipada de ofício. *Revista Trabalhista Direito e Processo*, Brasília: Anamatra, Rio de Janeiro: Forense, n. 34, ano 9, p. 102-115, abr./jun. 2010.

ROCHA, Cármen Lúcia Antunes. A reforma do poder judiciário. *Revista de Direito Administrativo*, Rio de Janeiro, Renovar, n. 211, p. 95-116, jan./mar. 1988.

_____. O direito constitucional à jurisdição. In: TEIXEIRA, Sálvio de Figueiredo (coord.). *As garantias do cidadão na justiça*. São Paulo: Saraiva, 1993.

_____. *Princípios constitucionais da administração pública*. Belo Horizonte: Del Rey, 1994.

SANTOS, Boaventura de Sousa. *Crítica da razão indolente*: contra o desperdício da experiência. 6. ed. São Paulo: Cortez, 2007.

_____. *Pela mão de Alice*: o social e o político na pós-modernidade. 12. ed. São Paulo: Cortez, 2008.

SANTOS, Fernanda Marinela de Souza. *Direito administrativo*. 2. ed. rev. e atual. Salvador: Juspodivm, 2006.

SILVA NETO, Manoel Jorge e. *Curso de direito constitucional*. 3. ed. Rio de Janeiro: Lúmen Juris, 2008.

SILVA, Ovídio A. Baptista; GOMES, Fábio. *Teoria geral do processo civil*. 2. ed. rev. e atual. São Paulo: Revista dos Tribunais, 2000.

SILVA, Virgílio Afonso da. *Direitos fundamentais*: conteúdo essencial, restrições e eficácia. São Paulo: Malheiros, 2009.

SOARES, Ricardo Maurício Freire. *Direito, justiça e princípios constitucionais*. Salvador: Juspodivm, 2008.

_____. *O devido processo legal*: uma visão pós-moderna. Salvador, Juspodivm, 2008.

_____. *Curso de introdução ao estudo do direito*. Salvador: Juspodivm, 2009.

SOUSA, António Francisco de. *"Conceitos indeterminados" no direito administrativo*. Coimbra: Almedina, 1994.

STERN, Maria de Fátima Côelho Borges; LUDWIG, Guilherme Guimarães. Penhora on line: celeridade e efetividade. *Revista da Associação dos Magistrados da Justiça do Trabalho da 5ª Região — Bahia*, Salvador: Amatra 5, n. 4, p. 253-260, jan. 2005.

SUNDFELD, Carlos Ari. *Fundamentos de direito público*. 4. ed. rev. aum. e atual. São Paulo: Malheiros, 2008.

TOURINHO, Rita. A principiologia jurídica e o controle jurisdicional da discricionariedade administrativa. In: GARCIA, Emerson (coord.). *Discricionariedade administrativa*. Rio de Janeiro: Lumen Juris, 2005.

TROSA, Sylvie. *Gestão pública por resultados*: quando o estado se compromete. Traduzido por Maria Luíza de Carvalho. Rio de Janeiro: Revan, 2001. Tradução de *Quand l'Etat s'engage*: *la démarche contractuelle*.

TUCCI, José Rogério Cruz e. *Lineamentos da nova reforma do CPC*: Lei n. 10.352, de 26.12.2001, Lei n. 10.358, de 27.12.2001, Lei n. 10.444, de 7.5.2002. 2. ed. rev. atual. e ampl. São Paulo: Revista dos Tribunais, 2002.

_____ . *Tempo e processo*: uma análise empírica das repercussões do tempo na fenomenologia processual (civil e penal). São Paulo: Revista dos Tribunais, 1997.

WAMBIER, Teresa Arruda Alvim. *Os agravos no CPC brasileiro*. 4. ed. rev. atual. e ampl. São Paulo: Revista dos Tribunais, 2006.

WATANABE, Kazuo. Acesso à justiça e sociedade moderna. In: GRINOVER, Ada Pelegrini; DINAMARCO, Cândido Rangel; WATANABE, Kazuo (coords.). *Participação e processo*. São Paulo: RT, 1988.

WOLKMER, Antonio Carlos. *Pluralismo jurídico*: fundamentos de uma nova cultura no direito. 3. ed. rev. atual. São Paulo: Alfa-Omega, 2001.

Jurisprudência

BAHIA. *Tribunal Regional do Trabalho da 5ª Região*. Seção Especializada em Dissídios Individuais II. MS 0000376-74.2010.5.05.0000. Relatora: Desembargadora Dalila Andrade. Salvador, 8.9.2010. DEJT 10.09.2010. Disponível em: <http://www.trt5.jus.br> Acesso em: 2.9.2011.

BRASIL. *Superior Tribunal de Justiça*. Quarta Turma. Resp 403.919/MG. Relator: Ministro César Asfor Rocha. Brasília, 15.05. 2003. DJ 04.08.2003. Disponível em: <http://www.stj.jus.br> Acesso em: 2.9.2011

_____ . *Superior Tribunal de Justiça*. Terceira Turma. Resp 737.047/SC. Relatora: Ministra Nancy Andrighi. Brasília, 16.2.2006. DJ 13.3.2006. Disponível em: <http://www.stj.jus.br> Acesso em: 2.9.2011.

_____ . *Supremo Tribunal Federal*. Segunda Turma. HC 73.662-9/MG. Relator: Ministro Marco Aurélio. Brasília, 21.5.1996. DJ 30.5.1996. Disponível em: <http://www.stf.jus.br> Acesso em: 2.9.2011.

_____ . *Supremo Tribunal Federal*. Segunda Turma. HC 77.003-4/PE. Relator: Ministro Marco Aurélio. Brasília, 16.6.1998. DJ 11.9.1998. Disponível em: <http://www.stf.jus.br> Acesso em: 2.9.2011.

_____ . *Supremo Tribunal Federal*. Tribunal Pleno. AC 200 QO/SP. Relator: Ministro Carlos Britto. Brasília, 12.5.2004. DJ 4.6.2004. Disponível em: <http://www.stf.jus.br> Acesso em: 2.9.2011.

_____ . *Supremo Tribunal Federal*. Tribunal Pleno. ADC 12/DF. Relator: Ministro Carlos Britto. Brasília, 20.8.2008. DJ 18.12.2009. Disponível em: <http://www.stf.jus.br> Acesso em: 2.9.2011.

_____ . *Supremo Tribunal Federal*. Tribunal Pleno. ADI 2.160-5 MC/DF. Relator: Ministro Marco Aurélio. Brasília, 13.5.2009. DJE 23.10.2009. Disponível em: <http://www.stf.jus.br> Acesso em: 2.9.2011.

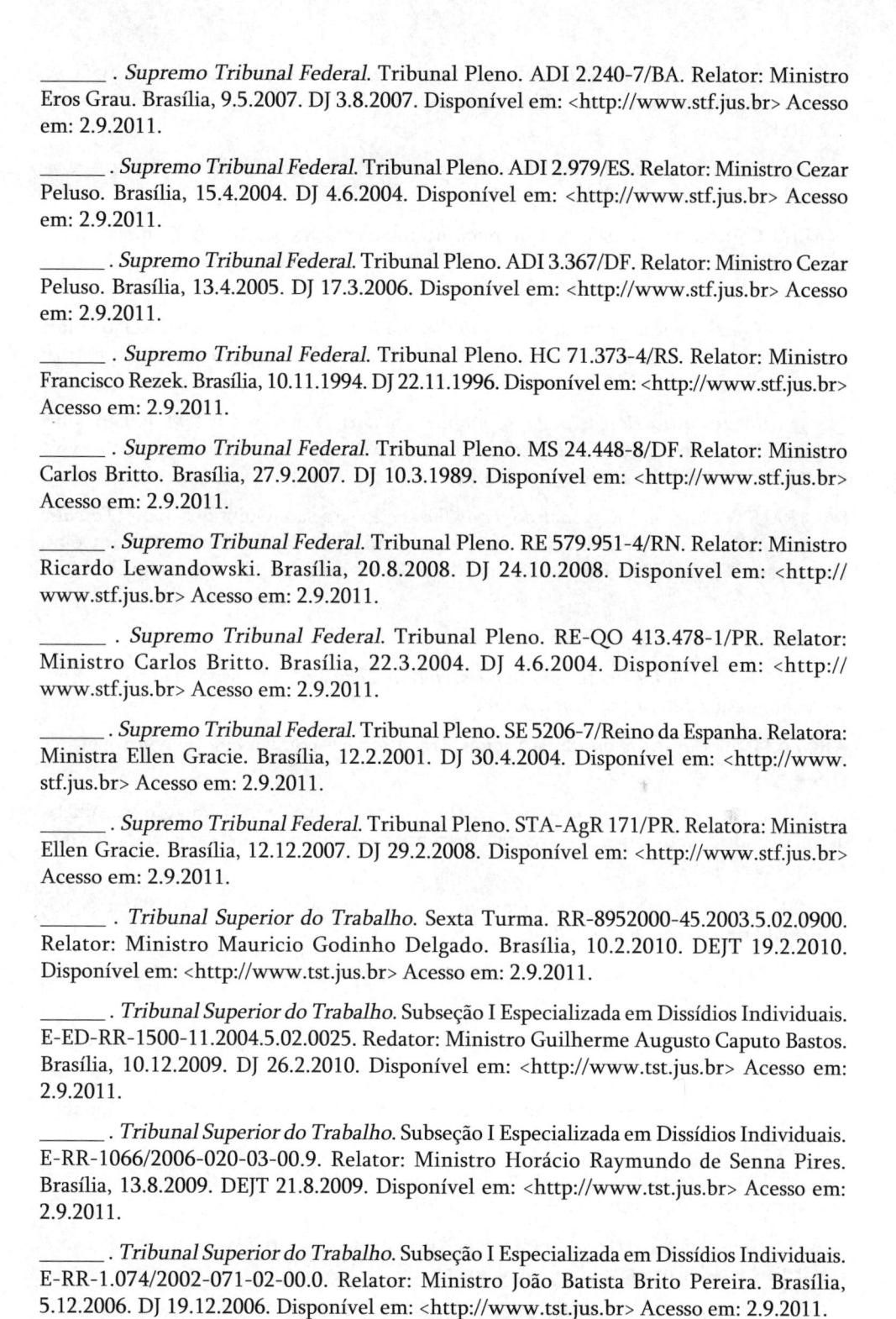

_____. *Supremo Tribunal Federal*. Tribunal Pleno. ADI 2.240-7/BA. Relator: Ministro Eros Grau. Brasília, 9.5.2007. DJ 3.8.2007. Disponível em: <http://www.stf.jus.br> Acesso em: 2.9.2011.

_____. *Supremo Tribunal Federal*. Tribunal Pleno. ADI 2.979/ES. Relator: Ministro Cezar Peluso. Brasília, 15.4.2004. DJ 4.6.2004. Disponível em: <http://www.stf.jus.br> Acesso em: 2.9.2011.

_____. *Supremo Tribunal Federal*. Tribunal Pleno. ADI 3.367/DF. Relator: Ministro Cezar Peluso. Brasília, 13.4.2005. DJ 17.3.2006. Disponível em: <http://www.stf.jus.br> Acesso em: 2.9.2011.

_____. *Supremo Tribunal Federal*. Tribunal Pleno. HC 71.373-4/RS. Relator: Ministro Francisco Rezek. Brasília, 10.11.1994. DJ 22.11.1996. Disponível em: <http://www.stf.jus.br> Acesso em: 2.9.2011.

_____. *Supremo Tribunal Federal*. Tribunal Pleno. MS 24.448-8/DF. Relator: Ministro Carlos Britto. Brasília, 27.9.2007. DJ 10.3.1989. Disponível em: <http://www.stf.jus.br> Acesso em: 2.9.2011.

_____. *Supremo Tribunal Federal*. Tribunal Pleno. RE 579.951-4/RN. Relator: Ministro Ricardo Lewandowski. Brasília, 20.8.2008. DJ 24.10.2008. Disponível em: <http://www.stf.jus.br> Acesso em: 2.9.2011.

_____. *Supremo Tribunal Federal*. Tribunal Pleno. RE-QO 413.478-1/PR. Relator: Ministro Carlos Britto. Brasília, 22.3.2004. DJ 4.6.2004. Disponível em: <http://www.stf.jus.br> Acesso em: 2.9.2011.

_____. *Supremo Tribunal Federal*. Tribunal Pleno. SE 5206-7/Reino da Espanha. Relatora: Ministra Ellen Gracie. Brasília, 12.2.2001. DJ 30.4.2004. Disponível em: <http://www.stf.jus.br> Acesso em: 2.9.2011.

_____. *Supremo Tribunal Federal*. Tribunal Pleno. STA-AgR 171/PR. Relatora: Ministra Ellen Gracie. Brasília, 12.12.2007. DJ 29.2.2008. Disponível em: <http://www.stf.jus.br> Acesso em: 2.9.2011.

_____. *Tribunal Superior do Trabalho*. Sexta Turma. RR-8952000-45.2003.5.02.0900. Relator: Ministro Mauricio Godinho Delgado. Brasília, 10.2.2010. DEJT 19.2.2010. Disponível em: <http://www.tst.jus.br> Acesso em: 2.9.2011.

_____. *Tribunal Superior do Trabalho*. Subseção I Especializada em Dissídios Individuais. E-ED-RR-1500-11.2004.5.02.0025. Redator: Ministro Guilherme Augusto Caputo Bastos. Brasília, 10.12.2009. DJ 26.2.2010. Disponível em: <http://www.tst.jus.br> Acesso em: 2.9.2011.

_____. *Tribunal Superior do Trabalho*. Subseção I Especializada em Dissídios Individuais. E-RR-1066/2006-020-03-00.9. Relator: Ministro Horácio Raymundo de Senna Pires. Brasília, 13.8.2009. DEJT 21.8.2009. Disponível em: <http://www.tst.jus.br> Acesso em: 2.9.2011.

_____. *Tribunal Superior do Trabalho*. Subseção I Especializada em Dissídios Individuais. E-RR-1.074/2002-071-02-00.0. Relator: Ministro João Batista Brito Pereira. Brasília, 5.12.2006. DJ 19.12.2006. Disponível em: <http://www.tst.jus.br> Acesso em: 2.9.2011.

_____. *Tribunal Superior do Trabalho.* Subseção I Especializada em Dissídios Individuais. Orientação Jurisprudencial n. 153. Disponível em: <http://www.tst.jus.br> Acesso em: 2.9.2011.

_____. Tribunal Superior do Trabalho. *Súmula 126.* Disponível em: <http://www.tst.jus.br> Acesso em: 2.9.2011.

ITÁLIA. *Corte costituzionale della Repubblica italiana.* Sentença 104/2007. Relator: Juiz Sabino Cassese. Roma, 19.3.2007. GU 28.3.2007. Disponível em: <http://www.cortecostituzionale.it> Acesso em: 2.9.2011

_____. *Corte costituzionale della Repubblica italiana.* Sentença 14/1962. Relator: Juiz Giuseppe Chiarelli. Roma, 7.3.1962. GU 12.3.1962. Disponível em: <http://www.cortecostituzionale.it> Acesso em: 2.9.2011.

_____. *Corte costituzionale della Repubblica italiana.* Sentença 40/1998. Relator: Juiz Cesare Mirabelli. Roma, 25.2.1998. GU 11.3.1998. Disponível em: <http://www.cortecostituzionale.it> Acesso em: 2.9.2011.

SÃO PAULO. *Tribunal Regional do Trabalho da 15ª Região.* Quinta Câmara (Terceira Turma). AP 0195200-82.1997.5.15.0041 — Relatora: Juíza Ana Maria Vasconcelos. Campinas, DEJT 3.9.2010. Disponível em: <http://www.trt15.jus.br> Acesso em: 2.9.2011.

Legislação

ALEMANHA. *Grundgesetz für die Bundesrepublik Deutschland.* Disponível em: <http://www.bundestag.de> Acesso em: 2.9.2011.

ARGENTINA. *Constitucion de la Nacion Argentina.* Disponível em: <www.argentina.gov.ar> Acesso em: 2.9.2011.

BAHIA. *Lei n. 7.619, de 30 de março de 2000.* Cria o município de Luís Eduardo Magalhães, desmembrado do município de Barreiras. Disponível em: <http://www.casacivil.ba.gov.br> Acesso em: 2.9.2011.

BRASIL. *Código civil.* Disponível em: <http://www.planalto.gov.br/ccivil_03/Leis/_lei-principal.htm> Acesso em: 2.9.2011.

_____. *Código de processo civil.* Disponível em: <http://www.planalto.gov.br/ccivil_03/Leis/_lei-principal.htm> Acesso em: 2.9.2011.

_____. *Código penal.* Disponível em: <http://www.planalto.gov.br/ccivil_03/Leis/_lei-principal.htm> Acesso em: 2.9.2011.

_____. Conselho Nacional de Justiça. *Resolução n. 5, de 18 de outubro de 2005.* Disponível em: <http://www.cnj.jus.br> Acesso em: 2.9.2011.

_____. Conselho Nacional de Justiça. *Resolução n. 76, de 12 de maio de 2009.* Disponível em: <http://www.cnj.jus.br> Acesso em: 2.9.2011

_____. *Consolidação das leis do trabalho.* Disponível em: <http://www.planalto.gov.br/ccivil_03/Leis/_lei-principal.htm> Acesso em: 2.9.2011.

_____. *Constituição da República Federativa do Brasil de 1947.* Disponível em: <http://

www.planalto.gov.br/ccivil_03/Leis/_lei-principal.htm> Acesso em: 2.9.2011.

_____ . *Constituição da República Federativa do Brasil de 1967*. Disponível em: <http://www.planalto.gov.br/ccivil_03/Leis/_lei-principal.htm> Acesso em: 2.1.2011.

_____ . *Constituição da República Federativa do Brasil de 1969*. Disponível em: <http://www.planalto.gov.br/ccivil_03/Leis/_lei-principal.htm> Acesso em: 2.9.2011.

_____ . *Constituição da República Federativa do Brasil*. Disponível em: <http://www.planalto.gov.br/ccivil_03/Leis/_lei-principal.htm> Acesso em: 2.9.2011.

_____ . *Emenda Constitucional n. 19, de 4 de junho de 1998*. Disponível em: <http://www.planalto.gov.br/ccivil_03/Leis/_lei-principal.htm> Acesso em: 2.9.2011.

_____ . *Decreto-Lei n. 200, de 25 de fevereiro de 1967*. Disponível em: <http://www.planalto.gov.br/ccivil_03/Leis/_lei-principal.htm> Acesso em: 2.9.2011.

_____ . *Decreto-Lei n. 4.657, de 4 de setembro de 1942*. Disponível em: <http://www.planalto.gov.br/ccivil_03/Leis/_lei-principal.htm> Acesso em: 2.9.2011.

_____ . *Lei n. 8.069, de 13 de julho de 1990*. Disponível em: <http://www.planalto.gov.br/ccivil_03/Leis/_lei-principal.htm> Acesso em: 2.9.2011.

_____ . *Lei n. 8.078, de 11 de setembro de 1990*. Disponível em: <http://www.planalto.gov.br/ccivil_03/Leis/_lei-principal.htm> Acesso em: 2.9.2011.

_____ . *Lei n. 9.307, de 23 de setembro de 1996*. Disponível em: <http://www.planalto.gov.br/ccivil_03/Leis/_lei-principal.htm> Acesso em: 2.9.2011.

_____ . *Lei n. 9.637, de 15 de maio de 1998*. Disponível em: <http://www.planalto.gov.br/ccivil_03/Leis/_lei-principal.htm> Acesso em: 2.9.2011.

_____ . *Lei n. 9.784, de 29 de janeiro de 1999*. Disponível em: <http://www.planalto.gov.br/ccivil_03/Leis/_lei-principal.htm> Acesso em: 2.9.2011.

_____ . *Lei n. 9.790, de 23 de março de 1999*. Disponível em: <http://www.planalto.gov.br/ccivil_03/Leis/_lei-principal.htm> Acesso em: 2.9.2011.

_____ . *Lei n. 9.958, de 12 de janeiro de 2000*. Disponível em: <http://www.planalto.gov.br/ccivil_3/Leis/_lei-principal.htm> Acesso em: 2.9.2011.

_____ . *Lei n. 11.232, de 22 de dezembro de 2005*. Disponível em: <http://www.planalto.gov.br/ccivil_03/Leis/_lei-principal.htm> Acesso em: 2.9.2011.

CHINA. *Constituição da república popular da China*. Disponível em: <http://bo.io.gov.mo> Acesso em: 2.9.2011.

COLÔMBIA. *Constitución politica de Colombia*. Disponível em: <http://www.banrep.gov.co> Acesso em: 2.9.2011.

COMUNIDADE EUROPEIA. *Carta dos direitos fundamentais da União Europeia*. Disponível em: <http://www.europarl.europa.eu> Acesso em: 2.9.2011.

_____ . *Código de boa conduta administrativa*: relações com o público. Disponível em: <http://ec.europa.eu> Acesso em: 2.9.2011.

ESPANHA. *Constitución española.* Disponível em: <http://www.congreso.es> Acesso em: 2.9.2011.

ESTADOS UNIDOS. *The Constitution of the United States.* Disponível em: <http://www.usconstitution.net> Acesso em: 2.9.2011.

FRANÇA. *Constitution de la république française.* Disponível em: <http://www.legifrance.gouv.fr> Acesso em: 2.9.2011.

ITÁLIA. *Costituzione della repubblica italiana.* Disponível em: <http://www.governo.it> Acesso em: 2.9.2011.

_____ . *Legge n. 15, de 4 de marzo de 2009.* Disponível em: <http://www.camera.it> Acesso em: 2.9.2011.

MÉXICO. *Constitución política de los estados unidos mexicanos.* Disponível em: <http://www.diputados.gob.mx> Acesso em: 2.9.2011.

PORTUGAL. *Constituição da república portuguesa.* Disponível em: <http://www.parlamento.pt> Acesso em: 2.9.2011.

URUGUAI. *Constitución de la república.* Disponível em: <http://www.parlamento.gub.uy> Acesso em: 2.9.2011.

Produção Gráfica e Editoração Eletrônica: R. P. TIEZZI
Projeto de Capa: FABIO GIGLIO
Impressão: DIGITAL PAGE

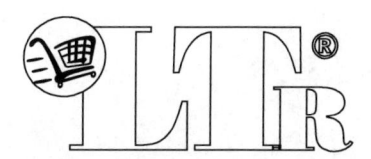

LOJA VIRTUAL
www.ltr.com.br

BIBLIOTECA DIGITAL
www.ltrdigital.com.br

E-BOOKS
www.ltr.com.br